묘법연화경

불교경전 ❸

묘법연화경
(妙法蓮華經)

방편과 비유의 극치 • 玄海 옮김

민족사

묘법연화경
차 례

제 1장 서　품(序品) ·· 13
제 2장 방편품(方便品) ··· 43
제 3장 비유품(譬喩品) ··· 83
제 4장 신해품(信解品) ··· 130
제 5장 약초유품(藥草喩品) ·· 153
제 6장 수기품(授記品) ··· 181
제 7장 화성유품(化城喩品) ·· 195
제 8장 오백제자수기품(五百弟子授記品) ················ 240
제 9장 수학무학인기품(授學無學人記品) ················ 257
제10장 법사품(法師品) ··· 266

제11장 견보탑품(見寶塔品) ································· 280

제12장 제바달다품(提婆達多品) ························· 297

제13장 권지품(勸持品) ·· 308

제14장 안락행품(安樂行品) ································· 317

제15장 종지용출품(從地踊出品) ························· 339

제16장 여래수량품(如來壽量品) ························· 358

제17장 분별공덕품(分別功德品) ························· 370

제18장 수희공덕품(隨喜功德品) ························· 387

제19장 법사공덕품(法師功德品) ························· 395

제20장 상불경보살품(常不輕菩薩品) ················ 414

제21장 여래신력품(如來神力品) ································ 422

제22장 촉루품(囑累品) ································ 429

제23장 약왕보살본사품(藥王菩薩本事品) ································ 431

제24장 묘음보살품(妙音菩薩品) ································ 444

제25장 관세음보살보문품(觀世音菩薩普門品) ································ 453

제26장 다라니품(陀羅尼品) ································ 466

제27장 묘장엄왕본사품(妙莊嚴王本事品) ································ 472

제28장 보현보살권발품(普賢菩薩勸發品) ································ 482

□ 묘법연화경 역주 ································ 491
□ 묘법연화경 해설 ································ 506

일러두기

1. 민족사판 묘법연화경은 1700년 네팔에서 발견된 산스크리트본 (梵本, Saddharmapuṇḍarīka-sūtra)의 일역판을 저본으로 사용했다. 이 산스크리트본은 세계에서 최초로 발견된 묘법연화경 완본으로 학자들은 이 책을 네팔본이라고 부른다.
2. 참고로 산스크리트본에는 다음의 여러 본이 있다.
   ① 케른·南條本(ed. H. Kern and Bunyiu Nanjio, Bibliotheca Buddhica, X, St. Pétersbourg, 1909~12), ② 荻原·土田本(ed. U. Wogihara and C. Tsuchida, Tokyo : The Seigo-Kenkyūkai, 1934~35), ③ 두트본(rev. by Nalinaksha Dutt, Bibliotheca Indica, Calcutta, 1953), ④ 바이디야본 (ed. P. L. Vaidya, Buddhist Sanskrit Texts, 6, Darbhanga, 1960).
   이 밖에 일부분의 출판이나 콜로타이프에 의한 사본의 출판 등도 있다.
3. 한역으로서 현존하는 완역본은 다음의 3종이다.
   ① 西晉의 竺法護 譯,《正法華經》(10권, 286년), ② 姚秦의 鳩摩羅什 譯,《妙法蓮華經》(7권, 406년), ③ 隋의 闍那崛多 等 譯,《添品妙法蓮華經》(7권, 601년).

4. 번역은 일반 불자들을 위하여 직역보다는 의역쪽을 택했고 문장도 가급적 현대문을 사용하였다.
5. 불교경전의 특성상 똑같은 내용이 중복되고 있는 곳은 줄였다.
6. 산스크리트본에는 게송(시구)마다 일련번호가 붙어 있으나 본 번역에서는 번잡하여 삭제했다.
7. 역주와 해설은 기존의 여러 책을 참조하여 역자가 붙인 것이다.

옴,

모든 부처님과 보살들께 경례하옵나이다.

모든 여래,[1] 독각(獨覺)[2]

성스러운 성문(聲聞)[3]들에게

또 과거·미래·현재의 모든 보살[4]들께 경례하옵나이다.

광대한 가르침으로 경전의 왕이며

최고의 진실된 도리로 들어가는 가르침이며

커다란 길인 '바른 가르침의 백련(妙法蓮華經)'[5]을

사람들을 위해 나는 설한다.

제1장 서 품(序品)

이와 같이 나는 들었다.

어느 때 부처님께서 왕사성(王舍城, 라자그리하)의 기사굴산(그리드라쿠타 산, 영취산)[6]에서 1천2백 명의 비구들과 함께 계셨다. 그 비구들은 모두 아라한[7]으로 더러움과 번뇌를 끊었으며, 모든 속박에서 벗어났으며, 여섯 가지 바라밀[8]을 얻어 지혜롭고 자유자재한 마음을 얻은 이들이었다.

그들의 이름은 아야교진여, 마하가섭, 우루빈나가섭, 가야가섭, 나제가섭, 사리불, 대목건련, 마하가전연, 아니루타, 겁빈나, 교범파제, 이파다, 필릉가바차, 박구라, 마하구치라, 난타, 손타라난타, 부루나미다라니자, 수보리, 아난, 라후라 존자들로서 위대한 아라한이었다.

이 밖에 아직 배울 것이 있는 비구[有學]와 더 배울 것이 없는 비구[無學][9] 2천 명도 함께 있었다.

또 마하파사파제 비구니를 비롯한 6천 명의 비구니들과 라후라의 어머니인 야쇼다라 비구니도 그 시종들과 함께 있었다.

또 그곳에는 8만 명의 보살들도 함께 있었다. 그들은 모두 최고의 깨달음을 얻기 위해 물러서는 일 없이, 윤회의 세계에 한 번 더 윤회하는 생을 남겨 놓았을 뿐이며[一生補處],[10] 다라니[11]를 얻었고 위대한 웅변력[辯力]이 있으며, 퇴전하지 않는 법륜[12]을 굴리며, 수백 수천의 많은 부처님을 섬기며, 그 밑에서 선근을 쌓고 그분들로부터 칭찬받아 몸도 마음도 자애에 넘치며, 여래의 지혜를 이해하는 데 뛰어난 대지혜자였다. 또 그들은 지혜의 완성인 반야바라밀에 숙달하고 수백 수천의 세계에 그 이름이 알려졌으며, 수천만 억 나유타[13]의 많은 생명들을 구제한 이들이었다.

그들의 이름은 문수사리보살, 관세음보살, 득대세보살, 상정진보살, 불휴식보살, 보장보살, 약왕보살, 용시보살, 보월보살, 월광보살, 만월보살, 대력보살, 무량력보살, 월삼계보살, 발타바라보살, 미륵보살, 보적보살, 도사보살 등을 비롯한 8만 명의 보살과 함께 있었다.

또 신들의 왕인 제석천(帝釋天)[14]과 그 시종인 월천자(月天子), 일천자(日天子), 보향천자(普香天子), 보광천자(寶光天子), 광요천자(光耀天子)를 비롯한 2만 명의 천자들도 함께 있었다. 또 사대 천왕도 함께 있었으니 그들은 증장(增長)천왕, 광목(廣目)천왕, 지국(持國)천왕, 다문(多聞)천왕이며, 또 자재천자(自在天子)와 대자재천자(大自在天子)와 또 그들의 시종인 3만 명의 천자들도 함께 있었다. 또 사바세계의 주인인 범천(梵天)도 시종인 1만2천 명의 범천들과 함께 있었다.

또 수많은 시종을 거느린 여덟 용왕(龍王)도 함께 있었으니 그들은 난다용왕, 우파난다용왕, 사가라용왕, 바스키용왕, 타크샤카용왕, 마나스빈용왕, 아나바타프타용왕, 우트파라카용왕이었다.

또 수많은 시종을 거느린 긴나라[15]의 네 왕도 함께 있었으니, 그들은 법(法)긴나라왕, 대법(大法)긴나라왕, 묘법(妙法)긴나라왕, 지법(持法)긴나라왕이었다.

또 수백 수천의 많은 건달바[16]를 거느린 네 명의 건달바왕들도 함께 있었으니, 그들은 낙(樂)건달바왕, 낙음(樂音)건달바왕, 미(美)건달바왕, 미음(美音)건달바왕이었다.

또 수많은 시종을 거느린 아수라[17]의 네 왕도 함께 있었으니, 그들은 바치아수라왕, 가라건타아수라왕, 비마질다라아수라왕, 라후아수라왕이었다.

또 수많은 가루다[18]의 시종을 거느린 네 명의 가루다왕도 함께 있었으니, 그들은 대위력(大威力)가루다왕, 대신(大身)가루다왕, 대만(大滿)가루다왕, 득대신력(得大神力)가루다왕이다.

또 바이데히(韋提希) 부인의 아들로 마가다국의 국왕인 아자타사투왕(阿闍世王)도 함께 있었다.

그때 세존께서는 사부대중[19]에게 둘러싸여 존경과 공양을 받으시는 가운데 광대한 가르침이고 보살에 대한 가르침이며, 모든 부처님들께서 지지하시는 위대한 설법인 '무량의(無量義)'라는 이름의 경전을 설하셨다. 그 뒤 세존께서는 자리에서 결가부좌하시고 무한한 가르침의 기초인 '무량의처(無量義處)'라는 삼매[20]에 드시어, 몸과 마음을 움직이지 않으셨다. 세존께서 삼매에 드시자마자, 천상의 꽃인 만다라바, 대만다라바, 만주샤

서 품

카,²¹⁾ 대만주샤카의 꽃비가 내려, 세존과 사부대중의 위를 덮었다. 그리고 전 불국토가 여섯 가지로 진동했다.²²⁾

그때 그곳에는 비구, 비구니, 우바새, 우바이, 천신, 용, 야차, 건달바, 아수라, 가루다, 긴나라, 마후라가²³⁾라고 하는 등의 인간과 인간 이외의 것들도 모여 있었다. 또 지방의 왕후와 군대를 통솔하는 전륜왕,²⁴⁾ 사주(四洲)를 지배하는 전륜왕들이 모여 권속들과 함께 세존을 우러러보면서, 놀라움과 신기함을 감추지 못하고 크게 환희했다.

그때 세존의 미간에서 한 줄기 백호 광명이 비쳤다. 그 빛은 동쪽으로 1만8천의 많은 국토를 비추어, 아비지옥으로부터 유정천(有頂天)²⁵⁾에 이르기까지 모든 불국토와 육취(六趣)²⁶⁾에 있는 모든 중생들이 똑똑히 보였다. 또 그 불국토에는 부처님께서 계시는 것도 보였으며, 부처님의 설법도 전부 들렸다. 그 불국토에는 비구, 비구니, 우바새, 우바이의 수행자가 있어 선정의 결과를 얻은 이도 있으며, 아직 얻지 못한 이도 있었다. 또 위대한 보살들이 있어 여러 가지 절묘한 방편으로 수행하고 있는 것도 보였다. 부처님들께서 완전한 열반[般涅槃]에 드시는 것도 보였으며, 보석으로 된 사리탑도 보였다.

그때 미륵(마이트레야)보살은 이렇게 생각했다.

'아아, 여래께서는 위대하고 상서로운 모습으로 이런 기적을 보이셨다. 도대체 무슨 까닭일까? 세존께서 이런 위대하고 상서로운 모습으로 기적을 행하신 것은 무슨 까닭일까? 세존께서는 삼매에 들어 계시다. 그래서 이와 같이 상상할 수 없는 위대한 기적, 신통력에 의한 위대한 기적이 나타났다. 그 의미를 묻

고 싶은데 누구에게 물어야 할까? 누가 가장 좋을까?'

그는 이렇게도 생각했다.

'문수사리보살은 이전에 많은 부처님을 공양하여 선근을 쌓았으며 수많은 부처님을 섬겼다. 바른 깨달음을 얻으신 존경받는 과거의 여래들께서 보이신 상서로운 모습을, 문수사리보살은 이전에도 본 적이 있었을 것이며, 또 위대한 설법을 들은 적이 있었을 것이다. 그러니 그에게 물어보자.'

비구, 비구니, 우바새, 우바이의 사부대중과 많은 천신, 용, 야차, 건달바, 아수라, 가루다, 긴나라, 마후라가 그리고 인간과 인간 이외의 것들도, 이와 같은 세존의 상서롭고 위대한 모습을 보고 놀라움과 신기함을 느끼며 이렇게 생각했다.

'세존께서는 위대한 신통력으로 훌륭한 기적을 나타내셨는데, 우리는 그것을 누구에게 물어보아야 할까?'

그때 미륵보살은 바로 그 순간 사부대중들이 생각하고 있는 바를 알고, 그 역시 의문을 느껴 문수사리보살에게 말했다.

"문수사리여, 색색으로 아름답고 화려한 1만8천의 불국토에서 여래를 우러러보면서 여래를 지도자로 하고 있는 것이 보이는데, 세존께서 신통력으로써 이와 같이 보기 드문 기적을 보이시는 것은 도대체 어떤 이유와 인연에서인가?"

미륵보살은 문수사리보살에게 다음과 같이 게송으로 물어 말했다.

문수사리여,
　인간들의 지도자이신 부처님께서는

어떤 이유로 이 광명을 비추시는가.
이 한 줄기 빛은 미간의 백호로부터 나와 빛나고 있다.

천신들은 기쁨에 넘쳐
만다라바의 꽃비를 뿌리고
또 전단의 향기와 함께
상쾌한 천상의 만주샤카 꽃비를 뿌린다.

그 꽃으로 이 대지는 어디든 빛나며
사부대중은 커다란 기쁨에 넘쳐 있다.
또 국토 전체가 두려울 정도로
여섯 가지로 진동하고 있다.

이 빛은 동쪽으로 1만8천 국토에 가득 차서
한순간에 모든 것을 비추며
국토는 황금빛으로 빛나고 있다.

그 국토에 있는 중생들은 모두
아비지옥에서 유정천에 이르기까지
육도 속에서 생사를 되풀이 하고 있다.

육도 속에 있는 그들의 여러 가지 행위와
그 결과로서 안락과 괴로움이 보이며
또 업연이 얕고 수승한 것, 중간 것 모두 보인다.

인왕(人王)의 사자(獅子)이신 부처님들께서
설법하시는 것도 보이며
그분들께서는 수많은 중생들에게
마음 속 깊이 울리는 음성으로 가르치신다.

그분들은 각자 자신의 국토에서
일찍이 듣지 못한 깊고 광대한 법을 설하시며
수많은 비유와 인연으로써 가르침을 펴고 계신다.

그분들은 괴로움에 번민하며
생로(生老)에 지친 무지한 중생들에게
'이것이 괴로움의 소멸이다'라고
적정의 열반을 설하신다.

광대한 힘을 얻은 이들과
또 부처님을 뵙는 복 있는 이들에게는
인연의 이치〔緣覺乘〕를 설하시어
이 법을 찬탄하신다.

또 위없는 지혜를 구해
언제나 여러 가지 수행을 해온
선서(善逝)[27]의 아들〔菩薩乘〕들에게는
깨달음을 찬탄해서 설하신다.

문수사리여, 나는 여기 있으면서
저쪽이나 이쪽의 일들을 듣고 또 보고 있나니
그 가운데 일부분을 말하리라.

많은 국토에 갠지스 강의 모래알처럼
수많은 보살들이 있어
여러 가지로 정진노력해서
깨달음을 얻으려 한다.

어떤 이는 보시를 하는데
재산과 금, 은, 황금, 진주, 주옥, 나패, 파리, 산호
또 심부름꾼과 하인, 탈것, 말, 양을 보시한다.

또 보석으로 장식된 가마를 기쁜 마음으로 보시한다.
그리고 그 공덕을 최고의 깨달음을 얻는 데 돌린다
'자신도 깨달음을 얻을 수 있기를' 바라면서……

여래께서 삼계의 가장 훌륭한 탈것으로 칭찬하신
부처님의 탈것[28]을 빨리 얻고 싶어서
그들은 이런 것을 보시한다.

어떤 사람들은 손잡이가 달리고
꽃과 깃발로 장식된 승리의 깃발을 세운
사두마차를 보시하며

어떤 사람들은 귀중한 보물을 보시한다.

어떤 사람들은 자신의 아들과 딸을 보시하며
자신의 소중한 살조차도 보시한다.
최고의 깨달음을 구하는 자는
요구하는 대로 손과 발도 보시한다.

어떤 사람은 머리를, 어떤 사람은 눈을
어떤 사람은 가장 소중한 자신의 몸을 보시하나니
깨끗한 마음으로 이런 보시를 해서
여래의 지혜를 얻으려 한다.

문수사리여,
어떤 이들은 영예로운 왕위와 왕비자리,
전국토, 대신, 친척 등 모든 것을 버리고

세간의 지도자이신 부처님이 계신 곳으로 가
영광을 위해 훌륭한 법을 물으며
갈색 옷을 입고 머리털과 수염을 깎는다.

어떤 보살들은 비구로서 숲에 살며
어떤 사람은 아무것도 없는 황야에 살며
설법과 독송을 즐기고 있다.

서 품

또 어떤 보살들은 굳센 의지로 동굴에 살면서
부처님의 지혜를 수행하며
널리 생각하고 관찰한다.

또 다른 여래의 아들인 보살들은
애욕을 남김없이 버리고 자신을 닦아서
그 행위가 깨끗하며
다섯 가지의 신통력[29]을 얻어 황야에 살고 있다.

의지가 굳센 어떤 이들은 단정하게 서서
지도자들을 향해 합장하고
수천이나 되는 게송으로 부처님을 찬탄한다.

어떤 사람은 마음을 바르게 하고
몸을 닦아서 설법하는 데 두려움이 없으며
미묘하게 행하는 길을 알며
인간의 최고자이신 부처님의 법을 묻고 들은 뒤에
법을 갖고 보호하는 자가 된다.

여기저기서 여래의 아들들인 보살들 중
어떤 보살은 스스로를 닦아서
수많은 중생에게 수많은 비유와 인연으로써
부처님의 법을 설하고 있다.

기쁨에 넘쳐 법을 설하고
많은 보살들을 법으로 이끌며
군대를 거느리고 전차를 타고 오는
저 마왕을 쳐부수려고 법고를 울린다.

어떤 여래의 아들들은
인간, 천신, 야차, 나찰(羅刹)들로부터
숭앙받더라도 기뻐하지 않으며
여래의 가르침 속에서 우쭐대지 않고
조용히 행동하는 것을 나는 본다.

마찬가지로 다른 여래의 아들들은
삼림에 있으면서 몸에서 광명을 놓아
지옥에 있는 중생을 구제해서
깨달음으로 이끈다.

여래의 다른 아들들은 힘써 정진하여
마음이 활발하지 못하고 몸이 무거운
수면(睡眠)도 남김없이 버렸으며
경행[30]을 하며 숲에 산다.
그들은 정진노력하여 최고의 깨달음을 지향한다.

또 어떤 사람은 언제나 청정해서 부족함이 없으며
계율을 보물처럼 지키며 행동도 완전무결하다.

그들은 계율을 지키고 최고의 깨달음을 지향한다.

여래의 아들들 중 어떤 이는 인내력으로
교만한 비구들의 욕이나 험담을 참는다.
그들은 인내를 갖고 최고의 깨달음을 지향한다.

또 어떤 보살들은 모든 오락의 즐거움을 버리고
어리석은 동료들을 피해
성자들과 교제를 즐기며 마음을 안정시키어

산란한 마음을 버리고 숲이나 동굴 속에서
마음을 한 곳에 집중해서
수많은 세월 동안 선정에 들어 있다.
그들은 선정으로 최고의 깨달음을 지향한다.

또 어떤 사람은 여래와 그 제자인 성문들에게
여러 가지 음식물과 약을 보시한다.

어떤 사람은 제자들과 함께 계신 여래 앞에서
수많은 의복을 보시한다.
그 의복은 매우 비싼 가격이거나
값을 매길 수 없을 정도이다.

어떤 사람은 보물과 전단과 수많은 침구와

자리로 장식된 정사³¹⁾를 만들게 해서
여래께 보시한다.

어떤 사람은 아름다운 꽃이 피고 과일이 열린
깨끗하고 상쾌한 과수원을 휴식을 위해
제자를 거느린 부처님께 보시한다.

기쁨에 넘친 사람들은
이와 같은 여러 가지 아름다운 것을 보시하며
깨달음을 향해 정진노력한다.
그들은 보시로써 최고의 깨달음을 지향한다.

어떤 이들은 수많은 비유와 인연으로써
수천만 억의 중생에게 적정의 가르침을 설한다.
그들은 지혜로써 깨달음을 지향한다.

마치 하늘을 나는 새처럼
더러움에 물들지 않는 여래의 아들들은
모든 것은 움직이지 않으며
차별되게 나타난다는 것을 깨닫고 있다.
그들은 지혜로써 최고의 깨달음을 지향한다.

문수사리여,
그 밖에도 열반에 드신 여래의 가르침 밑에서

도심(道心)이 굳은 많은 보살들이 나타나
열반에 드신 승리자들의 사리에
존경을 표하고 있는 것을 본다.

또 갠지스 강의 모래알처럼 수많은 탑을 본다.
그 탑들은 수많은 국토를 언제나 장식하고 있으며
여래의 아들들이 만든 것이다.

그 탑들은 칠보(七寶)[32]로 만들어졌으며
높이가 5천 요자나,[33] 둘레가 2천 요자나이며
그 위에는 수많은 일산과 깃발이 서 있다.

그 탑들은 깃발로 장식되어 있어 언제나 빛나며
또 언제나 많은 풍경이 울리고 있다.
인간, 천신, 야차, 나찰들이 꽃과 향으로 공양하거나
악기를 연주하여 공양한다.

여래의 아들들은 탑을 세워 부처님 사리를
봉안하고 이런 공양을 하게 한다.
그 탑 때문에 전 세계는 아름답게 빛나고 있다.
마치 활짝 핀 파리자타나무로 한 면이 빛나는 것처럼.

나와 수많은 사람들은 여기서 이 모든 것을 본다.
여래께서 한 줄기 빛을 놓아

천신들의 세계를 포함한 이 세상에 꽃이 피는 것을.

아아, 사람 중의 왕이신 여래의 위력이여
아아, 더러움 없는 광대한 지혜여
빛나는 한 줄기 빛이 지금 세간에 퍼져
수천이나 되는 국토를 나투어 빛내고 있다.

우리는 이와 같이 헤아릴 수 없으며
이전에 들은 적도 없는 상서로운 모습을 보고
부사의하게 생각하고 있다.
문수사리여, 그 의미를 말해 주시오.
부처님의 아들이여, 우리의 바람을 들어주시오.

용자여, 사부대중은 마음이 격양되어
지금 그대와 나에게 주목하고 있다.
그들에게 기쁨을 주고 의심을 풀어주시오.
선서의 아들이여, 그들에게 수기(授記)[34]를 주시오.

어떤 목적으로 여래께서
지금과 같은 광명을 놓으시는지
거기에 대한 수기를
아아, 사람 중의 왕이신
부처님께서 지니신 위력의 위대함이여
아아, 그 지혜는 얼마나 광대하며 맑은가.

그 한 줄기 빛이 지금 세간에 퍼져
수많은 국토의 모습을 나투고 있으니
이 커다란 광명을 놓는 데는
특별한 의미가 있을 것이다.

사람 가운데 가장 고귀한 여래께서는
이전에 보리수 아래에서
최고의 법을 깨달으셨는데
그것을 설하시는 것인가
아니면 보살들에게 수기하시는 것인가?

수천의 국토에 계신 많은 부처님께서
석존의 빛에 의해 보이며
또 아름다운 보석으로 장식된
무한을 꿰뚫어보는 눈을 가진 부처님께서
우리에게 보이는 데는 특별한 이유가 있을 것이다.

여래의 아들인 문수사리여
인간, 천신, 야차, 나찰은
나 미륵이 물어보기를 바라고 있다.
이 사부대중은 문수사리가
여기서 무엇을 수기하는지 기대하고 있다.

그래서 법의 왕자인 문수사리는 미륵보살과 다른 많은 보살들을 향하여 말했다.

"선남자들이여, 전 세계에 울려 퍼지는 위대한 법을 설하시려는 생각이 여래께 있는 것이다. 선남자들이여, 이것은 위대한 법의 비를 내리고, 위대한 법의 북을 울리며, 위대한 법의 깃발을 높이 걸고, 위대한 법의 등불을 타오르게 하고, 위대한 법라를 불며, 위대한 법의 심벌즈를 울리고, 위대한 법을 지금 설하려는 생각이 여래께 있는 것이다.

선남자들이여, 번득이는 영감과 이전에 내가 본 징조로 미루어본다면, 이전의 여래들께서도 마찬가지로 그 빛을 받아 빛났으며, 그로 인해 나는 다음과 같은 것을 알았다.

'여래께서는 지금 위대한 법이 울려 퍼지게 하는 법을 설하려 하시며, 위대한 법이 울려 퍼지는 것을 듣게 하려고 하신다. 그 때문에 이런 징조가 나타나는 것'임을.

왜냐하면 모든 세간의 사람들에게는 쉽게 믿을 수 없는 가르침의 문을 여래께서 듣게 하시려 할 때는, 거기에 맞게 이와 같은 대기적이나 광명을 놓아 빛나게 하는 징조를 보이시기 때문이다.

선남자들이여, 다음과 같은 생각이 든다. 헤아릴 수 없고 광대하며 잴 수도 없으며 생각도 미치지 않고 측량도 초월한 무한한 겁[35]의 과거세에, 아니 그보다도 훨씬 오래 전에 있었던 일이다.

'일월등명(日月燈明)'이라는 올바른 깨침을 얻은 여래께서 이 세상에 출현하셨다. 그분은 지혜와 덕행을 갖춘 선서시며, 세간을 잘 아는 위없는 분이시며, 사람들을 잘 이끄시는 분이시며,

천신과 인간의 스승이시며, 불타시며, 세존이셨다.

그 부처님께서는 처음도 중간도 끝도 좋고, 의미도 좋고, 글귀도 좋은 법을 설하셨으며, 순수하고 완전하고 청정하고 결백하고 순결한 생활[梵行]을 분명히 하셨다. 즉 성문들을 위하여 네 가지 성스러운 진리[36]와 12인연[十二緣起][37]법을 설하셨다. 그것은 생, 로, 병, 사와 괴로움, 슬픔, 걱정, 혹란을 부수기 위한 것이며, 마침내는 열반에 이르기 위한 것이다. 또 보살들에게 육바라밀[38]을 동반한 위없는 바른 깨달음을 비롯하여 일체지자인 부처님의 지혜에 이르기까지의 법을 설하셨다.

또 선남자들이여, 올바른 깨침을 얻은 일월등명여래에 이어 같은 이름의 여래께서 이 세상에 나타나셨다. 미륵(아지타)이여, 그 뒤 계속해서 같은 이름, 같은 집안에 속하는 2만 명의 여래들께서 계셨다.

미륵이여, 그 여래 한 분 한 분이 일월등명이라는 이름으로 존경받고, 바른 깨달음을 얻어 지혜와 덕행을 갖춘 선서시며, 세간을 잘 아는 위없는 분이시며, 사람들을 이끄시는 분이시며, 천신과 인간의 스승이시며, 불타시며, 세존이셨다. 그 한 분 한 분이 처음도 중간도 끝도 좋으며 의미와 글귀도 좋은 법을 설하셨으며, 순수하고 완전하고 청정하고 결백하고 순결한 생활을 분명히 하셨다. 즉 성문들을 위해서 네 가지 성스러운 진리와 12인연법을 설하셨다. 그것은 생, 로, 병, 사, 괴로움, 슬픔, 걱정, 혹란을 부수기 위한 것이며, 마침내는 열반에 이르기 위한 것이다. 또 보살들에게는 육바라밀을 동반한 위없는 바른 깨달음을 비롯하여, 일체지자의 지혜에 이르기까지의 법을 설하셨다.

또 미륵이여, 일월등명여래가 태자로서 아직 출가하지 않고 재가생활을 할 때, 8명의 아들이 있었다. 유의(有意), 선의(善意), 무량의(無量意), 보의(寶意), 증의(增意), 제의의(除疑意), 향의(響意), 법의(法意)라는 이름의 왕자였다. 광대한 위력을 지닌 이 왕자들은 각자가 사대주를 영토로 해서 군림하고 있었다. 그들은 세존께서 재가생활을 버린 것을 알고, 또 위없는 바른 깨달음을 얻으신 것을 듣고 왕위를 버리고 세존을 따라 출가하였다. 그들 모두가 위없는 깨달음을 지향했으며 법을 설하는 자가 되었다. 그들은 언제나 순결한 생활을 하는 자가 되어, 수많은 부처님 밑에서 선근을 쌓았다.

미륵이여, 그때 일월등명여래는 모든 부처님께서 지지하시는 광대한 경전이며 보살들을 위한 가르침인 '무량의(無量意)'라는 법문을 설하셨다. 다 설하신 순간 그 자리에서 결가부좌로 '무량의처(無量義處)'삼매에 드시어, 몸도 마음도 움직이지 않고 계셨다. 그 세존께서 삼매에 드시자마자, 하늘의 꽃인 만다라바, 대만다라바, 만주샤카, 대만주샤카의 커다란 꽃비가 내려 세존과 주위에 있는 분들을 덮었다. 그리고 전불국토가 6종으로 진동하였다.

미륵이여, 그때 그곳에는 비구, 비구니, 우바새, 우바이, 천신, 용, 야차, 건달바, 아수라, 가루다, 긴나라, 마후라가 등의 인간과 인간 이외의 것들이 모여 있었다. 또 지방의 왕후와 군대를 통솔하는 전륜왕, 사주를 지배하는 전륜왕들이 앉아 있었다. 그들은 모두 시종과 함께 세존께 예배하고 놀라움과 신기함을 느끼며 일찍이 맛보지 못했던 기쁨을 얻었다.

그때 일월등명여래의 미간 백호로부터 한 줄기 광명이 비쳤다. 그 광명은 동방에 있는 1만8천의 부처님의 국토에 퍼졌다. 그리고 그 부처님들의 국토 모두가 그 광명 때문에 똑똑히 보였다. 미륵이여, 그것은 바로 지금 이 부처님들의 국토가 보이는 것과 같다.

미륵이여, 또 그때 그 세존을 따르는 2억의 보살들이 있었는데, 이곳에서 법을 들은 그들은 거대한 광명에 의해 세계가 빛나는 것을 보고 놀라서 지금까지 해본 적이 없는 생각을 하며 기뻐하셨다.

미륵이여, 또 그때 그 세존의 가르침의 자리에 '묘광(妙光)'이라는 보살이 있었는데 그에게는 8백 명의 제자가 있었다. 세존께서는 삼매로부터 깨어나시어 묘광보살을 위하여 '바른 가르침의 백련(妙法蓮華經)'이라는 법문을 설하셨다. 60중겁[39] 동안 같은 자리에서 몸과 마음을 움직이지 않으시고 설하셨다. 모든 청중도 같은 자리에 앉은 채 60중겁 동안 세존으로부터 법을 들었는데, 그곳에 모인 중생은 어느 누구도 몸과 마음이 피곤한 사람이 없었다.

일월등명여래께서는 '바른 가르침의 백련'이라는 법문을 설하시어 60중겁이 지난 그 순간 완전한 열반에 들 것이라고 선언하셨다. 즉 천신, 마왕, 범천을 포함한 이 세간을 향하여, 또 사문, 바라문[40]을 포함해서 천신, 인간, 아수라를 포함한 생명 있는 것들 앞에서, '비구들이여, 오늘 한밤중에 나는 무여의열반(無餘依涅槃)[41]에 들 것이다'라고.

묘법연화경

미륵이여, 일월등명여래께서는 '길상태(吉祥胎)'보살이 위없는 바른 깨달음을 얻을 것이라고 그곳에 모인 모든 사람들에게 수기하셨다. '비구들이여, 이 길상태보살은 바로 내 뒤를 이어 위없는 깨달음을 얻어 이구안(離垢眼)이라는 존경받는 여래가 될 것이다'라고.

또 미륵이여, 일월등명여래께서는 그날 밤중에 무여의열반에 드셨다. 그리고 그 '바른 가르침의 백련'의 법문은 묘광보살이 간직하였다. 80중겁 동안 묘광보살은 완전한 열반에 드신 세존의 가르침을 간직해서 설하였다. 미륵이여, 그때 지혜를 위시한 세존의 8명의 아들들은 이 묘광보살의 제자가 되었다. 묘광보살에 의해 그들은 위없는 깨달음을 향하여 점차 성숙되었는데, 그 뒤 수많은 부처님들을 뵙고 모셨다. 그들 모두 위없는 깨달음을 향하여 점차 성숙해졌는데 그들은 수백 수천만 억의 많은 부처님을 뵈옵고 모셔 모두 위없는 깨달음을 얻었다. 그 중 가장 마지막이 디팡카라부처님(燃燈佛)이시다.

묘광보살의 제자 8백 명 가운데 이익과 사람들의 존경과 세간의 평판을 소중히 여기며, 명성을 바라는 한 보살이 있었다. 그 보살은 가르침을 받거나 설해진 문구와 문자를 오래 간직하지 못하며 명성을 바라기 때문에 '구명(求名)'이라고 불렸다. 이런 사람이었지만 여러 가지 선근을 쌓아서 수백 수천만 억 나유타나 되는 많은 부처님들을 기쁘게 하였다. 그리고 부처님들을 공경, 공양하며 찬탄하였다.

미륵이여, 그때 그곳에서 위대한 보살이며 설법자인 묘광보살이 다른 사람이라고 생각하지 마라. 왜냐하면 바로 내가 그때 그곳의 그 묘광이라고 불리는 보살이었으며 설법자였기 때문이다. 미륵이여, 그대야말로 그때 그곳의 게으름뱅이인 구명이라고 불리던 보살이었다.

　미륵이여, 이런 까닭에 세존께서 뻗치신 광명의 징조를 보고 나는 다음과 같이 생각했다.

　'세존께서도 모든 부처님들이 지지하시는 광대한 경전이며 보살을 위한 바른 가르침의 백련이라는 법문을 설하려고 하신다'라고."

　또 문수사리보살은 같은 의미를 다음의 게송으로 읊었다.

헤아릴 수도 없고 생각도 미치지 않는
무량한 겁인 과거가 생각난다.
그때 사람 중의 최고자이며
일월등명여래라고 불린 여래가 계셨다.

사람들의 안내자인 그분은 바른 법을 설하시고
무량한 중생을 교화하시고
생각할 수도 없는 많은 보살들을
최고인 부처님의 지혜로 향하도록 격려하셨다.

이 지도자께서 왕자였을 때, 8명의 아들이 있었다.
그들은 위대한 현자이신
부처님께서 출가하신 것을 보고
모두 곧바로 애욕을 버리고 출가하였다.

세간의 보호자께서는 수많은 인간들을 위하여
광대한 대승경이라고 불리는
훌륭한 무량의 경전을 설하셨다.

여래께서는 법을 다 설하시자마자
결가부좌를 하시고 그 자리에서
훌륭한 무량의처라는 삼매에 드셨다.

그러자 천상의 만다라바의 꽃비가 내리고
울리지도 않은 많은 큰북이 울렸다.
천신들과 야차들은 공중에 나타나서
인간의 최고자께 공양을 올렸다.

그 순간 모든 국토가 진동하고
놀랄 만한 아주 드문 일이 일어났다.
즉 세간의 지도자께서는 미간으로부터
아주 아름다운 한 줄기 광명을 놓으셨다.

그 광명은 동쪽으로 뻗쳐
1만8천의 국토에 퍼져 일체의 세간을 빛냈다.
그것은 중생들의 죽음이나 태어남의 모습을 보인 것이다.

그 가운데 어떤 국토는 보옥으로 되어 있고
또 어떤 국토는 유리로 빛나서

여래의 광명을 받아
훌륭하고 아주 아름답게 보였다.

그곳에는 천신, 인간, 용, 야차, 건달바, 긴나라들과
여래의 공양에 애쓰는 자들이 있어
여러 세계 속에서 부처님을 공양하였다.

또 부처님들이 계시는 것도 저절로 보였다.
그분들은 금으로 된 기둥처럼 아름다우며
유리 속에 놓여진 금색의 상(像)처럼
집회의 중앙에서 법을 설하고 계셨다.

그곳에는 무수한 성문들이 있고
또 여래에 속하는 성문들도 무량하였는데
광명은 여래의 모든 국토에 있는
모든 성문들을 비추고 있다.

부처님의 아들들이 산의 동굴에 살며
오직 정진노력에 힘쓰며
주옥처럼 굳게 계를 지키고 있었다.

자기의 재산을 보시하고, 인내심이 있으며
선정을 즐기고 도심(道心)이 견고한 보살들이
갠지스 강의 모래알처럼 많이 있었는데

그들도 모두 이 빛에 의하여 나타났다.

부동이어서 흔들리지 않고, 인내심이 있으며
선정을 즐기고 마음이 통일된
여래의 친아들이 보인다.
그들은 선정으로 최고의 깨달음을 지향한다.

그들은 적정이며 번뇌가 없는
진실한 것을 알고 있으며
많은 세계에서 그 법을 분명히 설한다.
그들의 이와 같은 행동은 여래의 위력 때문이다.

사부대중은 일월등명여래의 이 위력을 보고
그 순간 모두 환희에 넘쳐
서로 무슨 영문인지를 묻는다.

인간, 천신, 야차들로부터 공양받는 지도자께서는
곧 삼매에서 깨어나시어
현명한 보살이며 설법자이며
부처님의 아들인 묘광보살에게
다음과 같이 말씀하셨다.

'현명한 그대는 세상사람들을 바로 이끄는 눈이며
그들의 의지처이다.

내가 신뢰하는 자이며, 내 법을 간직하는 자이다.
그대는 중생의 행복을 위해
지금부터 내가 설하는 법의 증인이 될 것이다.'

그리고 많은 보살들을 격려하고 기쁘게 하며
칭찬하고 찬미하신 뒤
일월등명여래께서는 최고의 법을
60중겁 동안 설하셨다.

또 세간의 보호자이신 여래께서는 같은 자리에서
가장 훌륭한 최고의 법인 법화경을 설하셨는데
여래의 친아들인 묘광도 법을 설하게 되어
그 모든 설법을 지니었다.

또 여래께서는 최고의 법을 설하시어
많은 사람들을 기쁘게 하신 뒤
같은 날 천신들을 포함한 이 세간사람들 앞에서
이렇게 말씀하셨다.

'나는 가르침의 지도방법을 설하고
가르침의 본질을 그대로 설했다.
비구들이여, 나는 오늘 한밤중에 열반에 들 것이다.

그대들은 신앙의 핵심을 얻어

게을리하지 말고 나의 가르침에 전념하라.
수천만 억 나유타의 겁이 지나더라도
깨달음을 얻으신 위대한 여래를 뵙기는
매우 어려운 일이기 때문이다.'

인간의 최고자께서
너무 빨리 열반에 드신다는 말을 듣고
많은 부처님의 아들들은
슬퍼하며 대단히 괴로워했다.

인간의 왕 중 왕께서는 생각할 수 없을 만큼
수많은 중생들을 격려하며 말씀하셨다.
'비구들이여, 내가 열반에 들더라도 두려워하지 마라.
내 뒤에 다른 부처님께서 나타나실 것이다.

현자인 길상태보살은
번뇌가 없는 지혜에 정통하며
최상이며 최고의 깨달음에 도달할 것이다.
그리고 이구안이라는 이름의 여래가 될 것이다.'

그날 한밤중에 기름이 다한 등잔불처럼
여래께서는 완전한 열반에 드셨다.
그 사리는 널리 여러 국토에 나뉘어
수천만 억 나유타의 무수한 탑이 세워졌다.

그때 갠지스 강의 모래알처럼
많은 비구와 비구니들이
최고이며 최상인 깨달음을 지향하여
여래의 가르침에 전념하였다.

그때 묘광보살은 설법사인 비구였으며
그 법을 간직하는 자였는데
80중겁 동안 일월등명여래의 가르침에 따라
최고의 법을 여러 가지로 설하였다.

그때 그에게는 8백 명의 제자가 있었는데
그는 그들 모두를 최고의 깨달음으로 향하도록 성숙시켰다.
그 제자들은 수많은 부처님들을 뵙고 존경하며 섬겼다.

그들은 그때 깨달음에 맞는 수행에 힘써
많은 세계에서 부처님이 되었다.
그리고 계속해서 서로
최고의 깨달음을 얻을 것이라고 수기하였다.

또 이 부처님들께서 순서대로 나오셨는데
그 마지막이 디팡카라부처님〔燃燈佛〕이었다.
이 부처님께서는 신들 중의 최고신으로
성인(聖人)의 무리에게 공양을 받으시고
수많은 중생들을 교화하셨다.

이 여래의 아들인 묘광이 법을 설할 때
게으름뱅이에다 매우 탐욕스러우며
세간의 평판을 바라는 한 제자가 있었다.

그는 명예욕이 많아서
부호의 집에 거듭 태어나는 운명이었다.
그래서 법도 스승의 가르침도 경전의 독송도
그의 기억 속에 남지 않았다.

그는 구명이라고 불리며 그 이름을 사방에 떨쳤다.
그러나 그러함에도 불구하고 수행의 공덕을
쌓아서 수많은 부처님들을 기쁘게 하고
또 광대한 공양을 올렸다.

그리고 깨달음에 맞는 수행을 훌륭히 하여
이 세상에서 석가모니불을 뵐 수 있게 되었다.
그래서 그는 최후로
위없는 최고의 깨달음을 얻는 자가 될 것이다.
미륵의 가문에 속하는 여래가 되어
수많은 중생을 교화할 것이다.

그때 열반에 드신 여래의 가르침에
게으른 구명은 바로 그대였으며
나는 설법자인 묘광이었다.

이런 이유와 인연으로 오늘 이런 징조를 보고
내가 일월등명여래께서 계실 때 처음 본 것과 같은
지혜의 징조가 나타났다고 하는 것이다.

일체를 널리 꿰뚫어보시고
최고의 진실을 아시는 세존께서
그때 내가 들은 최고의 가르침을
설하려고 하심이 분명하다.

오늘 상서로운 조짐이 이렇게 원만한 것은
지도자들의 절묘한 방편이다.
세존께서는 그것을 바르게 써서
가르침의 본질의 특색을 말씀하실 것이다.

마음을 바르게 하고 자제해서 합장하라.
세간의 행복을 바라는 자비로운 부처님께서는
법을 설하시고 무한한 법의 비를 내리시어
깨달음을 지향하는 사람들을 만족케 하실 것이다.

깨달음을 지향하는 보살들에게
의심이나 불안이 있더라도
현자께서는 자신의 아들들의 의혹을 없애 주시리라.

제2장 방편품(方便品)

그때 세존께서는 전생의 서원을 스스로 아시고 삼매에서 깨어나 사리불(샤리푸트라)[42)]에게 말씀하셨다.

"사리불이여, 정각을 이룬 존경받는 여래께서는 깊고 한량없으며 깨닫기 어려운 부처님의 지혜를 깨닫고 계신다. 그 지혜를 성문이나 독각들은 알기 어렵다. 왜냐하면 사리불이여, 정각을 이룬 존경받는 여래께서는 과거세부터 수천만 억 나유타의 부처님들을 섬기고 수행하며, 오랫동안 최고의 바른 깨달음을 향하여 정진노력하고, 이전에 없던 보기 드문 법을 익히고, 알기 어려운 법을 알고 계시기 때문이다.

사리불이여, 바른 깨달음을 얻는 존경받는 여래의 깊은 뜻이 담긴 말씀을 안다는 것은 참으로 쉬운 일이 아니다. 여래들께서는 여러 가지 절묘한 방편과 지견(知見)을 통해, 즉 원인과 이유, 비유와 인연, 언어와 해석과 교리로써 법을 설하시기 때문이며, 또 때에 맞는 절묘한 방편으로 여러 갈래로 집착하고 있는 중생들을 해탈시키시기 때문이다.

사리불이여, 여래께서는 위대하고 절묘한 방편과 지견의 최고의 경지에 도달해 계신다. 그분들께서는 집착과 장해가 없는 지견을 지니셨으며, 부처님으로서의 십력(十力), 네 가지 두려움 없는 자신[四無畏],[43] 열여덟 가지 부처님의 특유한 성질[十八不共法],[44] 다섯 가지 기능[五根], 다섯 가지 능력[五力],[45] 일곱 가지 깨달음을 돕는 부분[七覺支],[46] 선정, 해탈, 삼매, 등지(等至)[47]라는 누구도 가지고 있지 못하는 덕성을 갖추시고 여러 가지 가르침을 설하신다.

사리불이여, 이런 까닭에 여래들께서는 가장 보기 드문 것을 얻고 있음을 알아야 한다. 사리불이여, 여래만이 여래의 법을 여래에게 설할 수가 있다. 모든 법을 여래만이 설하며 모든 법을 여래만이 아신다. 그 법이 어떤 것인지, 어떻게 있는지, 어떤 상태인지, 어떤 성질이 있는지, 어떤 본성이 있는지, 즉 법 자체, 존재양식, 상태, 특질, 본성이라는 범주에 대해 여래만이 바로 알며, 명석한 지혜를 지니신다."

세존께서는 다시 그 의미를 알게 하시려고 다음과 같이 게송을 설하셨다.

천신과 인간을 포함한
이 세간에 계시는 부처님들의 수는 무량하다.
모든 중생이 그 부처님들을 모두 알 수는 없다.

부처님들의 힘과 해탈과
두려움 없는 자신이 어떤 것인지

또 부처님들의 특성이 어떤 것인지에 대해
아는 이는 아무도 없다.

수천만 억 부처님들을 섬기며
내가 행한 수행은 심원하고 미묘하며
알기 어렵고 가늠하기가 아주 힘들다.

사유를 초월한 수많은 겁 동안 닦은
수행의 결과가 어떤 것이었는지
나는 깨달음의 자리에서 보았다.

그것이 어떻게 존재하며 어떤 것이며
또 어떤 상태인지 나도 알고 있으며
다른 세간의 여래들께서도 알고 계신다.

그것을 보여 주는 것은 불가능하며
그것을 나타내는 말도 없다.
누구에게 향하여 이 법을 설할 것이며

설해진 법을 누가 이해할 것인가
이 세간에는 단 한 사람도 없다.
신심의 마음을 간직하고 있는
보살들을 제외하고는

세간을 잘 아는 불타(佛陀)의 성문(聲聞)들로서
모든 부처님께 공양을 행하고
여래의 칭찬을 받고 번뇌를 끊고
지금의 몸이 윤회의 마지막 몸인 뛰어난 성문들도
여래의 지혜는 알 수가 없다.

설령 모든 세계가 사리불 같은 사람들로 가득 차고
또 그들이 모두 하나가 되어 생각한다 하더라도
여래의 지혜는 알 수가 없다.

비록 그대와 같은 현자들로 시방세계가 가득 차고
그 밖에 나의 성문들이
전 세계에 가득 찬다 하더라도
또 지금 그들이 모두 하나가 되어
여래의 지혜를 고찰한다 하더라도,
내가 지닌 무량한 부처님의 지혜는 알 수가 없다.

번뇌가 없고 근기가 예민하며
윤회의 마지막 몸인 독각들이
마치 갈대나 대나무로 차 있는 숲처럼
시방에 가득하다고 해서

그들이 하나가 되어
나의 최고의 가르침의 한 부분을

수많은 나유타 겁 동안 생각한다 하더라도
부처님 지혜의 진실한 의미를 알 수는 없다.

새로운 부처님의 탈것을 타고 나선 보살들,
수많은 부처님들을 공양하고
가르침의 의의를 분명히 이해하고
많은 법을 설하는 보살들이
시방에 가득하다고 하자.

마치 갈대나 대나무가 전 세계에 빽빽하게
가득 차 있는 것과 같다고 하자.
그들이 하나가 되어
여래께서 보이신 법을 직접 고찰하고

갠지스 강의 모래알처럼
수많은 나유타 겁 동안 한 마음이 되어
미묘한 지혜로써 고찰한다 하더라도
그들의 지혜로는 여래가 직접 보이신 법을 알 수는 없다.

갠지스 강의 모래알처럼 많은
불퇴전의 보살이 있어
한 마음이 되어 고찰한다 하더라도
그들의 지혜로는 이 법을 알 수 없다.

방편품

온갖 심원한 법은 미묘해 세상의 상식을 초월하며
더러움을 벗어나 있지만
그것을 부처님께서는 깨달으셨다.
그 법이 어떤 것인지
나와 시방의 여래께서는 알고 계신다.

사리불이여, 여래께서 설하셨을 때
그것을 믿도록 하여라.
위대한 성인(聖人)인 여래께서는
잘못된 것을 설하지 아니 하시며
오랫동안 최고의 진리를 설하고 계신다.

모든 성문과 독각의 깨달음을 향하고 있는 사람들과
내가 열반 속에 머물게 하여
괴로움의 연속으로부터 해탈시킨 사람들에게
나는 설한다.

'이것이야말로 나의 최고의 절묘한 방편이다.
그 방편으로 세간에 많은 법을 설하고
이것저것에 집착하는 사람들을 해탈시키기 위해
세 가지 탈것〔三乘〕[48]을 설한다.'

그때 사부대중이 모인 가운데에 위대한 성문인 교진여(憍陳如)[49]비구를 비롯해 번뇌를 끊고 자재를 얻은 1천2백 명의 아라한들과 성문의 길을 지향하는 비구, 비구니, 우바새, 우바이들과 독각의 길을 지향하는 이들이 있었는데, 이들은 모두 다음과 같이 생각했다.

'도대체 어떤 이유와 원인으로 세존께서는 여래들의 절묘한 방편을 크게 칭찬하시는 것일까? 세존께서 깨달으신 법은 심원한 것이라고 말씀하시고 또 모든 성문과 독각들은 알기 어려운 것이라고 말씀하신 것은 어떤 까닭에서일까? 아무튼 세존께서 해탈은 오직 하나라고 하신 것으로 보아 우리들도 부처님의 법을 얻고 열반을 얻었다. 세존께서 그렇게 설하신 의미가 우리는 이해되지 않는다.'

사리불 존자는 마음으로 사부대중에게 의문이 있음을 알고, 또 자신도 부처님의 법에 의문이 있었으므로 세존께 다음과 같이 여쭈었다.

"어떤 이유와 인연에서 세존께서는 거듭 여래들의 절묘한 방편과 지견과 설법을 칭찬하시는 것이옵니까? 또 '나는 심원한 법을 깨달았다' 또는 '깊은 의미가 담긴 말은 알기 어렵다'라고 계속 설하시는 것이옵니까? 이런 가르침을 저는 이전에 직접 들은 적이 없사옵니다. 사부대중도 의문을 품고 있사옵니다. 세존께서 여래의 심원한 법에 대해 거듭 찬탄하시는 것은 무엇 때문인지, 그 이유를 말씀해 주시옵소서."

그때 사리불 존자는 다음과 같은 게송을 읊었다.

오랜 세월이 지난 뒤, 오늘 인간의 태양인
부처님께서는 이렇게 말씀하셨사옵니다.

'헤아릴 수 없는 힘과 해탈과 선정을 나는 얻었다.'
깨달음의 자리에서 증득하신 법을
당신께서는 찬탄하셨는데도
아무도 당신께 질문하지 않았사옵니다.

당신께선 깊은 의미가 담긴 가르침을 찬탄하셨는데도
아무도 당신께 질문하지 않았사옵니다.

누구의 질문도 받지 않으신 채 설하시고
자신의 수행을 찬탄하시옵니다.
지혜를 얻으신 것을 찬탄하시며
그것이 심원한 것을 설하시옵니다.

지금 해탈을 얻어 번뇌가 없으며
열반을 의지처로 하는 사람들이
'여래께서는 왜 이런 말씀을 하시는가' 하고
의문을 품고 있사옵니다.

독각의 깨달음을 구하고 있는 자도
비구와 비구니, 성문들도
천신, 야차, 건달바, 마후라가들도

서로 물어보고 의문스러워 갖가지로 생각하면서
인간의 최고자이신 당신을

우러러보고 있사옵니다.
위대한 현자시여, 부디 설명해 주시옵소서.

가장 수승하신 부처님께서는
여기 있는 성문들 중 사리불이
최고의 완성에 도달하였다고 설하셨지만

인간의 최고자인 부처님이시여
저 자신도 스스로의 경지에 대해
의문을 품고 있사옵니다.
'그때 내게 설해 주신 수행법이
열반에 이르는 궁극적인 것일까'라고.

훌륭한 북소리의 소유자이신 부처님이시여
말씀을 들려 주시옵소서.
이 법을 있는 그대로 말씀해 주시옵소서.
여래의 친아들들은 서서 합장하면서
당신을 지켜보고 있사옵니다.

갠지스 강의 모래알처럼 수많은 천신들과 용과 야차
그리고 최고의 깨달음을 구하는 보살들이
8만 명이나 있사옵니다.

또 수많은 국토에서 모인

왕들과 전륜왕들도 있사옵니다.
이 모두가 합장, 공경하면서
기다리고 있사옵니다.
'어떻게 해야 수행을 완성할 수 있을까' 하고.

이렇게 말씀드렸을 때, 세존께서는 사리불에게 말씀하셨다.
"사리불이여, 그만두어라. 그 의미를 말한들 무슨 소용이 있겠는가? 그 의미를 설명하면, 천신들도 세간의 중생들도 두려워할 것이기 때문이다."
사리불 존자는 다시 세존께 간청했다.
"세존이시여, 그 의미를 말씀해 주시옵소서. 이곳에 있는 수백 수천만 억 나유타의 중생들은 과거에 많은 부처님들을 뵈었기 때문에 지혜를 갖추고 있사옵니다. 그들은 세존의 말씀을 믿을 것이오며 신뢰하고 받아지닐 것입니다."
그때 사리불 존자는 다음과 같이 한 구절의 게송을 올렸다.

인간의 최고자시여, 분명히 설해 주시옵소서.
이곳에는 수천의 중생이 있사온데
그들은 신앙이 두터우며
여래께 존경심을 갖고 있어
세존께서 말씀하신 법을 이해할 것이옵니다.

세존께서는 사리불 존자에게 다시 이렇게 말씀하셨다.
"사리불이여, 그 의미를 분명히 한다 한들 무슨 소용이 있겠느냐? 천신들도 세간의 중생도 그 의미를 설명하면 두려워할 것이며, 교만한 비구들은 대지옥에 떨어질 것이다."
   그때 세존께서는 다음의 게송을 설하셨다.

그 법을 여기서 설한들 무슨 소용이 있겠는가.
그 지혜는 미묘해서 분별을 초월한 것이다.
법을 설하면, 교만하고 어리석으며 무지한 자들은
그것을 비방할 것이다.

   사리불은 세 번이나 거듭 세존께 간청했다.
   "세존이시여, 그 의미를 설해 주시옵소서. 이곳에는 저와 같은 수백의 중생이 있사오며, 또 그 밖에도 수백 수천만 억 나유타의 중생이 있어, 그들은 전생에 여래의 말씀을 들은 적이 있는 자들이옵니다. 그들은 세존의 말씀을 믿을 것이며, 신뢰할 것이며, 지킬 것이옵니다. 그것은 그들에게 오랫동안 행복과 이익과 안락이 될 것이옵니다."
   사리불 존자는 다음과 같은 게송을 올렸다.

인간의 최고자시여, 법을 설해 주시옵소서.
저는 가장 연장의 아들로서 당신께 간청하옵니다.
이곳에 수많은 중생이 있사온데
그들은 당신께서 설하신 법을 믿을 것이옵니다.

   또 과거세에

당신께서 오랫동안 성숙시킨 중생들도
모두 합장하며 이곳에 있사옵니다.
그들도 당신의 법을 믿을 것이옵니다.

저와 같은 비구가 1천2백 명 있어
그들도 최고의 깨달음을 지향하고 있사온데
그들을 보시고 설해 주시옵소서.
그들에게 최고의 기쁨을 누리게 해 주시옵소서.

세존께서는 사리불이 세 번씩이나 설법을 간청하는 것을 보시고 그에게 말씀하셨다.

"사리불이여, 그대는 세 번이나 간청했다. 그런 그대에게 어찌 설하지 않을 수 있겠느냐. 잘 듣거라. 마음 속으로 생각하거라. 그대에게 설하겠다."

세존께서 이렇게 말씀하시자, 그곳에 우쭐대고 있던 5천 명의 비구, 비구니, 우바새, 우바이가 자리에서 일어나 세존의 두 발에 머리를 조아려 절하고는 그곳을 떠나가 버렸다. 왜냐하면 우쭐대는 자들은 과거의 선하지 못한 행위로 인해, 아직 얻지 못한 것을 얻었다고 생각하고 있으며 또 이해하지 못한 것을 이해했다고 생각하고 있기 때문이다. 그들이 자신의 결점을 알지 못하고 그곳을 나가자 세존께서는 침묵으로 그것을 인정하셨다.

세존께서 사리불 존자에게 말씀하셨다.

"사리불이여, 모임에 필요 없는 자와 기력이 없는 자가 없어지고 신앙의 핵심 위에 선 자만이 남게 되었다. 교만한 자들이 이곳을 떠났으니 잘된 일이다. 이제 그 의미를 설하겠다."

사리불이 세존께 대답했다.

"세존이시여, 설해 주시옵소서."

세존께서는 이렇게 말씀하셨다.

"사리불이여, 언젠가 여래께서는 이런 식으로 설법하신다. 그것은 예를 들면 아주 드물게 피는 우담바라꽃[50]이 언젠가 피게 되는 것처럼, 여래께서도 언젠가 이런 설법을 하신다. 나를 믿으라. 사리불이여, 나는 진실을 말하는 자이며 있는 그대로 말하는 자이며 사실과 어긋나지 않게 말하는 자이다. 깊은 의미가 담긴 여래의 말씀은 알기 어렵다. 여러 가지로 해석하고 설명하시며 말씀으로 나타내시며 비유를 사용하시고, 또 수백 수천이나 되는 여러 가지 절묘한 방편으로 법을 밝히시기 때문이다.

사리불이여, 바른 법은 사려분별을 초월하여 있으며, 여래만이 이해하신다. 왜냐하면 여래께서는 오직 한 가지 해야 할 큰일을 위하여 세간에 나타나시기 때문이다. 그 큰일이란 여래의 지견을 중생들이 얻도록 하기 위한 것이다. 또 여래의 지견을 중생들에게 보이기 위하여, 여래의 지견으로 중생들을 깨달음으로 들어가게 하기 위하여, 여래의 지견을 중생들이 깨닫도록 하기 위하여 나타나신다. 여래의 지견의 길로 중생들이 들어오도록 하기 위하여 여래께서는 세간에 나타나신다. 사리불이여, 이것이 여래께서 해야 할 가장 큰일이며, 세간에 나타나시는 유일한 목적이다.

사리불이여, 이처럼 여래께서는 해야 할 오직 한 가지 큰일을 하시는 분이시다. 나는 여래의 지견을 얻은 자며 중생들에게 보이는 자며 그 속으로 들어가게 하는 자며, 또 그것을 깨닫게 하는 자며 그 길로 들어가게 하는 자다.

사리불이여, 나는 단 하나의 탈 것[一佛乘]⁵¹⁾에 대해 중생들에게 설한다. 그것은 부처님의 탈것으로 그 밖에 제2, 제3의 탈것은 존재하지 않는다. 모든 시방세계에서 이것이 법의 본래의 모습이다.

사리불이여, 과거세에도 헤아릴 수 없고, 셀 수 없는 시방세계에 바른 깨달음을 얻은 존경받는 여래가 계셔서, 많은 사람들의 행복과 안락을 위해, 천신과 인간 등 대중의 이익과 행복과 안락을 위해 이 세상에 출현하셨다. 그 부처님들께서는 중생들의 믿음과 소질과 소망이 다르고 그들이 무엇을 원하는가를 아시고 그들이 지켜야 할 도리를 설하시고 원인, 이유, 비유, 인연, 말의 해석 등 여러 가지 절묘한 방편으로 법을 설하셨는데, 과거의 모든 부처님들께서는 단 하나의 탈것에 대해 중생들에게 설하셨다.

즉 일체지자⁵²⁾가 되는 것을 궁극의 목적으로 하는 부처님의 탈것을 설하신 것이다. 달리 말하면, 중생들에게 여래의 지견을 얻게 하고 보이시고 그 속으로 들어가게 하고 깨닫게 하고 그 길로 들어가는 법을 설하신 것이다. 그래서 과거의 여래들로부터 직접 바른 법을 들은 중생들은 모두 위없는 바른 깨달음을 얻었다.

또 사리불이여, 미래세에 헤아릴 수 없고 셀 수 없는 시방세계에 바른 깨달음을 얻은 존경받는 여래들이 계셔서, 많은 사람들의 행복과 안락을 위해, 그리고 천신들과 인간 등 대중의 이익과 행복과 안락을 위해 이 세상에 출현하실 것이다. 그 부처님들께서도 중생들의 믿음과 소질과 소망이 다른 것을 아시고, 그들이 지켜야 할 도리를 설하시고 원인, 이유, 비유, 인연, 말의 해석 등 여러 가지 절묘한 방편으로 법을 설하실 것이며, 모든 미래의 부처님들께서도 단 하나의 탈것에 대해 중생들에게 설하실 것이다.

즉 일체지자가 되는 것을 궁극의 목적으로 하는 부처님의 탈것을 설하실 것이다. 달리 말하면, 중생들에게 여래의 지견을 얻게 하시고 보이시고 그 속으로 들어가게 하시고 깨닫게 하시고 그 길로 들어가는 법을 설하실 것이다. 그래서 미래의 여래들로부터 직접 바른 법을 들은 중생들은 모두 위없는 바른 깨달음을 얻을 것이다.

또 사리불이여, 현재에도 헤아릴 수 없고 셀 수 없는 시방세계에 바른 깨달음을 얻은 존경받는 여래들이 계셔서, 많은 사람들의 행복과 안락을 위해 법을 설하고 계신다. 그 부처님들께서도 중생들의 믿음과 소질과 소망이 다른 것을 아시고, 그들이 지켜야 할 도리를 설하고 원인, 이유, 비유, 인연, 말의 해석 등 여러 가지 절묘한 방편으로 법을 설하고 계시는데, 그 부처님들께서도 단 하나의 탈것에 대해 중생들에게 설하신다.

즉 일체지자가 되는 것을 궁극의 목적으로 하는 부처님의 탈것에 대해 설하고 계신다. 달리 말하면, 중생들에게 여래의 지견을 얻게 하고 보이고 그 속으로 들어가게 하고 깨닫게 하고 그 길로 들어가는 법을 설하고 계신 것이다. 그래서 현재의 여래들로부터 직접 그 법을 들은 중생들은 모두 위없는 바른 깨달음을 얻을 것이다.

사리불이여, 나 또한 위없는 바른 깨달음을 얻은 존경받는 여래로서 많은 사람들의 행복과 안락을 위해, 그리고 천신과 인간 등 대중의 이익과 행복과 안락을 위해 법을 설한다. 중생들의 믿음과 소질과 소망이 다른 것을 알아서, 그들이 지켜야 할 도리를 설하고 원인, 이유, 비유, 인연, 말의 해석 등 여러 가지 절묘한 방편으로 법을 설하는데, 나 역시 단 하나의 탈것에 대해 중생들에게 설한다.

즉 일체지자가 되는 것을 궁극의 목적으로 하는 부처님의 탈것에 대해 설한다. 달리 말하면, 중생들에게 여래의 지견을 얻게 하고 보이고 그 속으로 들어가게 하고 깨닫게 하고 그 길로 들어가는 법을 설한다. 그래서 지금 나의 설법을 듣는 중생들은 모두 위없는 바른 깨달음을 얻을 것이다. 그러니 사리불이여, '과거·미래·현재의 시방세계 어디서든 제2의 탈것은 마련되어 있지 않으며, 제3의 탈것에 대해서도 마찬가지'라는 것을 알아야 한다.

그러나 사리불이여, 올바른 깨달음을 얻은 존경받는 여래들께서는 시대의 오탁(汚濁), 중생의 오탁, 번뇌의 오탁, 견해의 오탁, 수명의 오탁 속에서 이 세상에 출현하신다. 여래들께서는 중생들이 그런 오탁 속에 있으며, 탐욕스럽고 선근이 적은 것을 아시고, 단 하나인 부처님의 탈것을 절묘한 방편으로써 세 가지 탈것으로 나누어 설하신다. 성문이든 아라한이든 독각이든 이것을 여래의 방편이라고 듣고 이해하고 깨닫지 않는다면,

그들은 성문도 아라한도 독각도 아닌 것을 알아야 한다.

또 사리불이여, 비구든 비구니든 스스로 아라한이라고 칭하면서 위없는 올바른 깨달음을 향한 서원은 세우지 않은 채 '나는 부처님의 탈것과는 인연이 없다'고 하거나, '이 몸은 윤회하는 나의 마지막 몸으로 깨친 경지'라고 우쭐댄다면, 그대는 그 자를 교만한 자라고 보아야 한다. 왜냐하면 여래가 눈앞에 계실 때 아라한으로서 번뇌를 끊어버린 비구가 이 법을 듣고 믿지 않는다는 것은 있을 수 없는 일이며, 또 도리에도 맞지 않기 때문이다. 그런데 여래가 이미 열반에 들었을 경우에는 반드시 그렇지만은 않다. 여래께서 열반에 들었을 경우는 성문들이 여러 경전들을 간직하거나 설하는 일은 없기 때문이다.

또 사리불이여, 다른 여래들이 이 세상에 계실 때는, 그들은 부처님의 법을 의심하지 않기 때문이다.

사리불이여, 그대들은 나를 믿고 신뢰하고 따라야 한다. 여래의 말씀에는 거짓은 없다. 탈것은 오직 하나뿐인 부처님의 탈것(一佛乘)이 있을 뿐이다."

그때 세존께서는 이 의미를 다시 분명히 하시고자 다음의 게송을 설하셨다.

그때 교만하며 믿음이 없는
비구, 비구니, 우바새, 우바이들의 수는
5천 명을 넘었다.
계율과 학문을 충분히 익히지 못한
어리석은 그들은 자신의 잘못을 알지 못하고

번뇌의 상처를 숨기면서 떠났다.

설령 이 법을 들으려 한다 해도
그들은 그만한 미덕을 갖추지 못했으며
오히려 이곳의 오점에 지나지 않으므로
나는 그들이 떠나는 것을 묵인했다.

이리하여 법회의 준비는 끝났다.
법회가 청정하게 되어
쭉정이와 불필요한 자는 사라지고
가장 뛰어난 정수만이 남았다.

사리불이여, 최고자이신 부처님들께서
어떻게 이 법을 깨달으셨는지 설하겠다.
또 세간의 지도자이신 부처님들께서
어떻게 수백이나 되는 절묘한 방편으로
법을 설하시는가를.

부처님들께서는 믿음이 각각 다른
수많은 중생들의 의욕과 행동과 행위
그리고 과거에 쌓은 선업을 아시고 설하신다.

나도 여러 가지 해석과 설명으로
중생들이 이 법을 얻도록 한다.

또 수많은 여러 가지 원인과 수백의 비유로
각각의 상황에 맞게 여러 중생들을 만족시킨다.

그렇기 때문에 나는 여러 가지 경전을 설하며
시송, 전설담, 전생담, 기서담, 인연담과
수백의 비유담, 가영, 논의의 아홉 가지 법도 설한다.

무지하고 천한 가르침을 즐기며
수많은 부처님 밑에서 수행한 적도 없으며
생사윤회에 집착해서 고뇌하는 그들에게
나는 열반을 보인다.

여래께서는 부처님의 지혜를
사람들이 깨닫게 하시려고
이와 같은 방편을 쓰신다.

그렇다고 해서 그들에게
'그대들도 이 세상에서 부처님이 될 것이다'
이렇게 설하시는 일은 결코 없다.

왜냐하면 부처님께서는 적절한 시기를 보아
법을 설하시기 때문이다.
오늘은 적절한 시기이므로
나는 이곳에서 참으로 결정적인 법을 설하겠다.

방편품

아홉 가지로 된 나의 가르침은
중생들의 능력에 따라 설해진다.
그것은 사람들이 부처님 지혜로 들어가도록
설하는 방편의 가르침이다.

이곳에 언제나 청정하고 명석하며 결백하고
온순한 부처님의 아들인 보살들이 있는데
이미 수많은 부처님들 밑에서 공양을 했다.
그들에게 나는 여러 가지 광대한 경전을 설하겠다.

이와 같이 그들은 청정한 계를 갖게 되었기 때문에
그런 그들에게 나는
'그대들은 장래 사람들의 행복을 바라는
자비로운 부처님이 될 것이다'라고 설한다.

이 말을 듣고 그들은
세상에서 가장 뛰어난 부처님이 된다고 기뻐한다.
나는 그들의 수행을 알고
다시 여러 가지 광대한 경전을 설한다.

이 최고의 가르침을 들은 자는
세간의 지도자이신 부처님의 제자이며
한 게송만이라도 듣거나 기억한다면
모두 틀림없이 깨달음으로 향하고 있는 것이다.

탈것은 하나이다. 제2의 탈것은 존재하지 않는다.
마찬가지로 세간에 제3의 탈것은 결코 없다.
인간의 최고자이신 부처님께서 방편으로써
따로 설하시는 경우를 제외하고는.

부처님 지혜를 밝히기 위해
세간의 보호자이신 부처님께서는
이 세상에 출현하셨다.
하신 일은 단 하나로 제2의 것은 존재하지 않는다.

부처님께서는 열등한 탈것인 소승으로써
사람들을 이끌지는 않으신다.
부처님께서 어떻게 하여 무엇을 깨달으셨든
스스로 안주하는 곳에 선정과 해탈을 원하여
체력과 감각의 기능을 가진 사람들을 안주시키는 것이다.

더러움이 없는 뛰어난 깨달음을 얻은 뒤
만일 한 사람의 중생이라도
소승 속에 있게 된다면
좋지 못한 일이며 나에게 어울리지 않는 일이다.

나는 아까워하는 마음도 지니지 않으며
질투심도 없고 욕망이나 탐욕도 없다.
나는 모든 악을 끊었다.

세간을 널리 알고 있으므로 부처님인 것이다.

32상[53]을 지닌 나의 신체는 빛을 놓아
여러 세간을 비추고 있다.
그와 마찬가지로 많은 중생들로부터 숭앙받으며
법의 본성의 표식이 되는 것을 설한다.

사리불이여, 나는 다음과 같은 것을 생각한다.
'32상을 갖춘 세간을 잘 아시는 부처님께서는
스스로 빛을 내신다.
어떻게 하면 모든 중생들이
부처님이 될 수 있을까'라고.

그런 나의 서원은 내가 보고
생각한 대로 이루어졌다.
그러나 나는 깨달음을 얻은 뒤에도
아직 거기에 대해 말하지 않았다.

사리불이여
'대승의 깨달음을 향해 마음을 일으켜라' 하고
내가 중생들에게 설한다 해도
무지한 그들은 미혹하여
내가 바르게 설한 것을 결코 이해할 수 없을 것이다.

그들이 과거세에도 수행하지 않고
애욕의 기쁨에 빠져 집착하고
애욕의 갈증에 혼미한 어리석은 자인 것을
나는 알고 있다.

그들은 애욕 때문에 불행한 생인 악취에 떨어져
여섯 가지의 생존상태인 6취를 편력하며
괴로움에 시달리고 있다.
죽음을 되풀이해서 무덤을 늘리며
복덕이 적어 괴로워하고 있을 뿐이다.

언제나 잘못된 견해의 밀림 속에서
있다, 없다 혹은 있기도 하고 없기도 하다는
62가지 잘못된 견해[54]를 바탕으로
그들은 진실하지 않은 것에 머물고 있다.

교만하고 사람을 속이며
마음이 비뚤어지고 기만하며
학문이 얕은 어리석은 자들을 바로잡기는 어렵다.
그들은 수많은 생을 되풀이하더라도
결코 부처님의 훌륭한 음성을 들을 수 없을 것이다.

사리불이여, 나는 그들에게
'괴로움의 생활을 소멸시켜라' 하고

방편인 가르침을 설하며
또 괴로움에 시달리고 있는 중생들에게
스스로 열반에 들어가는 것을 보이기도 한다.

나는 다음과 같이 설하기도 한다.
'이 모든 존재는 처음부터 적정이며
언제나 적멸한 모습이라'고.
그러나 부처님의 아들들은 수행을 마쳐
미래에는 깨달은 자가 될 것이다.

내가 설한 세 가지 탈 것[三乘]은 절묘한 방편이다.
그러나 진실한 의미에서 도리는 하나이며
탈것도 하나이다.
따라서 지도자들의 설법도 모두 같은 것이다.

이 점에 의문을 갖는 사람이 있다면
그대는 그 의문을 풀어주어야 한다.
세간의 지도자들께서
잘못된 것을 설하시는 일은 없으며
탈것은 오직 이것 하나로
제2의 탈것은 존재하지 않는다.

여러 여래께서 이전에 출현하셨고
수많은 부처님들께서 이미 열반하셨다.

과거의 셀 수 없는 겁 동안에 출현하신
부처님들의 수는 결코 셀 수가 없다.

모든 부처님께서 비유를 사용하시고
이유와 인연으로 말씀하시며
수많은 절묘한 방편으로
많은 청정한 법을 설하셨다.

모든 부처님께서는 한 가지 탈것을 설하셨으며
헤아릴 수 없는 수많은 중생들을
한 가지 탈 것〔一佛乘〕으로 나아가게 하여
그 속에서 성숙시키실 것이다.

여래들께는 이 밖에도 여러 가지 방편이 있다.
중생들의 믿음과 마음을 알아
이 방편으로 천신들을 포함한 이 세간의 중생들에게
최고의 법을 설하신다.

그곳에는 여래들 앞에서 법을 듣고 있거나
이미 다 들은 중생들이 있다.
그들은 보시도 하고 계율도 지키며
인내로써 여러 가지 수행을 완성하였다.

또 정진노력과 선정으로 부처님께 봉사하고

지혜로 가르침을 사유하며
여러 가지 덕행을 이루었다.
그런 중생들은 모두 깨달음을 얻었다.

어떤 이들은 이미 열반에 드신 여래께서 가르침을
펴시는 자리에 열석(列席)하여
그 자리에서 마음이 밝아지고 수행을 쌓아
그들은 모두 보리(菩提)를 얻었다.

또 어떤 이들은 이미 열반에 드신
여래의 사리에 공양을 올리고
보옥과도 같은 수천의 탑을
금은과 수정으로 장엄하였다.

또 어떤 이는 마노로 된 탑을
혹은 묘목석(猫目石)으로 된 탑을 진주로 된 탑을
혹은 훌륭한 유리로 된 탑을,
또는 푸른 옥으로 된 탑을 세운다.
그들 모두 깨달음을 얻었다.

또 어떤 이는 돌로 된 탑을 만들고
어떤 이는 전단이나 침향으로 된 탑을,
또 어떤 이는 소나무로 된 탑을,
혹은 그 밖의 다른 나무들을 짜 맞추어 탑을 만든다.

또 기쁨에 넘쳐 기와를 사용하거나
진흙을 쌓아올려 여래의 탑을 만드는 자가 있으며
또 탑을 만들려고 황야나 험준한 곳에
모래를 쌓아올리는 자도 있다.

또 아이들 중에는 장난으로
여기저기 모래산을 만들어 놓고
그것을 여래의 탑이라고 하는 아이도 있다.
이 모두가 이미 깨달음을 얻었다.

또 어떤 이는 의식적으로 32상을 한 보석으로
불상을 만들게 한 이도 있는데
그들도 모두 깨달음을 얻었다.

또 어떤 이는 칠보로 된 여래의 상을
또 어떤 이는 동으로 된 여래의 상을
또 어떤 이는 놋쇠로 된 여래의 상을 만들게 한다.
그들 모두 깨달음을 얻었다.

아연으로, 철로, 진흙으로, 혹은 회반죽으로
여래의 아름다운 상을 만들게 한 이도 있는데
그들도 모두 깨달음을 얻었다.

또 벽화에다가 수백의 복덕의 상을 갖춘

완전 원만한 상을 스스로 그리거나
혹은 그리게 한 자도 있다.
그들도 모두 깨달음을 얻었다.

또 어른은 수행하면서
어린아이는 즐겁게 놀면서
벽 위에 손톱이나 나뭇조각으로
불상을 그린 자도 있는데

그들 모두 자비심을 지닌 자가 되었고
수많은 중생들을 구제하고
많은 보살을 깨달음으로 향하게 했다.
그들도 모두 깨달음을 얻었다.

또 어떤 이들은 여래의 사리나 탑에
진흙으로 된 상과 불상이 그려진 벽이나 모래탑에
꽃이나 향을 공양하였다.

어떤 이는 거기서 묘한 음색의 북과 소라고동,
그리고 큰북 같은 악기를 연주하고
또 어떤 이는 최고의 깨달음을 얻은 사람들을
공양하기 위해 큰북을 울렸다.

또 어떤 이는 듣기 좋은 음색의 비파나

바라나 작은 북, 장고나 피리, 일현금을 연주하고
또 아주 부드러운 음색의 에코차바 악기를 불었다.
이들 모두도 깨달음을 얻었다.

또 어떤 이는 쇠방울을 울리고
큰북 대신에 물을 두드리거나 손뼉을 치면서
여래들을 공양하기 위해
감미롭고 기분 좋은 노래를 절묘하게 불렀다.

그렇게 여러 가지로 사리에 공양하여
그들 모두 이 세상에서 부처님이 되었다.
여래의 사리에 조금이라도 공양하거나
단 한 악기로 연주하거나

또 벽에 그려진 여래의 상을
단 하나의 꽃으로 공양하더라도
비록 산만한 마음으로 한 공양이었다 하더라도
이런 이들은 수많은 부처님을
차례로 뵙게 될 것이다.

또 어떤 이가 탑에 두 손으로 합장하든
창처럼 한 손으로 합장하든
또 조금 머리를 숙일 뿐이든
단 한 번 몸을 숙일 뿐이든

방편품

사리를 모신 탑을 향해 단 한 번이라도
'여러 부처님들께 귀의하옵나이다'라고 한다면
산란한 마음이든 단 한 번이든
모두 최고의 깨달음에 도달할 것이다.

이미 열반에 들었든, 혹은 아직 이 세상에 있든
여러 여래들로부터 가르침의 이름만 들어도
그 중생들은 모두 깨달음을 얻을 것이다.

또 미래에도 생각할 수 없을 만큼
수많은 부처님들이 계시는데
그 수는 헤아릴 수가 없지만
이들 여래께서도 이 방편을 설하실 것이다.

그들 여래는 절묘한 방편이 무한히 있어
그 방편으로 이 세상의 수많은 중생들을
더러움이 없는 부처님의 지혜 속으로 이끄실 것이다.

어느 때라도 여래들의 가르침을 듣고
부처님이 되지 않는 중생은 결코 한 사람도 없다.
'나는 스스로 깨달음을 향해 수행하며
다른 사람들도 깨달음으로 향하게 하겠다'는 것이
여러 여래의 서원이었기 때문이다.

부처님께서는 미래에 있어서도
수많은 가르침을 설하실 것이다.
그때도 여래의 입장에서
단 한 가지 탈것을 설하실 것이다.

이 법의 도리는 언제나 계속되며
여러 가지 법의 본성은 언제나 빛난다.
인간의 최고자이신 부처님들께서는
이것을 아시고 '여기 일승(一乘)이 있다'고 설하실 것이다.

법의 영원함과 법의 불변함[55]이 언제나 존재하여
이 세간에서 흔들림이 없는 것이다.
부처님께서는 이것을 보리수 아래에서 깨달으신 뒤
절묘한 방편으로 설하실 것이다.

시방세계에는 인간이나 천신으로부터 공양받는
수많은 부처님들이 계신다.
이 부처님들도 모든 중생들이 행복을 얻도록
최고의 깨달음을 이 세상에 설하신다.

최고의 적정한 경지를 깨달은 부처님께서는
절묘한 방편을 설하시고
여러 가지 다른 길을 밝히시지만
일승을 가장 훌륭한 것이라고 설하신다.

이 부처님들께서는 중생들의 행동
즉 어떤 마음으로 이전에 어떤 수행을 했는가
그리고 그들의 정진노력과 능력을 아시고
그들의 마음을 고찰해서 설하신다.

세간의 지도자인 여래께서는 지혜의 힘으로
많은 비유와 인연을 말씀하시며
중생들 각자의 마음을 아시고
그들 각자에게 다른 수행의 길을 설하신다.

나도 지금은 승리자 중의 왕인 지도자로서
중생들이 행복을 얻게 하기 위해
이 세상에 태어난 것이다.
부처님의 깨달음을
수천만 억의 갖가지 수행의 길로써 보이겠다.

나는 중생들의 마음과 의욕을 알아
많은 종류의 법을 설하며
여러 가지 방편을 사용해서
사람들에게 기쁨을 준다.
이것이 나에게 독특한 지혜의 힘이다.

나는 지혜와 복덕이 없는
가난한 중생들을 본다.

그들은 생사의 윤회에 빠져
괴로움의 연속에 갇혀 있다.

욕망에 매여 있는 것은
마치 소가 자기 꼬리털에 애착하는 것과 같이
그들은 목마른 자같이 욕망에 집착하여
언제나 애욕에 눈먼 자가 되어

위대한 위력을 지니신 부처님과
괴로움의 소멸로 이끄는 가르침을
찾으려고 하지 않는다.

그들은 생의 여섯 가지의 생존상태에 얽매여
사악한 견해나 사상 속에 갇혀 움직이지 못하며
한 가지 괴로움에 이어 새로운 괴로움을 받고 있다.
그들에 대한 나의 자비는 큰 힘을 일으킨다.

나는 그것을
보리수 아래 깨달음의 자리에서 알았다.
꼭 21일 동안 그 자리에 앉아 나무를 쳐다보면서
어떻게 그들을 해탈로 이끌까 깊이 생각했다.

나는 그 보리수를
눈도 움직이지 않은 채 쳐다보며

명상에 열중한 채 그 아래를 거닌다.
'이 지혜는 아주 뛰어나고 세상에 드물며
중생들은 미망에 눈멀고 무지인 채이다'라고 생각하면서.

그때 범천, 제석천, 사천왕, 대자재천, 자재천
그리고 수많은 천신(天神) 무리가
모두 합장해서 경의를 나타내며
나에게 설법을 간청한다.

그래서 나는 그 일을 생각한다.
'어떻게 해야 할 것인가.
내가 깨달음을 찬탄해서 설한다 해도
중생들은 괴로움에 시달린다.

어리석은 이들은 내가 설한 법을 나쁘게 말하고
악의로 비방했기 때문에
최악의 세계(삼악도)에 떨어질 것이다.
그러니 아무것도 설하지 않는 편이 좋겠다.
지금이야말로 적정의 열반에 들어갈 때이다'라고.

그러나 동시에 과거의 여러 부처님들과
그분들의 절묘한 방편이 어떤 것이었는지 생각나서
'그렇다면 나도 방편으로 이 깨달음을
세 가지로 나누어 설하자'라고 생각했다.

그렇게 내가 이 법에 대해 생각했을 때
시방에 계시는 다른 부처님들께서
내 앞에 모습을 나타내시어
'좋은 일이오'라고 칭찬의 말씀을 하셨다.

'세간을 이끄는 분으로 최고인 현자여
위없는 지혜를 이 세상에서 깨닫고
과거 세간의 여러 여래들의
절묘한 방편에 대해 생각하고
그것을 배우려고 하는 것은 좋은 일이오.

우리도 부처님의 최고의 경지를 깨달았을 때
세 가지 탈것으로 나누어 설했소.
마음이 천한 무지한 인간들은
'그대들은 마침내 부처님이 될 것이다'라는 말을
믿지 않을 것이오.

그러므로 우리는 그 인연을 잘 파악해서
절묘한 방편으로 그들이 부처가 되는 결과를
얻도록 널리 찬탄해서 많은 보살들을
깨달음의 길로 이끄는 것이오'라고.

그때 나도 부처님의 훌륭한 말씀을 듣고 기뻐했다.
기뻐서 나는 그분들께 말씀드렸다.

'아주 뛰어난 설법자이신 성인들이시여
경배하옵나이다.

세간의 현명한 지도자이신
부처님께서 말씀하신 것처럼
저도 행하겠사옵니다.
저도 이 두렵고 흔들리는 세계에
사람들이 타락한 한가운데 출현한 것이옵니다'라고.

사리불이여, 이와 같이 알고
나는 그때 바라나시[56]를 향해 갔다.
그리고 그곳에서 적정의 경지에 속하는 법을
다섯 명의 비구에게 방편으로 설하였다.

이렇게 해서 나의 법륜이 움직였다.
즉 열반이라는 말도 이 세간에 있게 되었고
아라한이라는 말도, 마찬가지로 법이라는 말도
승단이라는 말도 있게 되었다.

오랫동안 나는 법을 설하였고
열반의 경지도 밝혀서
이것이야말로
생사윤회와 괴로움의 끝이라고 언제나 설하였다.

그리고 그때 사리불이여
나는 인간의 최고자의 아들인 보살들을 보았다.
그들은 이미 가장 뛰어난 최고의 깨달음을 향하여
뜻을 굳혔으며 그 수는 수천만 억이나 되었다.

그들은 내 곁으로 와서
모두가 존경심을 가지고 합장했다.
그들은 이전에 여래들로부터
여러 가지 절묘한 방편인 법을 들었다.

그 순간 나는 다음과 같은 생각을 떠올렸다.
'최고의 법을 설할 때가 되었다.
그것을 위하여 나는 이 세상에 태어났다.
지금 여기서 최고의 깨달음을 설해야겠다.

사물의 모양만 생각하고 생각이 어리석으며
무지하고 교만한 자는 이 가르침을 믿기 어렵지만
그러나 보살들은 나의 설법에 귀기울일 것이다'라고.

그때 나는 아무런 주저함이 없이 환희에 넘쳐
모든 소심한 마음을 버리고
보살들의 한가운데에서 법을 설하여
그들을 깨달음의 길로 인도하였다.

이런 부처님의 아들들이 있는 것을 보고
사리불이여, 그대의 의심도 사라졌을 것이다.
번뇌를 모두 끊어 버린 1천2백 명의 아라한들은
모두 이 세상에서 장래 부처님이 될 것이다.

과거의 여래들과 미래의 여래들과
나에게 있어 이 법의 본래의 모습이
얼마나 생각을 초월한 것인지
지금 그대들에게 설하겠다.

이 세상에 언젠가 어느 곳에서 어떤 방법으로
여래께서는 나타나실 것이다.
무한을 꿰뚫어보는 눈을 가진 분들께서
이 세상에 출현하여도
이 법은 어느 땐가 아주 드물게 설하여질 것이다.

이와 같은 최고의 법을 얻는 것은
수많은 나유타 겁이 지나도 아주 어려울 것이다.
또 최고의 법을 들어도
그것을 믿으려는 중생들은 아주 드물 것이다.

마치 얻기 어려운 우담바라꽃과 같아서
그것이 언제 어디서 어떤 방법으로든 나타난다면
사람들에게 좋은 일이며

천신을 포함한 전 세계의 상서로운 일이 될 것이다.

만일 어떤 자가
이 법이 바르게 설해지는 것을 듣고
기뻐하여 찬탄의 말을 한 마디라도 한다면
그는 모든 부처님을 섬긴 것이 될 것이다.
이는 우담바라꽃 이상으로 상서로운 일이 될 것이다.

이 점을 의심하지 마라.
나는 보살을 최고의 깨달음으로 향하도록 격려하며
'나에게는 이 지상에서 한 사람도
성문의 길을 걷는 자는 없다'고
법의 왕인 나는 선언한다.

사리불이여,
이것을 그대의 비밀의 가르침으로 하라.
내 모든 제자들과 훌륭한 보살들도
이 비밀의 가르침을 받아 지니도록 하라.

다섯 가지 탁한 시대〔五濁惡世〕의 중생들은
열등하고 악의에 찬 자이며 애욕에 눈멀고
어리석은 생각밖에 하지 않으며
깨닫고자 하는 마음이 전혀 없는 자들이기 때문이다.

단지 하나인 나의 탈것을
과거의 여래께서도 설했다는 말을 듣고도
미래의 중생들이 그것을 믿지 않고
혼란스러워 이 경을 비방하면
지옥에 떨어지게 될 것이다.

그러나 스스로 부끄러움을 알고 청아하며
이미 가장 훌륭한 최고의 깨달음을 지향하는
중생들도 있을 것이다.
나는 두려움 없이 설법하는 자로서
그들에게 일승을 설하고 무한히 칭찬할 것이다.

여래의 이와 같은 설법은
가장 뛰어난 절묘한 방편이며
깊은 의미가 담긴 많은 말씀으로써 설해도
학문이 깊지 못한 이는 이해하기 어렵다.

그러므로 그대들은
세간의 스승이시며 참다운 사람인
부처님들의 깊은 의미가 담긴 말씀을 알아
의심을 버린다면 부처님이 될 것이다.
그것을 기뻐하여라.

제3장 비유품(譬喩品)

그때 사리불 존자는 한없이 기뻐하며, 세존이 계시는 곳을 향하여 합장하고 우러러보면서 이렇게 여쭈었다.

"세존이시여, 여래의 설법을 직접 듣게 되니 경탄스럽고 너무나 기쁩니다. 제가 여래의 가르침을 듣지 못했을 때는, 다른 보살들을 보거나 그들의 이름을 들으면 여래로부터 버림받았다는 생각에 매우 슬프고 괴로웠기 때문입니다. 또 세존이시여, 저는 산이나 동굴, 밀림이나 유원, 강가나 나무 밑의 한적한 곳에서 자주 오후의 휴식을 취하였는데 그때에도 다음과 같이 생각하였습니다.

'법계에 들어가는 것은 같더라도, 세존께서는 우리를 열등한 가르침인 소승으로써 이끄셨다. 이것은 우리의 잘못이지, 세존의 잘못은 아니다.'

왜냐하면 만일 저희가 세존께서 절묘한 설법인 위없는 바른 깨달음으로 이끄는 대승의 설법을 간청했더라면, 세존께서는 당연히 대승의 가르침으로 저희를 이끄셨을 것이기 때문입니다.

그런데 세존이시여, 때마침 보살들이 곁에 없었기 때문에 저희들은 세존께서 설하신 말씀의 깊은 의미를 이해하지 못하고 여래께서 최초에 깨치신 설법을 들은 것만으로 당황하여 그 가르침을 궁극의 것으로 받아들여 수행 정진하였습니다. 세존이시여, 저는 이처럼 자신을 비난하면서 대부분의 날들을 보내고 있었으나 오늘 비로소 열반을 얻었습니다. 오늘 저는 완전한 열반, 아라한의 경지에 도달했습니다.

세존이시여, 오늘 저는 세존의 장남으로서 세존의 가슴으로부터 태어난 자이며, 입으로부터 법으로부터 태어난 자이며, 법의 화신, 법의 상속자, 법으로부터 나타난 자이옵니다. 세존이시여, 오늘 이와 같이 이전에 들은 적이 없는 경탄할 만한 법을 친히 듣게 되어, 저희들의 고통은 사라졌사옵니다."

그때 사리불은 세존께 다음과 같은 게송을 올렸다.

위대한 지도자시여
훌륭한 말씀을 듣고 저는 매우 기뻐하였습니다.
이제 저는 아무런 의문도 없습니다.
저는 최고의 탈것인 대승 속에서 성숙하였습니다.

여래의 말씀은 경탄할 만큼 훌륭한 것으로
중생들의 의혹과 근심은 끊어졌습니다.
번뇌가 다한 저도 그 말씀으로
근심이 모두 없어졌습니다.

이전에 저는 오후의 휴식 때
밀림이나 유원, 나무 아래를 산책하면서,
또 산 속의 동굴에 앉아서
이런 걱정에 잠기곤 했습니다.

'아아, 나는 사악한 마음으로 스스로를 속이고 있다.
비록 번뇌와 더러움 없는 같은 가르침 속에 있지만
장래 삼계(三界)의 최고의 가르침을
설하지는 못할 것이다.

부처님께서 갖추신 32상은 나에게서 사라지고
황금색 피부도 색이 바래고
부처님의 열 가지 힘이나 해탈 등
모든 것이 나에게는 없다.
아아, 같은 가르침 속에 있으면서도
얼마나 어리석었던가.

위대한 현자이신 부처님께서 갖추신
가장 훌륭한 팔십 종호[57]나 열여덟 가지 특유한 성질
그 모두를 잃어버렸다.
나는 잘못된 길에 홀려 있다.'

세간의 행복을 위해
자비를 베푸시는 당신을 뵙고는

비유품

홀로 오후의 휴식을 하기 위해 걸으면서
'아아, 나는 장애 없는 불가사의한 지혜로부터
멀리 떠나 있다'라고 생각했습니다.

세존이시여, 저는 이렇게 생각하면서
낮과 밤의 대부분을 보냈습니다.
아무튼 세존께 여쭙고 싶사옵니다.
'저는 바른 길로부터 벗어난 것이옵니까?
그렇지 않은 것이옵니까?'라고.

승리자의 왕이시여
저는 이처럼 밤낮으로 고민하며 시간을 보냈습니다.
이렇게 고민하는 것은 세간의 지도자이신 당신께서
다른 많은 보살들을 칭찬하시는 것을 보았기 때문이오며

또 승리자이신 부처님께서는
깨달음의 자리에서 번뇌에 물들지 않는
사유를 초월한 미묘한 지혜를 얻으신 뒤
그 지혜로 깊은 의미가 담긴 가르침을
방편으로 설하신다고 들었기 때문이옵니다.

이전에 저는 잘못된 견해에 집착한 외도로부터
존경받는 유행자였습니다.
그때 부처님께서는 제가 원하는 바를 아시고

잘못된 견해로부터 해탈시키기 위해
열반에 대해 말씀해 주셨사옵니다.

저는 잘못된 견해에서 벗어나
존재는 모두 공하다는 것을 깨달았으므로
'나는 열반했다'고 생각하였습니다.
그러나 그것은 참된 열반이라고는
할 수 없는 것이었습니다.

최고의 인간인 부처님이 되어
인간, 천신, 야차로부터 숭앙받고
32상을 갖추게 되었을 때
비로소 완전히 열반한 것이옵니다.

부처님의 말씀을 듣고 쓸데없는 생각이 모두 사라져
오늘 저는 열반을 얻을 수 있었습니다.
천신들을 포함한 전 세계 앞에서
최고의 깨달음을 얻을 것이라고
수기하여 주셨을 때이옵니다.

그러나 처음 말씀을 들었을 때
저는 큰 두려움을 느꼈습니다.
'악마가 부처님의 모습으로 변하여
나를 어지럽게 하는 것이 아닌가' 하고.

그런데 여러 가지 원인과 까닭이 설해지고
또 수많은 나유타의 비유로써
훌륭하신 부처님의 깨달음을 보았을 때
그 가르침을 듣고 저는 의심이 없어졌습니다.

완전한 열반에 드신 수많은 과거 부처님들께서
절묘한 방편으로 같은 법을 설하시는 모습을
찬탄하셨을 때

또 미래의 많은 부처님들과
현재 이 세상에 계시는 부처님들께서
최고의 진리를 보이시고
수백의 방편으로 장래 법을 설하실 것이며
또 지금 설하고 계신 것을 찬탄하실 때

또 당신께서 출가하셔서
어떻게 수행하셨으며
어떤 법륜을 깨달으셨으며
어떻게 설법하셨는가를 말씀하셨을 때

그것을 듣고 저는 그때
'이분은 악마가 아니다.
세간의 보호자로 진실한 덕행을 보이시므로
거기에 악마들이 들어갈 틈은 없다.

악마라고 생각한 것은
나의 의심이었다'라는 것을 알았사옵니다.

감미롭고 심원하며 미묘한 부처님의 말씀을 듣고
저에게 기쁨이 생겼을 때
모든 의혹과 의심은 사라지고
저는 부처님의 지혜 속에 있었사옵니다.

천신을 포함한 이 세간에서 숭앙받으며
저는 반드시 여래가 될 것이옵니다.
그리고 깨달음을 구하는 많은 보살들을 이끌어
부처님의 깨달음이 담긴 법을 설할 것이옵니다.

이렇게 말씀드리자, 세존께서는 사리불에게 다음과 같이 말씀하셨다.

"사리불이여, 천신과 마왕, 범천, 사문, 바라문을 포함한 모든 사람들 앞에서 그대에게 말하겠다. 그대에게 진실을 말하겠다. 사리불이여, 나는 그대를 오랜 옛적부터 지금까지 2천만 억 나유타의 부처님들 밑에서 위없는 바른 깨달음으로 향하도록 성숙시켜 왔다. 그리고 그대는 오랫동안 내 제자였다.

사리불이여, 그대는 과거에 보살로서 깊이 생각한 결과와 보살의 신비에 의해 이 세상에서 내 설법에 동참하는 것이다. 그러나 그대는 부처님의 불가사의한 위력으로 인한 과거의 수행이나 서원을 잊어버리고, 또 과거에 보살로서 깊이 생각한 결과와 보살의 신비를 생각해 내지 않고, '나는 열반에 들었다'고 착각하고 있다.

사리불이여, 나는 그대에게 과거의 수행과 서원, 지혜를 깨달은 것을 생각케 하기 위하여, '바른 가르침의 백련'이라는 법문 - 그것은 모든 부처님이 찬탄하는 광대한 경전이며 보살을 위한 가르침이다 - 을 성문들을 위하여 밝히는 것이다.

또 사리불이여, 그대는 장래 생각이 미치지 못하는 헤아릴 수 없는 무한한 겁 동안, 수천만 억 나유타나 되는 많은 부처님들의 바른 법을 간직하고 여러 가지를 공양하고 보살의 수행을 완성하여 '화광(華光)'이라는 이름의 바른 깨달음을 얻은 존경받는 여래가 될 것이다. 그분은 지혜와 덕행을 갖춘 선서시며, 세간을 잘 아는 위없는 분이시며, 사람들을 잘 이끄시며, 천신과 인간의 스승이시며, 불타시며, 세존이시다.

사리불이여, 그 화광여래의 국토는 먼지가 하나도 없는 '이구(離垢)'라는 이름으로 불릴 것이다. 그곳은 평탄하고 쾌적하며 훌륭해서 가장 아름답고 청정하고 넓으며, 번영하고 안온한 곳이리라. 또 식물은 풍부하며, 많은 남녀의 무리와 천신들로 가득하고, 땅은 유리로 되었으며 금실로 바둑판처럼 장식되어 있을 것이다. 바둑판 모양의 길가에는 보석나무가 있어 칠보의 꽃이나 과일이 언제나 열려 있을 것이다.

사리불이여, 그 화광여래는 세 가지 탈것〔三乘〕에 대하여 법을 설할 것이다. 또 그 여래는 오탁(汚濁)이 있는 겁에는 태어나지 않지만, 본래의 서원의 힘으로 오탁악세에서도 법을 설하실 것이다.

사리불이여, 그 겁은 '대보장엄(大寶莊嚴)'이라는 이름으로 불릴 것이다. 그대는 어떻게 생각하는가? 어떤 이유로 그 겁이 대보장엄이라고 불리는가? 사리불이여, 그 부처님의 국토에서는 모든 보살들을 보물이라고 부른다. 그때 그 이구세계에는 많은 보살들이 있을 것이다. 그들의 수는 무한하여 생각도 미치지 않으며, 비교할 수도 헤아릴 수도 없어 여래의 생각으로밖에는 알 수가 없다. 그런 이유로 '대보장엄겁'이라고 불린다.

사리불이여, 또 그때 그 부처님의 국토에 있는 대부분의 보살들은 보석으로 된 연화를 밟고 다니게 될 것이다. 그 보살들은 처음으로 깨달음을 지향한 것이 아니라, 오랫동안 선근을 쌓고 수백 수천의 많은 부처님들 밑에서 깨끗이 생활하여, 여래로부터 칭찬받고 부처님의 지혜를 구하는 데 전념함으로써 커다란 신통의 덕을 닦았기 때문이다. 또 가르침에 널리 정통하며 온화하고 사려 깊은 이들이다. 사리불이여, 그 국토는 대체로 그런 보살들로 가득할 것이다.

또 사리불이여, 그 화광여래의 수명은 왕자였을 때를 제외하고는 12중겁일 것이다. 중생들의 수명은 8중겁일 것이다. 그리고 화광여래는 12중겁이 지난 후, 다음과 같이 '견만(堅滿)'이라는 보살이 위없는 바른 깨달음을 얻을 것을 예언하신 뒤 열반에 드실 것이다.

'비구들이여, 이 견만보살은 내 뒤를 이어 위없는 바른 깨달음을 얻을 것이다. 즉 존경받는 분이시며, 바른 깨달음을 얻은 분이시며, 지혜와 덕행을 갖춘 선서시며, 세간을 잘 아는 위없는 분이시며, 사람들을 잘 다스리는 분이시며, 신들과 인간의 스승이시며, 불타시며, 세존이신 화족안행(華足安行)이라는 이름의 여래로서 이 세상에 출현하실 것이다'라고.

사리불이여, 이 화족안행여래의 국토도 조금 전에 말한 것과 같을 것이다.

또 사리불이여, 화광여래가 열반하셔도 바른 가르침은 32중겁 동안 계속될 것이다. 그 뒤 바른 가르침[正法]이 다했을 때, 32중겁 동안 바른 가르침과 유사한 가르침인 상법[58]이 계속될 것이다."

그때 세존께서는 다음과 같이 게송을 설하셨다.

사리불이여
그대도 장래 승리자인 여래가 될 것이다.
화광이라는 이름으로 널리 보는 눈을 지니고
수많은 중생들을 이끌 것이다.

수많은 부처님 밑에서 공양을 올리고
그곳에서 보살로서의 수행의 힘을 얻고
또 열 가지 능력[十力]이 생겨
가장 훌륭한 최고의 깨달음을 얻을 것이다.

헤아릴 수도 없으며
생각도 미치지 않을 정도의 겁이 지난 뒤
'대보엄(大寶嚴)'이라는 겁이 있을 것이다.
그때 '이구'라는 이름의 청정한 국토가 있어

그곳이 이 인간세계에서 가장 높은 부처님의 국토이다.

땅에는 유리가 깔려 있고
금실로 장식되어 있으며
보석으로 된 수백의 아주 아름다운 나무가 있어
꽃이나 과실로 장식되어 있다.

그곳의 많은 보살들은
언제나 사려 깊으며 수행에 정통해 있다.
그들은 수백 명의 부처님 밑에서 수행을 쌓은 뒤
이 국토에 태어난다.

그 승리자는 마지막 인간의 몸으로 왕자가 되어
애욕의 생활을 버리고 출가해서
가장 훌륭한 최고의 깨달음을 얻을 것이다.

그 승리자의 수명은 그때 꼭 12중겁일 것이다.
그곳에 있는 사람들의 수명은 8중겁일 것이다.

이 승리자께서 열반에 드셨을 때
바른 가르침은 천신들을 포함한
이 세간의 행복을 위해
32중겁 동안 계속될 것이다.

바른 가르침이 다했을 때
그와 유사한 가르침이 다시 32중겁 계속될 것이다.
이 여래의 사리는 널리 유포되어
언제나 인간이나 천신들에 의해
크게 공양될 것이다.

이런 부처님께서 장래 나타나실 것이다.
사리불이여, 기뻐하라.
필적할 자가 없으며
인간의 최고자이신 이 부처님은 바로 그대이니까.

그때 비구, 비구니, 우바새, 우바이의 사부대중과 천신, 용, 야차, 건달바, 아수라, 가루다, 긴나라, 마후라가 등 인간과 인간 이외의 모든 중생들은 사리불 존자가 위없는 깨달음을 얻을 것이라고 세존으로부터 직접 듣고 기뻐하며 각자 자신의 옷을 세존께 바쳤다.

신들의 왕인 제석천과 사바세계의 왕인 범천과 그 외 수많은 천신들이 세존께 천상의 옷을 바치고, 천상의 만다라바꽃과 대만다라바꽃을 부처님 위에 뿌렸다. 그들은 천상의 옷을 하늘에 나부끼며, 천상의 수백 수천의 악기와 큰북을 울리며 커다란 꽃비를 내리게 하고는 이렇게 말했다.

"이전에 세존께서는 바라나시의 녹야원[59]에서 법륜을 굴리셨는데 오늘 다시 최고의 법륜을 굴리셨다."

그때 그 천신들은 다음과 같이 게송을 읊었다.

세간에서 필적할 자가 없는 부처님이시여
당신께서 법륜을 굴리셨사옵니다.
바라나시에서 여러 가지 온[五蘊]이 생기고
멸하는 것을 설하시는 법륜을.

여래시여, 바라나시에서는 법륜이 처음 굴려졌으며
지금 이곳에서 두번째로 굴려졌사옵니다.
여래시여, 그들에게 쉽게 믿을 수 없는 것을
오늘 설해진 것이옵니다.

저희들은 세간의 보호자이신 당신으로부터
많은 법을 들었사옵니다.
그러나 이와 같은 법은
이전에는 결코 들은 적이 없사옵니다.

위대한 용자시여
위대한 성인들의 깊은 뜻이 담긴 말씀을 듣고
두려움 없는 성자 사리불에게 수기하신 것을 듣고
저희들은 환희하옵니다.

저희들도 이 세상에서 마침내는
이런 위없는 부처님이 되어
깊은 의미가 담긴 말로
부처님의 위없는 깨달음을 설하고 싶사옵니다.

비유품

저희들이 이 세상에서 혹은 저 세상에서
부처님을 기쁘게 해드린 것과
착한 일을 한 것이 깨달음을 구하는 데
도움이 되었으면 좋겠사옵니다.

사리불은 세존께 다음과 같이 말씀드렸다.
"세존이시여, 직접 세존 앞에서 위없는 바른 깨달음을 얻을 것이라는 수기를 들었으니 이제 저는 아무런 의심도 없으며 미혹을 벗어났습니다. 세존이시여, 자재로운 힘을 얻은 1천2백 명의 제자들을 전에는 아직 배울 것이 있는 곳에 두셨는데, 오늘 세존께서는 그들에게 이렇게 말씀하셨사옵니다.
'비구들이여, 내가 설하는 가르침과 계율은 생로병사의 근심을 넘어 열반에 도달하는 것을 궁극의 목적으로 한다'라고.
그리고 또 아직 배울 것이 있는 이든 혹은 더 배울 것이 없는 이든, 세존의 제자들 중에는 모두 자아와 존재와 세계의 파멸에 관한 사견과 모든 잘못된 견해를 버리고 자신들은 이미 열반의 경지에 들어 있다고 생각하고 있는 비구가 2천 명 있사옵니다. 이들이 이전에 들은 적이 없는 이 법을 세존으로부터 직접 듣고 의혹을 품고 있습니다. 그러므로 세존께서는 의혹을 풀 수 있도록, 또 사부대중의 의심과 미혹이 없어지도록 말씀해 주시옵소서."
이 말을 듣고 세존께서는 사리불에게 다음과 같이 말씀하셨다.
"사리불이여, 이전에 내가 그대에게 설하지 않았더냐. 바른 깨달음을 얻어 존경받는 여래는 지향하는 바와 욕망과 소질이 다른 중생들이 무엇을 바라고 있는지를 아신 뒤, 그들이 수행해야 할 길을 여러 가지로 설하시며 원인과 이유, 비유와 인연, 말의 해석 등 여러 가지 절묘한 방편을 써서 법을 설하신다고 하지 않았더냐. 그리고 모든 설법은 최고의 바른 깨달음에 대한 것으로 이는 사람들을 보살의 길로 이끌기 위함이다.

사리불이여, 그 의미를 다시 널리 알리기 위하여 그대에게 한 가지 비유를 들겠다. 이 세상에서 지혜 있는 이라면 설해진 의미를 비유로도 바로 알 수 있기 때문이다.

사리불이여, 예를 들어 고을이든 마을이든, 도시든 시골이든, 시골의 어느 지방이든 서울이든 어디라도 좋다. 그곳에 어떤 가장(家長)이 있다고 하자. 그는 나이가 들어 기력이 쇠했으며, 장자로서 고령에 이르렀으나 부유하여 재력이 있고 생활도 풍요롭다. 그의 저택은 높고 넓으나 오래 되어 낡았으며, 2백, 3백, 4백 혹은 5백이라는 많은 중생들이 살고 있다. 그 저택에는 문이 단 하나 있다. 현관은 무너졌으며 기둥은 썩었고 외벽이나 담장도 칠이 벗겨져 있는 바로 이 저택이 갑자기 큰 불덩이에 싸여 여기저기서 불꽃이 타올랐다고 하자. 또 그 사람에게는 5명이나 10명 혹은 20명의 많은 아들들이 있었다고 하자. 그리고 그 사람만이 집 밖으로 도망쳐 나왔다고 하자.

사리불이여, 그때 그 사람은 자신의 저택이 큰 불덩이에 휩싸여 타오르는 것을 보고 두려워 떨면서 어찌할 바를 모른다고 하자. 그리고 이런 생각을 한다고 하자.

'나는 이 큰 불덩이에 닿지도 않고 타지도 않게 재빨리 도망쳐 나왔지만 내 아들들은 아직 어려서 집 안에서 장난감을 가지고 각자 즐겁게 놀고만 있다. 이 집이 불타고 있는 것도 모르며 알지도 못하고 당황하지도 않고 오직 노는 데만 정신이 팔려 있다. 이 큰 불덩이에 싸여 있으면서 큰 고통이 다가오는데도 그들은 느끼지 못한다. 또 밖으로 나가야겠다는 생각도 하지 못한다'라고.

사리불이여, 그 가장은 힘과 능력이 있는 사람이어서 다음과 같이 생각했다.

'나에게 힘과 능력이 있으니 아이들을 업어서 구출한다면 어떨까.'

그러나 그는 이렇게도 생각했다.

'이 집 입구는 단 하나밖에 없고 문은 닫혀 있다. 또 아이들은 얌전치 못하여 이리저리 뛰어 다녀 어떻게 하고 있는지도 모른다. 아이들이 화를 입기 전에 알리자.'

이렇게 생각해서 그는 아이들에게 외쳤다.

'얘들아, 이리 나오너라. 빨리 도망치거라. 지금 집이 불타고 있으니 다치기 전에 어서 나오너라.'

그러나 아이들은 놀이에 빠진 나머지 밖에서 부르는 것도 모르고 놀라지도 않고 두려워하지도 않으며 아무 생각 없이 밖으로 나오려고 하지도 않았다. 집이 불타고 있는 것이 도대체 무슨 일인지 전혀 모르고 알려고도 하지 않았다. 이리저리 뛰어 다니며 부친이 있는 곳을 바라볼 뿐이었다. 이것이 무지한 아이들의 모습이다.

그래서 가장은 이렇게 생각했다.

묘법연화경

'이 집은 큰 불덩이에 휩싸여 타오르고 있다. 나와 아이들이 화재 때문에 재앙을 입어서는 안 된다. 그러니 방편을 써서 아이들을 불타는 집에서 나오게 해야겠다.'

이 가장은 아이들이 전부터 무엇을 가지고 싶어하는지 알고 있었으며 성격도 잘 알았다. 아이들이 가지고 싶어하는 것은 여러 종류의 장난감 - 가지각색의 재미난 것으로 모두가 원하는 보기 좋고 마음에 꼭 들면서 구하기 힘든 것 - 이었다. 가장은 아이들의 바람을 알고 있었기 때문에 이렇게 말했다.

'애들아, 너희들이 가지고 놀기도 아주 좋고 지금껏 본 적이 없는 여러 가지 장난감 - 너희들이 가지고 싶어하는 보기 좋고 마음에 꼭 드는 소 수레, 양 수레, 사슴 수레[60] 장난감 - 을 전부 집 밖에 놓아두었다. 자, 애들아, 이리 나오너라. 그러면 원하는 것은 무엇이든 다 주겠다. 이것을 가지러 빨리 나오너라.'

그러자 아이들은 전부터 가지고 싶던 장난감 이름을 듣고 재미나게 놀 생각에 타오르는 집에서 재빨리 뛰쳐나왔다. '누가 제일 빨리 나가는지 보자' 하며, 서로 다투듯 재빨리 타오르는 집에서 뛰쳐나왔다.

그때 가장은 아이들이 무사히 나오는 것을 보고, 네거리의 땅 위에 주저앉아 기쁨에 젖어 안도의 숨을 쉬었다. 그때 아이들은 부친이 있는 곳으로 다가와서 이렇게 말했다.

'아버지, 소 수레, 양 수레, 사슴 수레 같은 여러 가지 즐거운 장난감을 주세요'라고.

사리불이여, 그래서 가장은 아이들에게 바람처럼 빠른 소 수레를 주었다. 이것은 칠보로 되었고 손잡이가 있으며, 방울이 달린 그물이 드리워져 있고, 높고 크고 멋지게 진귀한 보석으로 장식되었고, 보옥의 화환이 아름답게 빛나고 화만(華鬘)으로 장식되었으며, 자리에는 천과 모포가 깔리고 양측에 옥양목과 비단으로 덮인 붉은 베개가 놓여 있는 수레였다. 또한 발이 빠른 흰 소가 끌며 많은 사람들이 딸려 있고 왕자의 표시로서 깃발이 있는 수레였다. 가장은 같은 모양과 같은 종류의 소 수레를 아이들에게 하나씩 주었다.

 왜냐하면 사리불이여, 그는 부유한 큰 재산가이고 많은 창고를 가지고 있으며 다음과 같이 생각하였기 때문이다.

 '아이들에게 형편없는 수레를 주지는 않겠다. 이 아이들은 다 내 아들들이고 모두 사랑스러우며 마음에 든다. 더욱이 나에게는 이런 큰 탈것은 얼마든지 있다. 그리고 아이들을 평등하게 대해야지 불평등하게 대해서는 안 된다. 나는 많은 보물창고가 있어 모든 사람들에게도 이런 큰 탈것을 줄 수가 있을 정도이다. 그러니 어찌 아이들에게 주지 않으랴'라고. 아이들은 그때 큰 탈것을 타고 훌륭하다고 놀랄 것이다.

 사리불이여, 그대는 이것을 어떻게 생각하는가? 처음에는 아이들에게 세 가지 탈것을 말했는데 나중에 훌륭한 큰 탈것만 준다면 이 사람이 거짓말을 한 것이 되는가?"

 사리불이 말씀드렸다.

 "세존이시여, 그렇지 않사옵니다. 그 사람은 절묘한 방편으로 아이들을 불타고 있는 집에서 나오게 하여 생명을 구했습니다. 그러므로 세존이시여, 그 사람은 거짓말쟁이가 아니옵니다. 아이들이 모두 죽지 않았기 때문에 장난감을 얻을 수 있는 것입니다.

　또 세존이시여, 설령 그 사람이 아이들에게 수레를 하나도 주지 않았다 하더라도 거짓말쟁이는 아니옵니다. 그는 처음부터 '절묘한 방편으로 아이들을 거대한 불덩어리로부터 벗어나게 하자'고 생각하였기 때문입니다. 이것으로 보아도 그 사람은 거짓말을 하지 않았습니다. 더구나 아이들을 사랑하기 때문에 자신의 부유함에 맞는 큰 탈것을 준 것이옵니다. 세존이시여, 그 사람에게 거짓말한 죄는 없사옵니다."

　이 말을 듣고 세존께서는 사리불에게 다음과 같이 말씀하셨다.

　"그렇다, 사리불이여. 그대의 말대로이다. 바른 깨달음을 얻어 존경받는 여래는 모든 두려움을 없애고, 모든 고통과 혼란, 고뇌, 걱정으로부터 벗어났으며, 또 무명의 어두운 막으로부터 완전히 벗어나셨다. 또 여래는 여러 가지 지혜, 열 가지의 힘, 네 가지의 두려움 없는 자신, 열여덟 가지의 부처님에게만 있는 특유한 상호를 갖추고 신통력으로써 대단한 힘을 가지며, 세간의 아버지시며, 위대하고 절묘한 방편과 최고의 지혜의 궁극에 도달한 분이시며, 대자비자시며, 싫증내지 않고 사람들의 행복을 바라는 자비심 깊은 분이시다.

　여래는 큰 괴로움과 근심의 불덩어리에 타오르는 낡은 집과 같은 이 삼계[61] 속에 태어나신다. 그것은 생로병사의 고통으로 일어나는, 고뇌, 우울, 근심 속에서 무명의 어두운 막에 싸여 있는 중생들을 애욕과 증오, 어리석음으로부터 해탈시키기 위해서이며, 최고의 바른 깨달음으로 이끌기 위해서이다. 여래께서는 고뇌와 불안의 불길에 타고 있는 낡은 집과 같은 삼계 속에 출현해서 다음과 같이 보신다.

'사람들은 생로병사와 비탄, 고뇌, 우울, 근심으로 불타고 삶아지고 달구어지고 시달린다. 또 그들은 향락과 욕락 때문에 여러 가지 괴로움을 겪는다. 즉 현세에서 세속적인 것을 찾아 재물을 모으려고 하기 때문에 내세에는 지옥이나 축생, 야마(염마)[62]의 세계에서 여러 가지 많은 괴로움을 맛볼 것이다. 비록 신이나 인간 속에 태어나더라도 빈궁하거나 싫어하는 사람을 만나거나 사랑하는 사람과 헤어지거나 하는 괴로움을 경험한다. 더욱이 그런 괴로움 덩어리 속을 윤회하면서도, 장난치고 기뻐하며 즐기고 있다.

두려워하거나 무서워하지 않고 공포에 떨지도 않으며 알아차리지도 못하고 생각해 보지도 않고 당황해하지도 않기 때문에 도망칠 궁리도 하지 않는다. 불타고 있는 집과 같은 삼계에서 즐거움을 찾아 이리저리 돌아다니며 커다란 불덩어리에 시달리면서도 그것을 괴로움이라고 느끼지 못하고 생각도 하지 않는다'라고.

사리불이여, 여래는 다음과 같이 생각한다.

'나는 진실로 중생의 아버지이므로, 중생들을 이런 큰 괴로움으로부터 해탈시키지 않으면 안 되겠다. 그리고 중생들이 즐겁게 놀고 장난할 수 있도록 그들이 헤아릴 수 없고 알 수 없는 부처님의 지혜로 신기한 즐거움을 그들에게 주지 않으면 안 되겠다'라고.

사리불이여, 그래서 여래는 이렇게 생각한다.

'나에게 지혜의 힘과 신통력이 있다고 해서 적절한 방법을 쓰지 않고 중생들에게 여래의 지혜의 힘과 네 가지 두려움 없는 자신을 가르친다 해도 그들이 윤회로부터 벗어날 수는 없을 것이다.

왜냐하면 중생들은 5욕의 즐거움에 집착하고 삼계의 환락에 집착해서 생로병사, 비탄, 괴로움, 우울, 근심으로부터 해탈하지 못하고, 그것으로 불타고 삶아지고 달구어지고 시달리고 있기 때문이다. 괴로움의 불꽃에 싸여 있는 낡은 집과 같은 삼계로부터 벗어나지 못하는데, 어떻게 부처님의 지혜를 누릴 수가 있겠는가'라고.

사리불이여, 팔힘이 센 그 가장(家長)이 그 힘을 쓰지 않고 절묘한 방편으로 아이들을 불타고 있는 집에서 도망치게 한 뒤 크고 훌륭한 탈것을 주는 것처럼, 바른 깨달음을 얻은 여래는 여래의 지혜의 힘과 두려움 없는자신을 갖추고 계시지만 여래의 지혜의 힘을 쓰지 않으시고 절묘한 방편을 사용하여 불길에 싸인 낡은 집과 같은 삼계로부터 중생을 벗어나게 하기 위해 지혜로 세 가지 탈것을 보이신다. 즉 성문을 위한 탈것과 독각을 위한 탈것과 보살을 위한 탈것, 이 세 가지 탈것으로 중생들에게 의욕이 생기게 하시며 다음과 같이 말씀하신다.

'그대들은 불타고 있는 집과 같은 삼계 속에서 천한 모양과 소리, 향기, 맛, 접촉에 기쁨을 느껴서는 안 된다. 이 삼계에서 즐기고 있는 그대들은 5욕의 즐거움을 동반한 애욕으로 불타고 달구어지고 시달리고 있다. 이 삼계로부터 벗어나야 한다. 그리하면 그대들은 성문을 위한 탈것, 독각을 위한 탈것, 보살을 위한 탈것의 세 가지 탈것을 얻을 것이다. 나는 그것을 보증하며 틀림없이 세 가지 탈것을 줄 것이다. 그러니 삼계로부터 벗어나도록 전심으로 노력하여라'라고.

또 나는 이런 말로 의욕이 생기게 한다.

'아아, 중생들이여, 훌륭한 탈것은 성자들의 찬탄과 위대한 즐거움을 갖추었다. 그대들은 그 탈것으로 온갖 놀이를 하고 기뻐하며 즐길 수 있다. 다섯 가지 감각기관[五根]과 다섯 가지 능력, 일곱 가지 깨달음을 돕는 부분과 네 가지 선정, 여덟 가지 해탈과 삼매로써 큰 기쁨을 체험할 것이고 또 큰 안락과 기쁨을 누리는 자가 될 것이다'라고.

사리불이여, 그 경우 현명한 중생들은 세간의 아버지인 여래를 믿는다. 그리고 여래의 가르침에 전심 노력한다. 그 중 가르침을 듣고 그것을 따르려고 하는 중생들은 자신의 완전한 열반을 위해 네 가지 성스러운 진리를 깨달으려고 여래의 가르침에 전심한다.

그들은 삼계로부터 벗어나기 위하여 성문의 탈것을 구한다. 그것은 마치 사슴 수레를 원하는 아이들이 불타고 있는 집에서 뛰쳐나오는 것과 같다. 또 스승 없이 얻은 지혜와 선정에 의한 조용함을 구하는 중생들은 자신의 완전한 열반을 위한 인연의 도리를 깨달으려고 여래의 가르침에 전심한다. 그들은 삼계로부터 벗어나기 위하여 독각의 탈것을 구한다. 그것은 마치 양 수레를 원하는 아이들이 불타고 있는 집에서 뛰쳐나오는 것과 같다.

또 일체지자의 지혜, 부처님의 지혜, 저절로 생기는 지혜, 스승 없이 얻는 지혜를 구하는 중생들은 세간을 자비로이 여겨 천신과 인간 등 대중의 이익과 행복을 바라며, 또 모든 중생을 완전한 열반에 들어가게 하려고 여래의 지혜의 힘과 두려움 없는 자신의 열 복덕을 깨달으려고 여래의 가르침에 전심한다. 그들은 삼계로부터 벗어나기 위하여 큰 탈것(大乘)을 구한다. 그렇기 때문에 보살대사(菩薩大士)라고 불린다. 그것은 마치 소수레를 원하는 아이들이 불타고 있는 집에서 뛰쳐나오는 것과 같다.

사리불이여, 아이들이 불타고 있는 집에서 무사히 뛰쳐나오는 것을 보고는 더 이상 걱정하지 않고 자신의 부유함에 맞게 아이들에게 한 가지 훌륭한 탈것을 주는 가장처럼 여래께서도 마찬가지이시다. 즉 수많은 중생들이 삼계로부터 벗어나고 괴로움과 두려움과 재앙으로부터 벗어나 여래의 가르침이라는 문을 통하여 밖으로 뛰어 나가 열반의 평온에 이르는 것을 보신다.

그리고 사리불이여, 그때 여래는 스스로의 위대한 지혜의 힘과 두려움 없는 자신의 복덕이 풍부한 것을 아시고 또 그들 모두가 자기 아들이라는 생각에서, 오직 부처님의 탈것으로 그들 모두를 완전한 열반에 들어가게 하신다. 그러나 중생 한 사람 한 사람에게 개별적인 완전한 열반이 있다고 설하는 것이 아니라 일체중생을 모두 여래와 같은 열반, 즉 위대한 완전한 열반 [般涅槃]에 의해 열반에 들어가게 하시는 것이다.

또 사리불이여, 삼계로부터 벗어나 있는 중생들에게 여래는 선정, 해탈, 삼매, 등지라는 훌륭하고 최고의 안락이며 즐겁게 놀 장난감을 주신다. 사리불이여, 그것은 마치 조금 전의 비유처럼 비록 가장은 세 가지 탈것을 말하였지만 아이들에게 다 같이 칠보와 여러 가지 장식으로 덮이고 모양이 같으며 대단히 크고 훌륭한 탈것을 주었다. 그렇다고 거짓말한 것은 아닌 것처럼 마찬가지로 사리불이여, 여래도 미리 절묘한 방편으로 세 가지 탈것을 보이셨지만 나중엔 오직 큰 탈것인 대승으로써 중생을 열반에 들게 했다고 하여 거짓말쟁이는 아니다.

사리불이여, 왜냐하면 여래는 풍부한 지혜의 힘과 두려움 없는 자신의 보고(寶庫)를 가지고 계시며, 모든 중생에게 일체지자의 지혜로 가르침을 설하실 수 있기 때문이다. 사리불이여, 이런 이유에서 여래는 절묘한 방편과 지혜로써 오직 하나인 대승을 설하신다는 것을 알아야 한다."

세존께서는 그때 다음과 같이 게송을 설하셨다.

예를 들면 어떤 사람이
오래 되어 낡은 큰 집을 가지고 있다고 하자.
그 집은 현관도 부서지고
기둥도 밑동이 썩어 있다.

창이나 누각은 여기저기 부서지고
외벽도 담장도 칠이 벗겨지고
서까래도 오래 되어 무너질 것 같으며
초가 지붕은 모두 낡아서 벗겨져 있다.
적어도 5백 명의 사람이 사는 그곳은

배설물로 가득 찬 악취 나는 작은 방이 많이 있다.

집 주위는 전부 부서지고
벽도 담도 무너져 있다.
그곳에는 수많은 독수리가 살며
비둘기와 올빼미를 비롯한 다른 새들도 있다.

그곳은 황폐해서 맹독을 지닌
무서운 독사가 여기저기 우글대며
여러 종류의 전갈과 쥐가 있는 등
위험한 생물이 살기도 한다.

여기저기 인간 이외의 생물이 있고
집은 똥과 오줌으로 폐허와 다름없으며
구더기와 곤충이 우글우글하며
개와 여우 짖는 소리가 들린다.

그곳에는 무서운 늑대가 있어서
인간의 시체를 먹고 있다.
또 늑대들이 먹다가 남기기를 기다리는
많은 개와 여우가 살고 있다.

무력한 개와 여우들은 언제나 굶주려서
여기저기서 서로 물어뜯으면서

으르렁대며 싸우고 있다.
그 집은 이처럼 너무나 무서운 곳이다.

또 아주 난폭한 야차들이
인간의 시체를 뜯어먹으며 살고 있다.
그곳에는 여기저기 지네와 독사, 맹수가 살고 있다.
그들은 여기저기 둥지를 만들어 새끼를 낳고 있으나
낳은 새끼를 끊임없이 야차들이 먹어버린다.

난폭한 야차들은
배부를 때까지 다른 생물을 잡아먹는데
배가 부르면 격렬한 싸움을 시작한다.

부서진 집 안의 구석에는
1비타스티와 1하스타,[63] 2하스타 크기의
두렵고 포악한 악귀인 쿰반다가 살며
근처를 어슬렁대고 있다.

그들은 그곳에서 개를 잡아
발을 위로하여 목을 졸라 겁을 주거나
괴롭히며 즐기고 있다.

또 나체이며 몸이 검고 키가 크고
여윈 아귀들이 살고 있다.

그들은 배가 고파 먹을 것을 찾아
여기저기서 비명을 지르며 울부짖는다.

어떤 것은 바늘 끝처럼 뾰족한 입을 하고
어떤 것은 소머리를 하고 있고
몸집이 인간만한 것이 있는가 하면
개만한 것도 있다.
먹을 것을 구하느라 애태우면서
머리털을 뒤헝클어뜨린 채 울고 있다.

또 그곳에는 야차와 아귀
흡혈귀와 매가 먹이를 찾아
창이나 문틈으로 줄곧 사방을 살피고 있다.

그 집은 이렇게 무서운 곳이라고 하자.
크고 높지만 허름하고 오래 되어서 낡았다.
어떤 사람이 그 집을 소유했다고 하자.

그 사람이 집 밖에 나와 있을 때
갑자기 불이 나 사방으로부터
수천의 불길에 싸여 타오른다고 하자.

불이 붙은 대나무와 목재
그리고 타오른 기둥과 장벽이

아주 무서운 소리를 내며
야차와 아귀들도 울부짖고 있다.

수백 마리의 매가 불길에 괴로워하고
쿰반다들은 얼굴에 화상을 입고 뛰어 다니며
한편에는 수백 마리의 맹수가 불에 타
비명을 지르며 울부짖고 있다.

그곳에는 많은 흡혈귀들이 어슬렁대다
전생의 복덕이 적어서 불타는 것이다.
그들은 불타면서도 서로 이빨로 찢고
피를 흘리며 싸우고 있다.

늑대는 이미 죽었고 맹수들은 서로 잡아먹는다.
토한 것이 불에 타 불쾌한 냄새가 사방으로 퍼진다.
지네는 불에 쫓겨 구멍에서 도망친다.
쿰반다들이 그것을 잡아먹는다.

또 아귀들은 머리털에 불이 붙어
굶주림과 불길에 괴로워하며 이리저리 돌아다닌다.
이처럼 수천의 무서운 불길을 뿜고 있는 집을 보면서
이 집주인은 문 근처에 서 있었다.

그는 장난감을 가지고 정신없이 놀고 있는

자기 아들들이 아무것도 모르는 어린아이여서
놀이에 열중하고 있는 것이다.

그 말을 듣고 그는 아이들을 구출하기 위해
서둘러 그 집 속으로 들어갔다.
'철없는 나의 아이들이 모두 불에 타 죽기 전에
구해야지' 하고 생각하며.
그는 아이들에게 집이 무서운 곳이라고 알린다.

'얘들아 이곳은 아주 무서운 곳이다.
여러 가지 생물이 사는데다 지금 불타고 있어
큰 괴로움이 끊이지 않을 것이다.
맹독을 가진 독사와 아주 난폭한 야차
쿰반다와 아귀가 아주 많이 살고 있다.

또 늑대나 개, 여우떼와 매가 먹이를 노리고 있다.
이처럼 많은 생물이 여기 살고 있어서
불이 나지 않더라도 아주 무서운 곳이다.
무서울 뿐만 아니라 한편에 불이 타오르고 있다.'

이렇게 재촉해도 지혜 없는 아이들은 장난감 놀이에 빠져
아버지가 부르고 있는 것도 생각지 않고
무서운 동물이나 불은 생각도 않는다.

그 사람은 생각했다.
'아이들이 너무 걱정이다.
만일 나에게 아이들이 없다면 모든 것이 무슨 소용이랴.
그러니 아이들이 불에 타 죽어서야 안 되겠다'고

그는 아이들을 구해 낼 방법을 생각했다.
아이들은 장난감을 갖고 싶어하는데
이곳에는 놀이감이나 즐거움은 하나도 없다.
아이들의 마음은 이처럼 어리석다.

그는 아이들에게 말했다.
'얘들아, 사슴과 양
그리고 훌륭한 소가 매인 탈것이 여럿 있다.
이 수레들은 높고 크며 장식이 되어 있다.

이 탈것들이 집 밖에 있으니 어서 나오너라.
이것들을 마음대로 가져라.
너희들을 위해 내가 만들게 한 것이니
모두 기뻐하며 함께 빨리 나오너라.'

그런 탈것이 밖에 있다는 말을 듣고
아이들은 앞다투어 뛰쳐나왔다.
고난으로부터 벗어나 아무것도 없는 공터에 섰다.

그 사람은 아이들이 탈출한 것을 보고
마을 가운데에 있는 네거리로 가서
훌륭한 자리에 앉아 사람들에게 말했다.

'여러분, 나는 겨우 안심하였다.
마침내 구출한 20명의 어린 아들들은
내 사랑하는 친아들이다.
많은 생물들로 가득해서 아주 무섭고
살기 어려운 집 속에 이 아이들이 있었다.

그 집이 수천의 불길에 싸여 타오르고 있을 때
그 속에서 아이들은 즐겁게 놀고 있었다.
나는 아이들을 모두 구해 냈기 때문에
지금은 안심할 수가 있다.'

부친이 안심하자 아이들은 곁으로 가서 이렇게 말했다.
'아버지, 아버지께서 말씀하신 대로
세 가지 재미있는 탈것을 주세요.

집안에서 저희들에게
세 가지 탈것을 주시겠다고 한 말씀이
거짓이 아니라면 그것을 지금 주세요.'

그 사람에게는 금, 은, 보석, 진주는 물론이고

또 적지 않은 금화와 하인이 있었지만
그는 한 가지 탈것을 아이들에게 주었다.

그것은 보석으로 된 훌륭한 소 수레로
손잡이가 붙어 있고 방울이 달렸으며
일산과 깃발로 장식되고
진주와 보석의 그물로 덮이고

황금꽃으로 만들어진 화환이
여기저기 달려 있고
우아한 의장이 덮였으며
희고 질 좋은 천이 깔려 있다.

또 그 수레에는 부드러운 비단이 깔리고
값이 수천만 억이나 되는
한사 모양의 코탐바카 천도 깔려 있다.

크고 힘세며 아름다운 흰 소가
이 보물과 같은 수레에 매여 있으며
소를 돌보는 많은 사람들이 딸려 있다.

그 사람은 이런 훌륭한 수레를
아이들에게 선물로 준다.
아이들은 이 선물에 만족해서

기뻐하며 사방팔방으로 뛰어다닌다.

사리불이여, 이와 마찬가지로 위대한 성인인 나는
중생들의 보호자이며 아버지이며
모든 중생은 나의 아들이다.
그러나 어리석게도 그들은 삼계 속에서
애욕에 집착하고 있다.

삼계는 마치 불타는 그 집과 같아서
무서우며 수백 가지 괴로움으로 가득 차 있다.
그곳은 어디나 생로병사라는
수백 가지의 많은 불로 타고 있다.

또 나는 삼계로부터 해탈하여
정적의 경지에 있으며 숲 속에서 홀로 산다.
그러나 삼계는 내가 소유하는 집이며
그곳에서 불타고 있는 자들은
바로 내 아들들이다.

나야말로 그들의 의지처이다.
나는 삼계의 여러 가지 괴로움을 보았지만
그들은 모두 애욕에 집착하고 있으므로
어리석게도 내 말이 들리지 않는다.

비유품

나는 절묘한 방편으로
세 가지 탈것을 그들에게 설한다.
삼계에 많은 결점이 있음을 알고
그곳으로부터 그들을 탈출시키기 위하여
방편의 가르침을 설한다.

그들 중의 어떤 이는 나에게 의지해서
가르침을 듣는 제자 즉 성문이며
여섯 가지 신통과 세 가지의 영지(英知)[64]와
큰 위력을 갖추었다.
또 어떤 이는 독각이며
어떤 이는 물러서지 않는 보살이다.

사리불이여, 나는 그때 아들들 모두에게
뛰어난 비유로써 오직 하나인
부처님의 탈것을 설한다.
그것을 받아지니면
그대들은 모두 깨달은 자가 될 것이다.

부처님의 탈것은 전 세계에서 가장 훌륭한 것
아주 기쁜 것 특히 걸출한 것이다.
그것은 고귀한 모습이며
사람들이 존경해야 할 것이다.

그곳에는 수많은 힘과 선정과 해탈이 있으며
수천만 억의 많은 삼매가 있다.
부처님의 탈것은 이처럼 가장 뛰어난 것이며
그것을 타고 부처님의 제자인 보살은 언제나 즐거워한다.

그들은 이것을 타고 즐거이 놀면서
몇 날 몇 밤 몇 달 몇 계절을 보내며
또 몇 년 몇 중겁 수천만 억의 겁을 보낸다.

보물로 된 이것은 가장 훌륭한 것이다.
그것을 타고 많은 보살들과 성문은
여래의 가르침에 귀기울이면서
즐거이 놀면서 깨달음의 자리로 향해 간다.

사리불이여, 그대는 이렇게 알아야 한다.
'시방을 널리 찾더라도
인간의 최고자인 부처님의 방편 외에
어디에도 제2의 탈것은 없다'라고.

그대들은 나의 아들이며 나는 그대들의 부친이다.
그리고 나는 그대들을 괴로움에서 벗어나게 한다.
공포에 가득 찬 삼계로부터 수많은 겁 동안
불타는 괴로움을 받는 그대들을.

이렇게 해서 나는 그때
그대들이 열반할 것이라고 설하였으나
아직 그대들은 진실로 열반하지 않았다.
이 세상에서 윤회의 괴로움으로부터
해방된 것에 지나지 않는다.
지금이야말로 부처님의 탈것을 구해야 한다.

누군가 보살이 된 자가 여기 있다면
그는 부처님인 나의 인도에 귀기울인 자로
그 모두가 보살이다.
많은 보살을 이끄는 것
그것이 깨달은 자의 절묘한 방편이다.

여기 있는 중생들이 천하고 혐오스러운
애욕 속에서 즐거움을 찾을 때
진실을 설하시는 세간의 지도자는
이 세상에서 괴로움의 성스러운 진리[苦諦]를 설하신다.

또 무지해서 괴로움의 근원을 알지 못하는
어리석은 이들에 대해서는
나아가야 할 길을 보여서
애욕이 일어날 때 괴로움이 생긴다[集諦]고 설하신다.

언제나 어떤 것에도 집착하지 말고 애욕을 버려라.

이것이 내가 설하는 제3의 소멸[滅諦]의 진리이다.
잘못 없이 해탈로 이끄는 길을 수행하기 때문에
사람은 해탈자가 된다.

사리불이여, 그 경우 그들은 무엇으로부터 해탈하였는가?
진실하지 않은 것에 대한 집착으로부터 해탈하였다.
따라서 그들은 모든 의미에서 완전히 해탈한 것이 아니며
그들에게 '아직 참된 열반을 얻지 못하였다'고
여래는 말씀하신 것이다.

가장 뛰어난 대승의 깨달음을 아직 얻지 못했으면
해탈한 것이 아니라고 한 것은 무슨 까닭인가?
나는 모든 사람들을 안락하게 하기 위하여
법왕으로서 이 세상에 태어났다.
그것이 나의 바람이다.

사리불이여, 오늘 내가 최후로 설한 것이
내 가르침의 근본이다.
천신들을 포함한 이 세간의 행복을 위해
그대는 그 가르침을 사방으로 설하여라.

그대가 설할 때 어떤 사람이
'나는 이 가르침에 기꺼이 따르겠습니다' 하거나
이 경전을 머리에 인다면

그야말로 불퇴전의 사람이라고 생각해도 좋다.

이 경전을 믿는 사람은
과거세로부터 여래를 뵙고 공양한 사람이며
또 이전에 이와 같이 훌륭한 가르침을
들은 적이 있는 사람이다.

내가 설한 이 가르침을 믿는 사람은
나나 그대를 과거세에 만난 적이 있으며
나의 모든 비구들과 모든 보살들을
만난 적이 있는 사람이다.

이 경전은 어리석은 사람을 혼란시키기도 하지만
깊은 신통과 지혜 있는 사람들을 위해 설한 것이다.
그것은 성문들이 이해할 수 있는 것도 아니며
독각들이 이해할 수 있는 것도 아니다.

사리불이여, 그대는 이 경전을 굳게 믿는다.
다른 제자들도 그러리라는 것은 말할 필요도 없다.
그들도 나를 믿으므로 이 경전에 가까이 다가올 것이며
믿음 이외에 각자에게 지혜가 있을 리가 없다.

완고한 사람들이나 교만한 사람들
바른 수행을 하지 않는 사람들에게 설해서는 안 된다.

닦음이 없는 어리석은 자들은
언제나 애욕에 빠져 무지하므로
설해진 가르침을 나쁘게 말할 것이다.

부처님의 인도로 언제나 세상에 세워져 있는
나의 절묘한 방편을 비방하고 눈살을 찌푸리고
훌륭한 탈것을 버리고 가는 그런 사람이
이 세상에서 받는 과보가 얼마나 분명한지 그대는 들으라.

내가 아직 이 세상에 있을 때든
완전한 열반에 든 뒤든 이 경을 비방하고
비구들에게 가혹한 행동을 한 자는
어떤 과보를 받는지 지금 내가 말하겠다.

이러한 어리석은 자들은 인간으로서의 생이 끝난 뒤
1겁 동안 아비지옥에 산다.
그 뒤 많은 겁 동안 그들은 몇 번이나 죽고
다시 그곳에 떨어질 것이다.

죽어 지옥의 생이 끝난 뒤에도
다시 축생으로 태어나 방황하고
아주 허약한 개나 늑대가 되어
다른 것들의 장난감이 된다.

비유품

그런 뒤 그들은
내가 최고의 깨달음을 얻은 것을 증오하고
검은 반점과 종양이 나 있고
뒤틀린 검은 몸에 털은 없으며 힘도 전혀 없다.

그들은 생명 있는 것들 사이에서 언제나 미움받으며
흙덩이 세례를 받거나 매맞아 흐느껴 울며
여기저기서 막대기로 위협당하고
기갈에 고통받고 몸은 아주 초라해져 간다.

부처님 가르침을 비방한 어리석은 자들은
다시 낙타가 되거나 노새가 되어
무거운 짐을 운반하면서
채찍이나 막대기로 매를 맞으며
먹이 걱정으로 괴로워한다.

또 어리석은 자들은
애꾸눈과 절름발이인 추한 여우가 되어
마을의 어린아이들로부터
흙덩이 세례를 받거나 매를 맞는다.

어리석은 자가 죽은 뒤 다시 태어나면
그는 50요자나나 되는
우둔하고 바보 같은 긴 생물이 되어

그냥 몸부림칠 뿐이다.

그들은 이 경전을 비방했기 때문에
발 없이 가슴으로 기는 생물이 되어
수많은 생물에게 잡아먹히는
아주 심한 고통을 받는다.

나의 이 경전에 믿음을 일으키지 않는 그들은
비록 인간의 몸을 얻어도
손발이 마비되거나 절름발이, 곱사거나 애꾸눈
우둔하거나 비천한 몸으로 출생하게 된다.

부처님의 깨달음을 믿지 않는 그들은
세간에서 신용받지 못하고
그들의 입에서는 악취가 나며
몸에는 야차나 악귀가 붙어 있다.

언제나 가난하고 허약하며
남의 하인이 되어 잔심부름으로 혹사당한다.
병에 걸리는 등 고통도 많으며
의지할 곳 없이 세상을 살아간다.

그들이 섬기는 사람은
그들에게 많은 것을 주려고 하지 않는다.

비유품

또 받은 것도 얼른 없어진다.
악행의 결과는 이와 같다.

그들이 병에 걸렸을 때
훌륭한 의사가 만든 적절한 약을 먹었더라도
그들의 병은 더욱 악화되고
결코 병이 낫는 일은 없다.

다른 사람이 물건을 훔치거나
폭력을 쓰거나 싸움을 하거나
재산을 약탈하거나 할 경우에도
그 행위의 결과가 그들에게 돌아온다.

부처님의 가르침을 비방했기 때문에
그들은 세간의 보호자이며
지상에서 가르침을 설하는 부처님을
결코 만나지 못하며
부처님의 설법이 들리지 않는
여덟 가지 불행한 세계[65]에 산다.

어리석은 그들은 귀머거리이고
사려 없는 자여서
가르침을 들을 수가 없다.
이와 같이 깨달음을 비방하는 자에게는

언제까지라도 해탈의 적정은 없다.

또 갠지스 강의 모래알처럼 수많은 겁 동안
그들은 우둔한 존재로 손발도 불완전하다.
경전을 비방한 결과로 이런 재앙을 만난다.

그들에게는 유원지가 그대로 지옥이며
집은 악취(惡趣)의 세계와 같다.
그곳에 살고 있는 그들은
노새와 산돼지, 여우, 개가 언제나 따라다닌다.

비록 인간의 몸을 얻었다 하더라도
장님이나 귀머거리나 우둔한 자가 되어
늘 가난하며 남의 하인이 된다.
그때 여러 가지 악업의 과보로써 장식된다.

그의 몸에는 여러 가지 병이 따라다니며
신체에는 수많은 나유타의 상처가 있다.
습진이나 옴에 걸리고 부스럼이 생기며
부스럼과 나병이 생기고 악취를 뿜는다.

그는 몸이 영원하다는 잘못된 생각에 빠져 있으며
그의 분노는 부풀고 탐욕은 격렬하다.
이처럼 삼독번뇌[66]에 짓눌린 그는

축생으로 태어나는 것을 언제나 즐기고 있다.

사리불이여,
이 경전을 비방하는 자가 받을 과보에 대해
내가 지금 하는 말은 1겁이 걸린다 해도
다 설명할 수가 없을 것이다.

사리불이여,
그 사실을 알고 있으므로 나는 그대에게 말한다.
그대는 이와 같은 경전을
어리석은 사람들 앞에서는
결코 설해서는 안 된다.

그러나 이 세상에서 가장 현명하고
많은 것을 배우고 사려와 지식을 갖추고
최고의 뛰어난 깨달음을 향하여
나아가고 있는 사람들에게는
최고의 진리를 설하여라.

그들은 과거세에 수많은 부처님을 뵌 사람들,
또한 헤아릴 수 없는 선근을 쌓은 사람들,
또 부처님의 길로 향하려는 의욕이 굳은 사람들,
그런 사람들에게 그대는 최고의 진리를 설하여라.

언제나 정진노력하고 자비심이 있으며
몸도 생명도 버리고
오랫동안 자비를 실천하는 사람들 앞에서
그대는 이 경전을 설하여라.

서로를 이해하고 서로를 존경하고
어리석은 자들과는 어울리지 않으며
산 속 동굴에서 사는 데 만족하는 그런 사람들에게
그대는 이 훌륭한 경전을 설하여라.

착한 친구를 사귀며 악한 친구를 피하는 사람들
그런 부처님의 아들들을 만나면
그대는 이 경전을 설하여라.

계를 지키는 데 부족함이 없고
마니구슬처럼 청정하며
대승의 광대한 경전을 받아 지니는 사람들
이런 부처님의 아들들을 만나면
그대는 이 경전을 설하여라.

화내는 일 없이 언제나 솔직하고
모든 중생에게 연민의 마음을 지니며
여래를 존경하는 사람들 앞에서
그대는 이 경전을 설하여라.

많은 대중들 앞에서 막힘 없이 법을 설하며
마음을 바르게 집중해서 수많은 비유로
설법하는 이런 사람에게
그대는 이 경전을 설하여라.

일체지자(부처님)의 존재를 널리 구하면서
합장하고 이마를 숙여 예배하는 자
또 법을 잘 설하는 비구를 찾아서
시방을 널리 편력하는 자

또 광대한 대승의 경전을 받아 지녀서
결코 다른 가르침에 기뻐하지 않고
다른 가르침은 결코 한 구절도 받아들이지 않는
그런 사람에게 그대는 뛰어난 경전을 설하여라.

어떤 사람이 여래의 사리를 찾아
그것을 받아 지니는 것처럼
이 경전을 구하고 머리에 이며 받아 지니는 사람,

그런 사람은 다른 경전을 생각하지 않고
어리석은 자에게 어울리는 외도의 가르침이나
다른 논서에 대해서도 생각하는 일이 없다.
어리석은 자들을 피해 이런 사람에게
그대는 이 경전을 설하여라.

사리불이여, 이와 마찬가지로
최고의 훌륭한 깨달음을 향하여 나아가고 있는
수많은 사람들에게
나는 1겁을 채울 정도로 설할 수가 있다.
그런 사람들 앞에서 그대는
이 경전을 설하는 것이 좋다.

제4장 신해품(信解品)

그때 수보리 존자와 대가전연 존자,[67] 대가섭 존자와 대목건련 존자[68]는 일찍이 들어본 적이 없는 이와 같은 가르침을 들었으며, 세존으로부터 사리불 존자가 위없는 바른 깨달음을 얻을 것이라는 말씀을 직접 듣고 경탄하며 크게 기뻐했다. 그때 그들은 자리에서 일어나 세존이 계시는 곳으로 다가가, 한쪽 어깨를 벗고[69] 오른쪽 무릎을 땅에 대고 합장한 뒤, 몸을 구부려 존경의 뜻을 표하고 세존을 우러러보면서 이렇게 말씀드렸다.

"세존이시여, 저희들은 나이도 많고 늙어서 비록 비구들은 저희를 장로[70]로 부르고 있습니다만 나이 먹은 탓에 저희는 스스로 열반에 이르렀다고 자만하였습니다. 또 세존이시여, 저희들은 게을러서 위없는 바른 깨달음을 얻고자 정진노력하지 않았습니다. 세존께서 오랫동안 자리에 앉아 설법하실 때에도, 세존의 시중을 들면 몸은 물론 손발 마디마디가 시렸습니다. 그래서 저희들은 세존께서 법을 설하셨을 때, 모든 것은 실체가 없고[空], 형상이 없으며[無相], 바람의 대상이 아닌[無願] 것을 분명히 알았으며, 부처님 특성이나 부처님 국토의 장엄이나 보살의 자유로운 신통이나 여래의 자유로운 신통에 대해서 알았으나 그렇게 되고 싶은 바람을 일으키지 못했습니다.

그것은 저희들이 나이가 많은 탓에 망령되어 삼계로부터 벗어나 열반을 얻었다고 잘못 생각하였던 것이며, 그렇기 때문에 저희들은 다른 보살들에게 최고의 바른 깨달음에 대해 가르치거나 훈계하기는 하였지만 저희들 스스로가 최고의 깨달음을 구하고자 하는 마음은 한 번도 일으키지 못했던 것이옵니다.

세존이시여, 그런 저희들이 지금 세존으로부터 친히 성문들도 위없는 깨달음을 얻을 것이라는 수기를 받으니, 경이로운 마음과 함께 드문 일이라는 생각에 큰 이익을 얻었습니다.

세존이시여, 오늘 갑자기 이전에는 듣지 못했던 이러한 여래의 말씀을 듣고, 저희들은 헤아릴 수 없는 양의 훌륭한 보물을 얻었습니다. 찾지도 바라지도 생각지도 구하지도 않은 이런 훌륭한 보물을 얻은 것이옵니다. 이것은 분명한 사실이옵니다.

세존이시여, 예를 들면 어떤 남자가 부친 곁을 떠나 집을 나갔습니다. 그는 다른 나라로 가서 그곳에서 오랜 세월을 20년, 30년, 40년, 혹은 50년을 홀로 살았습니다. 그는 어른이 되었지만 가난해서 먹을 것이나 입을 것을 구하기 위하여, 사방팔방으로 돌아다니다 어느 나라로 갔습니다. 그의 부친도 어느 나라로 갔습니다. 부친은 많은 재보와 곡물, 황금, 창고는 물론 금, 은, 주옥, 진주, 유리, 나패, 파리, 산호, 진금, 백은을 소유하였습니다. 그리고 많은 시종과 노예, 하인, 심부름꾼을 거느리며 많은 코끼리와 말, 소, 양 등을 소유한 큰 부자가 되어 사업을 하고 돈을 빌려주며 농사와 장사일로 크게 번성하였습니다.

한편 가난한 남자는 먹을 것이나 입을 옷을 구하기 위해 마을이나 성, 시골, 도시 등을 돌아다니다가 마침내 큰 재산을 갖고 있는 자신의 부친이 살고 있는 마을까지 왔습니다. 세존이시여, 그 가난한 남자의 부친은 그 마을에 살면서 50년 전에 실종된 아들을 늘 생각하고 있었습니다. 하루도 빠짐없이 아들을 생각하면서도 혼자 마음 속으로 괴로워하고 있었을 뿐, 누구에게도 그 사실을 털어놓지 못했습니다. 그리고 이렇게 생각하였습니다.

'나는 이제 나이를 너무 먹었다. 비록 많은 재산과 황금이 창고에 넘칠 정도로 많지만 물려줄 아들이 없다. 아아, 만일 내가 죽는다면 이 모든 것은 흩어져 버릴 것이다. 그런 일이 생겨서는 안 된다.'

그는 몇 번이나 되풀이하여 아들을 떠올리면서, '아아, 만일 내 아들이 이 산과 같은 재물을 물려받을 수 있다면 안심하고 살 수 있을 텐데' 하고 생각하였습니다.

그때 가난한 남자는 옷과 먹을 것을 구하다가 마침내 마을에 들어와 부호의 저택이 있는 곳 가까이 왔습니다. 그 가난한 남자의 부친은 자신의 저택 근처에서 많은 바라문들과 왕족, 상인, 노예의 무리에게 둘러싸여 공경받으면서, 발 디딤대가 붙어 있고 금, 은으로 장식된 사자좌에 앉아 있었습니다. 옆에서는 짐승의 꼬리털로 만든 부채로 부채질을 해 주었으며, 머리 위에는 천개(天蓋)가 드리워져 있고, 아래에는 꽃을 따서 뿌려 두었으며, 보옥의 화환이 걸려 있는 그곳에서 위엄을 갖추고 앉아 있었습니다.

세존이시여, 그 가난한 남자는 자기 부친이 많은 사람들에게 둘러싸여 위엄을 지니고 앉아 일을 보고 있는 것을 보았습니다. 그리고는 두려워 털이 곤두설 정도로 부들부들 떨면서 어쩔 줄 몰라 하며 이렇게 생각하였습니다.

'왕인지 대신인지 모를 사람을 갑자기 나는 만났다. 이곳에는 나 같은 사람이 할 일은 하나도 없을 것이다. 떠나버리자 가난한 사람들이 사는 곳이라면 먹을 것과 입을 것을 힘들이지 아니하고 얻을 수 있을 것이다. 우물쭈물하고 있어서는 안 된다. 여기 있다가는 강제로 붙잡혀 일하게 되거나, 다른 화를 입을지 모른다. 얼른 이곳을 떠나자.'

그 가난한 남자는 괴로운 일만 계속 생긴다고 생각하고 두려움에 쫓겨 그곳에 머물려고 하지도 않고, 얼른 떠나려고만 하였습니다. 그런데 부호는 자택 문 근처에서 한눈에 그 남자가 자기 아들임을 알아보고 기쁨에 넘쳐 이렇게 생각하였습니다.

'이제 거대한 황금과 재물과 곡식이 창고에 넘칠 정도로 많은 재산을 물려줄 수 있게 되었으니 얼마나 기쁜 일인가. 내가 저 아이 생각을 얼마나 했던가. 저 아이는 제 발로 찾아와 주었다. 더욱이 내가 고령일 때.'

세존이시여, 아들에 대한 깊은 애정으로 괴로워하고 있던 부호는, 그 즉시 발빠른 사람을 보내 그 남자를 데려오게 하였습니다. 하인들이 달려가 그 가난한 사람을 붙잡자 그 사람은 놀라고 두려워서 큰소리로 '나는 당신들에게 아무런 나쁜 짓도

한 적이 없소'라고 울부짖었지만 하인들은 억지로 그 남자를 데리고 갔습니다. 그 가난한 남자는 두려움에 떨며 '죽거나 두들겨 맞고 싶지는 않다. 그러나 나는 이제 끝이다'라고 생각하였습니다. 그는 정신이 아찔하여 의식을 잃고 땅에 쓰러지고 말았습니다. 그의 부친이 그 곁으로 가서 하인들에게 '일으켜 세우지는 말라'고 하고 찬물을 뿌리게 하고 아무런 말도 하지 않았사옵니다. 왜냐하면 부호는 가난한 남자가 자신의 위세를 두려워한 나머지 무서움에 떨고 있으며, 그가 자기 아들이라는 것도 알고 있었기 때문이옵니다.

그런데 세존이시여, 그 부호는 방편이 뛰어나서, 이 사람이 내 아들이라는 것을 누구에게도 말하지 않았습니다. 또 부호는 하인을 시켜 그 가난한 사람에게 '어디든지 가고 싶은 데로 가라. 너는 자유다'라고 말하게 하였습니다. 가난한 사람은 그 말을 듣자 기뻐하며 일어나 먹을 것과 입을 것을 구하러 가난한 사람들이 살고 있는 곳으로 갔습니다.

부호는 그 가난한 사람을 스스로 오도록 하기 위하여 절묘한 방편을 썼습니다. 얼굴이 초췌하고 옷차림이 남루한 두 사람을 고용해서 가난한 남자에게 다가가 월급을 두 배로 준다고 하고 자기 집에 데려와 일하도록 하였습니다. 만일 무슨 일을 하느냐고 묻거든 우리 두 사람과 함께 쓰레기통을 청소하는 일이라고 대답하게 하였습니다.

드디어 두 사람은 가난한 남자를 데리고 부호의 집으로 돌아와 함께 일했습니다. 이리하여 가난한 남자는 부호로부터 월급을 받고, 그 집의 쓰레기통을 청소하며, 부호의 저택 근처에 있는 작은 창고에서 살았습니다. 그 부호는 창문이나 통풍구를 통하여 쓰레기통을 청소하고 있는 아들을 보고는 기특하게 생각하였습니다.

그때 부호는 저택에서 내려와 몸에 붙이고 있던 화환과 장신구를 떼어내고 훌륭하고 깨끗한 옷 대신 더러운 옷으로 갈아입고 오른손에 바구니를 들고 진흙으로 자기 몸을 더럽힌 뒤, 천천히 가난한 남자가 있는 곳으로 다가갔습니다. 그리고는 이렇게 말했습니다.

'그대는 이 바구니를 사용하라. 머뭇거리지 말고 흙먼지를 치워라'고.

이런 방법으로 아들과 함께 말을 나누기도 하고 같이 일하기도 하였습니다.

'여보게 이곳에서 계속 일을 하도록 하게. 특별히 급료를 올려줄 테니까, 더 이상 다른 곳으로 가지는 말게. 혹시 돈이 필요하다면 말하게. 무엇이든 좋으니 안심하고 나에게 청구하게. 여보게, 나한테 낡은 비단이 있는데 필요하다면 주겠네. 신변잡화도 필요한 것이 있으면 무엇이든 주겠네. 나는 노인이고 그대는 젊으니 안심하고 나를 아버지처럼 생각하게. 그대는 나를 위하여 이 쓰레기통을 청소하고 있지 않은가. 그대는 여기서 일을 하면서 지금까지 남을 속이거나 비뚤어지거나 불성실하거나 교만하거나 위선적인 일을 한 적이 없었고 앞으로도 없을 것이네. 그대가 하는 모든 일에서 나는 나쁜 점이라곤 하나도 찾아낼 수 없었다네. 다른 사람에게는 그런 결함이 있지만, 그대는 다르네. 이제부터 그대는 내 친아들과 마찬가지네'라고 말했습니다.

세존이시여, 이렇게 부호는 자연스럽게 그에게 아들이라는 이름을 붙였습니다. 그리고 가난한 남자도 부호를 부친으로 생각하였습니다. 부호는 아들의 사랑에 목말라하면서, 이렇게 20년 동안 아들에게 쓰레기통을 청소시켰습니다. 20년이 지나자 가난한 남자는 부호의 저택을 안심하고 출입하게 되었으나, 거처는 아직도 이전의 작은 창고였습니다.

세존이시여, 그 즈음 부호는 병으로 몸져눕게 되었습니다. 그는 자기의 임종이 가까운 것을 알았습니다. 그래서 그는 가난한 남자에게 이렇게 말했습니다.

'여보게 이리 가까이 오게. 내게는 이렇게 많은 황금과 재물, 곡물, 곳간이 있지만, 중병에 걸려 있네. 이것들을 누구에게 물려주며 무엇을 보존해야 하는가에 대해 그대가 알아두었으면 좋겠네. 나는 이 재물의 소유자이지만 그대 또한 그러하며, 그대가 이 재산을 잘 보존해 주기를 바라기 때문이네.'

이리하여 가난한 남자는 부호의 많은 재산을 모두 관리하게 되었습니다. 그러나 정작 그 남자는 그런 것들에 대해 아무런 욕심도 없고 조금도 갖고 싶어하지 않았습니다. 또 한줌의 밀가루조차도 받으려 하지 않았습니다. 이전의 작은 창고에 계속 머물면서 자신은 가난하다고 생각하고 있었습니다.

부호는 아들이 능력 있는 재산 관리자이며 넓은 마음도 지녔으나, 가난했을 때의 비굴하며 부끄러워하고 자신을 혐오하는 성격이 남아 있는 것을 알고 임종이 가까워졌을 때 그 남자를 불러 친족들에게 소개한 뒤, 왕후와 대신 그리고 마을사람들 앞에서 다음과 같이 말했습니다.

'여러분, 제 말을 들어주십시오. 이 아이는 내 친아들입니다. 어떤 마을에서 이 아이를 잃어버린 뒤 50년이 흘러버렸습니다. 이 아이의 이름은 아무개라 하며 나도 아무개라는 이름입니다. 나는 이 아들을 찾아 저 마을에서 이 마을로 떠나왔습니다. 이 아이는 내 아들로 나는 이 아이의 아버지입니다. 내가 가진 모든 것을 이 아이에게 물려주겠습니다. 내 재산에 대해서는 무엇이든 이 아이가 알고 있습니다.'

그때 그 가난한 남자는 이 말을 듣고 놀라서, '이렇듯 갑자기 많은 황금과 재물을 얻게 되었구나' 하고 생각하였습니다.

세존이시여, 바로 이 비유와 같이 저희들은 여래의 아들입니다. 또 여래께서 저희들에게 '내 아들인 그대들'이라고 하신 것은 바로 그 부호와 같사옵니다. 세존이시여, 저희들도 그 가난한 남자와 마찬가지로 세 가지 고통에 괴로워하고 있습니다. 좋아하지 않는 것으로부터 오는 괴로움[苦苦], 사물이 변하는 데서 오는 괴로움[行苦], 좋아하는 것을 잃게 되는 괴로움[壞苦]입니다. 그리고 저희들은 윤회 속에 있으면서 천한 것을 믿는 경향이 있습니다. 그렇기 때문에 세존께서는 오물에 더럽혀진 주위를 치우는 것과도 같은 차원의 낮은 가르침을 고찰하라고 말씀하셨습니다.

세존이시여, 저희들은 그 가르침에 전념해서 노력하고 애쓰면서 마치 매일 급료에만 신경 쓰는 가난한 사람처럼 열반만을 추구해 왔습니다. 저희들은 이 열반을 얻은 것에 만족하고, 여래 곁에서 가르침에 전념하며 노력하고 애썼기 때문에 많은 것을 얻었다고 생각합니다. 여래께서는 천한 것을 믿으려는 저희들을 잘 알고 계시옵니다. 그래서 저희들을 내버려두시고 간섭하지도 않으시며, '여래의 지혜의 곳간이 그대들의 것이 될 것이다'라는 말씀도 하지 않으시옵니다. 또 세존께서는 뛰어난 방편으로 저희들에게 여래의 지혜를 상속할 수 있게 하셨사옵니다만, 저희들은 미처 생각이 모자라 마치 매일 임금을 받는 것처럼, '여래로부터 친히 열반을 얻는 것이야말로 소중한 것이다'라고 생각하고 있사옵니다.

그런데 세존이시여, 그런 저희들이 위대한 보살들에게 여래의 지견에 대해 고상한 설법을 하고, 여래의 지혜를 드러내 보이며 밝히기도 하지만, 그럼에도 불구하고 저희들에게는 여래의 지혜를 얻으려는 욕망이 없었사옵니다.

왜냐하면 여래께서는 천한 것을 바라는 저희들의 성향을 잘 알고 계시기 때문에 방편으로 소승을 설하셨습니다. 세존께서 마치 친아들에게 하시는 것처럼, 저희들에게 방편으로 소승을 설하신 것도 알지 못했고 또 알려고 노력하지도 않았사옵니다.

세존께서는 저희들이 여래의 지혜를 상속할 사람임을 생각해 내도록 하셨습니다. 그것은 물론 저희들에게 여래의 친아들이라고 말씀하셨음에도 불구하고, 저희들이 천한 것을 바라고 있기 때문이었습니다. 만일 저희들에게 뛰어난 대승의 힘이 있었다면 세존께서는 보살이라는 이름을 주시고 대승의 법을 설하여 주셨을 것입니다.

세존께서는 저희들에게 두 가지 모습을 보이셨습니다. 하나는 일찍이 보살들 앞에서 저희들을 열등한 것을 바라는 사람들이라고 말씀하셨으며, 또 한편으로는 광대한 부처님의 깨달음을 향하여 가도록 격려해 주신 것이옵니다.

그런데 지금 이 경 속에서 세존께서는 저희들에게 보살과 같이 대승을 바라고 믿는 힘이 있다는 것을 인정하셨으며, 또 일승의 법이 있을 뿐이라고 설하셨사옵니다. 이런 까닭에 여래의 지혜를 얻으려는 욕망이 없던 저희들이, 지금까지 구하지도 찾지도 생각지도 못했던 일체지자라는 보물을, 바로 여래의 아들인 보살들이 얻는 것처럼 갑자기 얻었다고 말씀드리는 것이옵니다."

그때 가섭 존자는 다음과 같이 게송을 읊었다.

말씀을 듣고 우리는 경이로움과
일찍이 느끼지 못했던 큰 기쁨을 얻었다.
오늘 우리는 이와 같이 뜻밖에
인도자이신 부처님의 속시원한 말씀을 들었다.

오늘 우리는 아주 훌륭한 많은 보물을 한순간에 얻었다.
그것은 지금까지 결코 생각해 보지도
구하지도 않았던 것이어서
그 말씀을 듣고 모두 경이로움을 느꼈다.

비유해서 말하면
우리는 마치 어떤 어리석은 사람이
다른 어리석은 사람들의 꾐에 빠진 것과 같다.

그는 부친 곁을 떠나 아주 먼 곳을 유랑한다고 하자.

그때 그 부친은 자기 아들이 달아나 버린 것을 알고
너무 슬퍼한 나머지 50년 동안이나
사방으로 아들을 찾아 돌아다녔다.

그는 아들을 찾아다니다
어떤 큰 마을의 저택에 정주하며
오욕의 즐거움을 누린다.

그에게는 많은 황금과 곡식과 재보
나패, 유리, 산호가 있으며
또 코끼리, 시종 그리고 소, 양도 있다.

그는 사업을 하며 금리를 모으고
많은 토지와 하인, 하녀, 심부름꾼들을 거느리며
수많은 사람들로부터 존경을 받으며
언제나 왕후의 친한 상대이기도 했다.

이웃사람들도 마을사람들도 그에게 합장하며
많은 상인들이 그의 주위에 모여서
여러 가지 일을 하며 그의 장사를 돕고 있다.

그는 이처럼 위세를 갖춘 사람이지만

해가 갈수록 나이를 먹어 노인이 되자
언제나 아들 걱정을 하면서 밤낮을 보냈다.
그 사람은 이렇게 걱정할 것이다.

'내 아들은 어리석어서 지금까지
50년 동안이나 방황하고 있다.
나에게 이런 막대한 재물이 있고
더구나 내 임종이 가까워오는데도.'

그 즈음 어리석은 그의 아들은
언제나 가난과 비참함 속에서
이 마을 저 마을로 떠돌아다니며
먹을 것이나 입을 것을 찾고 있었다.

어떤 때는 조금 얻기도 했고
또 어떤 때는 아무것도 얻지 못했다.
그 어리석은 자는 남의 작은 창고에 기숙했는데
쇠약하고 말랐으며 습진과 옴으로 온몸이 엉망이었다.

그는 부친이 있는 마을에 오게 되어
먹을 것과 입을 것을 구하다가
점점 자기 부친의 저택이 있는 곳에 가까이 왔다.
큰 재산을 소유한 이 부호는

문 근처에 있는 좋은 의자에 앉아
수백 명에게 존경을 받았으며
공중에는 그를 위해 천개가 씌워져 있었다.

그의 시종으로 신임이 두터운 자들이 있었는데
어떤 이는 재물이나 황금을 세고
어떤 이는 서류를 작성하고
어떤 이는 이자를 가지고 투자하고 있다.

한편 가난한 남자는 그곳의 호화로운 저택을 보고
'이곳은 도대체 어디인가?
이 사람은 왕인가, 아니면 대신인가?'
하고 생각하였다.

'여기 있다가는 재앙이 미칠지도 모르고
붙잡혀 강제로 일하게 될지도 모르니
그 전에 피하자'고 생각한 그 남자는
가난한 사람들이 사는 곳으로 달아나려고 했다.

부호는 자기 아들을 알아보고
의자 위에서 크게 기뻐했다.
'저 가난한 남자를 데리고 오너라' 하며
심부름꾼들을 보냈다.

그들은 곧 그 남자를 데려왔는데
그 남자는 붙잡히자마자
'분명히 자객이 온 것이다.
이제 입을 것이나 먹을 것이 무슨 소용이 있으랴'
이렇게 생각하고는 실신해 버렸다.

현명한 부호는 그를 보고
'이 어리석은 아이는 지혜가 없어서 천한 것을 바라고 있다.
부귀영화가 자기 것이지만 그것을 믿지 않을 것이다.
내가 자기 부친이라는 것도 믿지 않을 것이다'라고 생각했다.

그래서 곱사, 애꾸, 절름발이
형편없는 옷을 입은 사람, 피부색이 검은 사람,
천한 사람들을 고용해서 그 남자를 데리고 와서
그 사람들 밑에서 일하게 했다.

대소변으로 더러워지고 악취를 풍기는
쓰레기통을 청소한다면
두 배의 임금을 주겠다고 했다.

그 말을 듣고 가난한 남자는 그렇게 하기로 하고
맡은 곳을 깨끗이 청소하며
부호의 저택 근처 작은 창고에 머물렀다.

부호는 '천한 것을 바라고 있는 내 아들이
쓰레기통을 청소하고 있다'고 생각하면서
통풍구나 높은 창에서 늘 그를 지켜보았다.

부호는 바구니를 들고
더러운 옷을 걸치고는 그 남자 곁으로 가서
'그대는 일하는 데 힘이 많이 들겠구나'
'그대에게 두 배의 임금을 주겠다.
그리고 발에 바르는 기름도 두 배로 주겠다.
또 소금이 들어간 음식물과 야채며 천도 주겠다.'

이렇게 말한 뒤 현명한 부호는
'그대는 이곳에서 정말 일을 잘한다.
분명히 그대는 나의 아들이다.
의심의 여지가 없다'고 하며
부드러운 말로 그를 달랬다.

부호는 저택으로 조금씩 그를 들어오게 해서 일을 시켰다.
만 20년 동안 부호는 이렇게 서서히 자기를 신뢰할 수 있도록
그 남자를 대했다.

부호는 황금이나 진주 등을
저택에 비장하고 있었는데
모든 재산을 그 남자에게 관리시켰다.

그러나 어리석은 그 남자는
저택 밖의 작은 창고에서 혼자 살면서
'나에게는 이런 재물이 하나도 없다'고 하며
자신이 가난하다고만 생각했다.

부호는 그의 생각을 알아차리고
'내 아들이 큰 생각을 하게 되었다.
친구나 친척들을 모이게 해서
모든 재산을 그에게 물려주자'고 생각했다.

부호는 왕과 마을사람들
그리고 많은 상인들을 초대해서
그들이 모인 가운데 이렇게 말했다.

'이 아이는 오랫동안 잃어버렸던 내 아들입니다.
만 50년 동안 찾아다녔는데
다시 만난 뒤에도 또 20년이 지났습니다.
제가 있던 어떤 마을에서 이 아이를 잃어버렸는데
이 아이를 찾아다니다가 여기까지 오게 되었습니다.

이 아이는 내 모든 것의 소유자입니다.
나는 이 아이에게 모든 것을
남김없이 물려주겠습니다.
그는 내 재산으로 사업을 할 수 있으며

신해품

이 저택에 딸려 있는 것들은
모두 그에게 줍니다'라고.

그 남자는 과거 가난했던 때를 생각했다.
그리고 천한 것을 바라는 자신의 성격과
부친의 덕을 생각하면서
'저택에 딸려 있는 모든 것을 얻게 되었으니
얼마나 행복한가'라고 하며
일찍이 느끼지 못했던 행복감에 빠졌다.

이처럼 인도자이신 부처님께서는
우리가 천한 것을 바라고 있음을 알고 계시므로
'그대들은 부처님이 될 것이다'
또는 '그대 성문들은 진정 내 아들이다'라고
말씀하지 않으셨다.

세간의 보호자이신 부처님께서는
보살들을 가르치기를 원하신다.
'가섭이여, 위없는 깨달음을 향하여
길을 나서는 보살에게
그대는 최고의 길을 설하여라.

그것을 수행하면
그것이 부처님이 될 수 있는 길'이라고 하시며.

그래서 여래께서는 우리에게
보살들이 많이 있는 곳으로 보내셨다.
우리는 수많은 비유와 인연으로
그들에게 최고의 길을 설하였다.

보살들은 우리가 하는 말을 듣고
깨달음을 얻기 위하여 최고로 좋은 길을 수행한다.
그리고 그 순간에 부처님으로부터
'그대들은 현세에서 부처님이 될 것이다'라는
수기를 받는다.

가르침의 곳간을 지키고 보살들에게 법을 설하면서
우리는 여실한 분인 부처님을 위하여 이와 같은 일을 한다.
그것은 마치 부호의 신임이 두터웠던 가난한 남자와 같다.

우리는 부처님의 곳간을 보살들에게 나누어주지만
스스로는 가난하다고 생각하고 있다.
한편으로는 부처님의 지혜를 보살들에게 설명하지만
스스로는 부처님의 지혜를 구하려 하지 않았다.

우리는 자신의 소멸이
궁극적인 것이라고 생각하며 이에 만족했지만
그 지혜는 그 정도밖에 되지 못한 것이다.
우리는 여러 부처님의 국토가 빛난다고 듣고도

일찍이 한 번도 기뻐한 적이 없었다.

진정으로 존재[法]는 모두 공적(空寂)하며
더러움과 생멸(生滅) 모두를 벗어나 있기 때문에
여기에는 어떠한 법도 존재하지 않는다.
이와 같이 우리는 사색은 하지만
정작 그것을 믿는 기쁨이 생기지 않는다.

우리는 오랫동안 최고의 가르침인
부처님의 지혜에 대한 욕망이 조금도 없었다.
얻고 싶다는 바람이 하나도 없었다.
더욱이 세존께서
그것이 최고의 궁극적인 진리라고 말씀하셨는데도.

우리는 오랫동안 열반이 최후인
이 육체적 존재로 공성의 진리를 수행했으며
삼계의 괴로움으로부터 벗어났다.
그리고 우리는 세존의 가르침을 보살들에게 설했다.

이 세상에서 가장 뛰어난 깨달음을 향해 길을 나선
세존의 아들들에게 부처님의 가르침을 분명히 전했으며
또 그들에게 법을 설했다.
그러나 정작 그 법에 대한 욕망이
우리에게는 전혀 없었다.

그러므로 세간의 스승이신 부처님께서는
적당한 시기를 기다리시며 우리를 내버려두셨고
우리가 지향하는 것이 어떤 것인지 살펴보시면서
진실하며 깊은 뜻이 있는 말씀은 하지 않으셨다.

그것은 마치 부호의 뛰어난 방편과도 같다.
언제나 천한 것을 바라는 아들을 훈련시켜
훈련이 끝난 적당한 때에 재산을 물려준다.

그처럼 세간의 보호자이신 부처님께서는
아주 어려운 일을 하신다.
뛰어난 방편으로 설하시면서
천한 것을 바라는 아들들을 훈련시키고
그 훈련이 끝나야 부처님의 지혜를 전해 주신다.

우리는 재산을 물려받은 가난한 남자처럼
갑자기 이상한 생각이 들었다.
부처님의 가르침 밑에서 처음으로 훌륭하고
또 번뇌의 더러움이 없는 결과를 얻었으므로.

부처님의 가르침으로 오랫동안 계를 지키고
그 계를 수행한 결과로서
오늘 우리는 그 결실을 얻었다.

신해품

세존의 가르침 밑에서 우리는
가장 청정하고 순결한 생활을 해왔으며
오늘 그 훌륭한 결과를 얻었다.
적정이며, 훌륭하고 번뇌의 더러움이 없는 결과를.

우리는 지금 성문으로서 최고의 깨달음을 얻고
깨달음이라는 말이 세상에 퍼지게 함으로써
의연한 성문이 될 것이다.

신들이나 마왕, 범천을 포함한 세간으로부터
또 모든 인간으로부터 직접 공양받을 자격이 있는
참된 아라한이 될 것이다.

수많은 겁 동안 노력한다고 하더라도
누가 당신 흉내를 낼 수 있겠는가.
당신께서는 인간계에서 우리를 교화하는
참으로 어려운 일을 하셨다.

그 은혜에 대한 답례로 손과 발
또 머리를 숙여 공양하고 예배한다 해도
부처님을 기쁘게 하기는 참으로 어려운 일이다.
갠지스 강의 모래알 수와 같은 겁 동안
머리와 어깨 위에 부처님을 모시고

딱딱한 음식과 부드러운 음식, 입을 것과 마실 것,
침대와 방석을 바치고 깨끗한 옷을 드리며
전단으로 정사(精舍)를 만들게 하고
깔개를 온통 깔아서 바친다 해도

또 세존께 병을 고치는 여러 가지 약을
갠지스 강의 모래알 수 같은 겁 동안 공양한다 해도
결코 언제까지나 은혜에 보답할 수 없을 것이다.

위대한 법을 몸에 지니시고
견줄 데 없는 위력을 지니시며
대신통력과 인내력을 지니신 부처님께서는

위대한 왕이시며 청정한 승리자이시다.
그런 분께서 어리석은 중생을 위하여
이러한 일을 참고 견디신다.

부처님께서는 언제나 세간에 맞추어서
겉모습에 사로잡혀 행동하는
중생들을 위하여 법을 설하신다.

그분은 법의 자재자시며,
모든 세계의 자재자시며,
위대한 자재자시며,

세간의 지도자들 중의 왕이시다.

부처님께서는 중생들의 근기를 알고 계시므로
거기에 맞는 여러 가지 방편을 보이신다.
중생들 각자의 믿음이 다른 것을 아시고
수천의 인연과 비유로 법을 설하신다.

여래께서는 모든 생명 있는 것들의
행위를 알고 계시므로
최고의 깨달음을 보이시면서
많은 종류의 가르침을 설하신다.

제5장 약초유품(藥草喩品)

　그때 세존께서는 가섭 존자와 다른 위대한 성문들에게 말씀하셨다.
　"가섭이여, 여래의 진실한 공덕을 찬양하는 것은 참으로 좋은 일이다. 가섭이여, 부처님께는 진실하고 헤아릴 수 없는 공덕이 있다. 그것을 무량 겁 동안 설한다 해도 궁극에 도달할 수는 없다.
　가섭이여, 여래께서는 법의 소유주시며 모든 법의 왕이시며 지배하시는 분이시며 위덕(威德)을 갖추신 분이시다. 여래께서는 어떤 가르침을 어디에서 설하시든 그 가르침은 그대로 진실한 법이다.
　또 가섭이여, 여래께서는 모든 법을 도리에 맞게 보이시며 설하신다. 여래께서는 지혜로써 그 가르침들이 일체지자인 부처님의 경지를 향하도록 설하신다. 여래께서는 모든 법의 의미가 귀착되는 곳을 보고 계시며 그 의미를 이해하는 힘을 갖고 계신다.

또 모든 법에 대한 사람들의 깊은 바람을 아시며, 모든 법을 교리적으로 뛰어나게 정하시는 지혜가 최고로 완성되셨다. 일체지자의 지혜를 사람들에게 보이시는 분, 일체지자의 지혜 속으로 사람들을 인도하시는 분, 일체지자의 지혜를 수립하시는 분, 가섭이여, 이런 분이 바른 깨달음을 얻어 존경받는 여래이다.

가섭이여, 예를 들면 삼천대천세계에는 갖가지 색과 종류가 다른 여러 가지 풀, 약초, 수목이 있고, 이름이 다른 여러 가지 식물들이 평지나 산, 동굴에 나 있다. 그곳에 비를 잔뜩 머금은 구름이 솟아오르고 있다고 하자. 솟아올라서는 삼천대천세계의 모든 것을 다 덮어버린 뒤, 동시에 모든 곳에 비를 뿌린다고 하자.

그때 가섭이여, 삼천대천세계에 있는 풀과 관목, 약초, 수목들 중에는 줄기와 잎과 꽃이 부드럽고, 아직 다 자라지 않은 것도 있으며, 크게 성장한 풀, 관목, 약초, 수목도 있고, 가지가 굵은 것, 거목이 된 것도 있다. 그 각각의 식물들이 자기 능력과 환경에 맞게 거대한 구름이 뿌리는 비로부터 물을 빨아들인다. 그 식물들은 같은 구름이 뿌린 같은 맛의 물로, 각각의 종자에 맞는 열매를 맺어 생장하며 싹트며 크게 자란다. 또 마찬가지로 꽃을 피우고 열매를 맺고 각각 다른 여러 가지 이름으로 불리는데, 같은 곳에 있는 약초의 군락, 종자의 군락은 모두 같은 맛의 물로 적셔진다.

가섭이여, 바른 깨달음을 얻어 존경받는 여래께서는 이와 같이 이 세상에 출현하신다. 마치 거대한 구름이 솟아오르듯이, 여래께서도 이 세상에 나타나시어 인간, 천신, 아수라를 포함한 모든 세간에 말씀으로써 알리신다.

가섭이여, 예컨대 거대한 구름이 삼천대천세계의 모든 것을 덮어버리는 것처럼, 여래께서는 인간, 천신, 아수라를 포함한 세간사람들 앞에서 다음과 같은 말씀으로써 널리 삼천대천세계에 그 음성이 들리게 하신다.

'그대 신들과 인간들이여, 나는 여래이며 바른 깨달음을 얻어 존경받는 이이다. 나는 이미 윤회의 세계로부터 피안으로 건너와 다른 사람들을 건너게 하며, 이미 해탈해서 다른 사람들을 해탈케 하며, 이미 평온해서 다른 사람들을 평온케 하며, 완전한 열반에 들어 있어서 다른 사람들을 열반에 들게 한다. 이 세상도 저 세상도 바른 지혜로 있는 그대로 아는 일체지자이며, 모든 것을 보는 이이다. 그대 신들과 인간들이여, 법을 듣기 위해 내 곁으로 오라. 나는 길을 말하는 이이며, 길을 설해 보이는 이, 길을 아는 이, 길을 들려주는 이, 길에 정통한 이다'라고.

가섭이여, 그래서 수백 수천만 억 나유타 인간들은 여래의 법을 듣기 위해 다가갔다. 그러자 여래께서도 중생들에게 능력〔根機〕과 우열의 차이가 있는 것을 아시고, 각자에게 알맞은 법문을 설해 주셨다. 그리고 기쁨과 만족을 주시고 환희가 생기게 하시고 행복과 안락을 증대시키는 수많은 서로 다른 종류의 각자에게 알맞은 법의 설화를 말씀하셨다. 그 설화에 의해 중생들은 현세에서는 안락하고 사후에는 좋은 곳에 태어나게 되는데, 그곳에서 많은 애욕을 누리며 법을 듣는다. 그 법을 듣고 장애가 없어지고 그 근기와 환경과 기세에 따라 차례로 일체지자의 법에 전심한다.

예를 들면 가섭이여, 큰 구름이 삼천대천세계의 모든 것을 덮고, 평등하게 비를 내려 모든 풀, 관목, 약초, 수목을 물로 흠뻑 적시는 것과 같다. 풀, 관목, 약초, 수목은 그 능력과 환경과 기세에 따라 물을 빨아들여 각각의 종류에 맞는 크기로 성장한다.

가섭이여, 그와 마찬가지로 바른 깨달음을 얻어 존경받는 여래께서 법을 설하시면, 그 법은 모두 같은 맛, 즉 해탈이라는 맛, 탐욕을 벗어난 맛, 적멸의 맛과 일체지자의 지혜를 궁극의 목표로 하는 같은 맛을 지닌다.

그 경우 가섭이여, 중생들은 여래께서 설하시는 법을 들어 기억하고 그 수행에 전심하지만, 그들 스스로는 자신이 하고 있는 것의 참된 의미를 알지 못하며 눈치채지도 못하며 이해하지도 못한다.

왜냐하면 가섭이여, 중생들이 어떤·자이며 어떻게 존재하며 무엇과 닮았는가 하는 것은 오직 여래께서만 알고 계시기 때문이다. 즉 그들이 무엇을 생각하고 어떻게 생각하고 무엇에 의하여 생각하는가 하는 것과, 그들이 무엇을 수행하며 어떻게 수행하며 무엇에 의하여 수행하고 있는가 하는 것과, 그들이 무엇을 그 결과로서 얻으며 어떻게 얻으며 무엇을 수단으로 얻는가 하는 것을 여래께서만 알고 계신다.

가섭이여, 오직 여래께서만이 그것을 직접 아시며, 직접 보고 계시기 때문이다. 또 중생들이 각자 다른 입장에 서 있으므로 풀, 관목, 약초, 수목처럼 열등한 것, 뛰어난 것, 중간 것의 구별이 있는 것을 그들 스스로는 자각하지 못하지만, 오직 여래께서만이 있는 그대로 보고 계신다.

가섭이여, 여래인 나는 같은 맛의 법과 해탈이라는 맛과 지멸(止滅)이라는 맛이 있고, 열반을 궁극적인 목표로 하며, 언제나 적멸이며, 오직 한 입장인 허공에 널리 퍼지는 같은 맛의 법을 알고 있지만, 중생의 바람을 소중히 여기기 때문에 그들에게 일체지자의 지혜를 성급하게 설하지 않는다.

가섭이여, 그대들은 '성문들도 여래가 될 수 있는 참된 부처님의 아들이다'라는 말을 듣고 기이하게 생각하여 경탄했다. 그것은 그대들이 본래 여래께서 깊은 의미를 담아서 설하신 말씀을 깨달을 수가 없었기 때문이다. 왜냐하면 가섭이여, 바른 깨달음을 얻어 존경받는 여래들께서 설하신 깊은 의미의 말씀을 그대들이 이해하기란 참으로 어렵기 때문이다."

그때 세존께서는 다시 그 의미를 강조하기 위하여 다음과 같이 게송을 설하셨다.

법의 왕인 나는 존재[有]를 타파하는 이로서
세상에 나타나 중생들이
바라는 바를 알아 그들에게 법을 설한다.

그러나 보리의 지혜가 견고한
위대한 용자인 부처님들께서는
설하신 말씀의 참된 의미를 분명히 하지 않으시고
중요한 법의 의미를 오래 간직하시어
인간들에게 설하려 하지 않으신다.

또 부처님의 지혜는 깨닫기 어려워

어리석은 자들이 갑자기 듣는다면
그들은 의혹을 일으켜
혼란이 생겨 방황하게 될 것이다.

사람에게는 각자에게 맞는 근기가 있으므로
그 경우에 맞게 나는 설한다.
각각 다른 사물의 인연에 의해
나는 그 사람의 견해를 바르게 한다.

예를 들면 가섭이여
구름이 올라와 대지를 덮어
모든 것을 감싸는 것과 같다.

거대한 구름은 물을 가득 머금고
번개의 화관을 달고 천둥소리를 내면서
모든 생명 있는 것을 기쁘게 할 것이다.

구름은 햇빛을 막아서 시원한 곳을 만들며
손이 닿을 정도로 낮은 곳에 있으면서
모든 곳에 골고루 비를 내릴 것이다.
구름이 한 번에 내리는 비의 양은 많아서
골고루 뿌리면서 대지를 흠뻑 적실 것이다.

대지 위에 나 있는 것은 무엇이든

약초이든 풀이든 관목이든 수목이든
혹은 줄기가 두터운 것이든 거목이든
또 온갖 종류의 곡물이든 야채든
그것들이 산 속이나 동굴 속
혹은 덤불 속에 나 있다 하더라도

구름은 그 모두와 말라버린 대지도
흠뻑 적시며 약초 위에도 비를 내린다.
지상에 뿌린 빗물은 같은 맛을 지닌다.
잡초나 관목 등 모든 생물은
그 물을 능력과 환경에 맞게 빨아들인다.

교목이든 거목이든
작은 것이든 중간 크기의 것이든
모두 나이와 능력에 맞게 물을 빨아들이며
빨아들여서는 마음껏 생장한다.

구름이 뿌린 비에 젖어
고귀한 약초류는 줄기와 껍질 큰 가지와 잔가지
잎과 꽃이나 과실을 생장시킨다.

그 식물들에게는 각각에게 맞는 상태와 종자가 있어
각각의 능력에 따라 서로 다르게 생장하고 번식한다.
그러나 내린 빗물의 맛은 같은 맛이다.

약초유품

가섭이여, 세간에 물을 머금은 구름이 나타나듯이
부처님께서도 이 세상에 나타나신다.
세간의 보호자이신 부처님께서는 설법하시며
인간들이 진실로 나아가야 할 길을 제시하신다.

위대한 깨달음을 얻으신 부처님께서는
천신을 포함한 세간으로부터 존경을 받으시며
다음과 같이 말씀하신다.

인간의 최고자이고 승리자이며 여래인 나는
구름처럼 이 세상에 나타났다.
나는 삼계에 집착해서 신체가 말라 시들어 있는
중생들 모두에게 물을 주어 만족하게 할 것이다.

고뇌 때문에 말라 시들어 있는 사람들을 안락하게 할 것이다.
또 나는 세간의 애락과 열반의 평안도 누리게 할 것이다.
천신과 인간의 무리들이여, 내 말을 들으라.
나를 보기 위하여 가까이 오라.

나는 여래이며 세존이며
어느 것에도 지배되는 일이 없다.
사람들을 해탈의 피안으로 건너게 하기 위하여
이 세간에 태어났다.

나는 수천만 억 중생들에게
청정하고 훌륭한 가르침을 설한다.
거기에는 같은 맛의 평등성과 진리가 있다.
그것은 해탈과 열반이다.

나는 언제나 깨달음을 주제로 하여
같은 소리로 법을 설한다.
모든 중생에게 평등하여
어떠한 혐오나 애착도 없다.

나에게는 어떠한 탐착도 없으며
어떤 것에도 애착이나 증오가 없다.
나는 사람들에게 누구에게나 똑같이
평등하게 법을 설한다.

다른 일은 그만두고 나는 오로지 법을 설한다.
걸을 때에도 설 때에도 앉아 있을 때에도
침대 위에 누워 있을 때에도
내가 태만할 때는 결코 없다.

마치 구름이 평등하게 비를 내려
초목을 흠뻑 적시는 것처럼
나는 전 세계를 만족하게 한다.
고귀한 사람이든 천한 사람이든

파계한 사람이든 계를 지키는 사람이든
나는 같은 마음으로 그들을 대한다.

행위가 바르지 않은 사람들도 있으며
행위와 거동이 함께 바른 사람도 있으며
잘못된 견해에 집착해서
바른 견해를 잃어버린 사람들도 있으며
바르고 맑은 견해를 지닌 사람들도 있다.

천한 사람들에게도
견줄 데 없는 마음을 지닌 사람에게도
근기가 둔한 사람들에게도
나는 평등하게 법을 설한다.
모든 태만한 마음을 버리고
나는 바른 법의 비를 그들에게 내린다.

그들은 나로부터 법을 듣고 각자의 근기에 맞게
서로 다른 입장에서 생장한다.
즐거운 신들이나 인간 속에
제석천이나 범천 또는 전륜왕들 속에 안주한다.

이 세상에는 작은 약초도 있으며
중간 정도나 큰 약초도 있다.
그대들은 들으라.

그 모든 것들에 대해 나는 설하겠다.

더러움 없는 법을 체득하고 열반에 도달한 이들
또 여섯 가지 신통을 얻고
세 가지 영지〔三明〕를 갖춘 사람들
그들은 작은 약초라고 불린다.

동굴에 사는 사람들
홀로 깨달음을 바라는 사람들
중간 정도의 맑은 각지(覺知)가 있는 사람들
그들을 중간 정도의 약초라고 한다.

부처님이 될 것을 목적으로 하고
자신은 인간이나 천신의 보호자이신
부처님이 될 것이라 생각하고
정진노력과 선정을 행하는 사람들
그들은 최고의 약초라고 불린다.

세존의 아들들로서 수행에 전심하며
이 세상에서 자애를 베풀고 적정의 수행을 행해서
여래가 되는 데에 의심이 없는 사람들
이와 같은 사람을 교목이라고 부른다.

퇴전하지 않는 법륜을 굴리며

신통력을 지닌 견고한 보살로
수많은 사람들을 해탈시키는 이
그와 같은 사람을 거목이라고 부른다.

부처님께서 평등하게 법을 설하시는 것이
마치 구름이 한결같이 비를 뿌리는 것과 같다.
이처럼 뛰어난 부처님의 지혜 작용은
마치 땅 위에 갖가지 식물이 나 있는 것과 같다.

이 같은 비유처럼 여래의 방편은
갖가지로 절묘함을 알라.
즉 여래께서는 같은 법을 설하시지만
여러 가지로 해석하는 것은
마치 하나의 비에 수많은 물방울이 있는 것과 같다.

내가 내리는 법의 비로
세간의 모든 것은 만족한다.
그러나 그들은 훌륭히 설해진 일미(一味)의 법을
각자의 근기에 맞게 각기 다르게 생각한다.

풀이나 관목 혹은 중간 정도의 약초
혹은 교목이나 거목 등
이 세상에 있는 모든 것이
비가 오면 생생하게 빛나는 것처럼.

언제나 세간을 행복하게 하는 이 가르침은
모든 세간을 법으로써 만족시킨다.
세간은 만족하여 비맞은 약초처럼 꽃을 피운다.

중간 정도의 약초란
번뇌의 더러움이 없는 데 안주하는 아라한들이나
삼림에서 홀로 수행하는 독각들이다.
그들은 훌륭하게 설해진 이 법을
실제로 실천한 이들이다.

많은 보살들은 의지가 돈독하고 견고하며
삼계에 속하는 모든 사물에 정통하고
최고의 깨달음을 구하고 있다.
그들은 언제나 교목처럼 크게 성장한다.

네 가지 선정을 행해 신통력을 얻고
공성의 진리를 듣고 기뻐하며
수천의 광명을 발해 사람들을 구제한다.
그들이야말로 이 세상의 거목이라고 불린다.

가섭이여, 이와 같이 법을 설하는 것은
마치 구름이 평등하게 비를 뿌리는 것과 같다.
비로 인해 많은 약초가 생장하는 것처럼
설법에 의해 사람들의 꽃이 수없이 핀다.

나는 스스로 체득한 법을 밝혀서
때가 되면 여래의 깨달음의 지혜를
숨기지 않고 드러낸다.
이것은 나와 모든 세간의 지도자이신
부처님들의 최고로 뛰어난 방편이다.

내가 진실로 설하는 것은
다음과 같은 최고의 진리이다.
'모든 성문들은 평안의 경지에 도달해 있다.
그들은 뛰어난 깨달음으로 향하는 수행을 하여
장래 부처님이 될 것이다.'

"또 가섭이여, 여래는 사람들을 지도하시는 데에 평등하다. 예를 들면 달이나 태양의 빛은 모든 세간을 비춘다. 선한 행위를 한 이나 악한 행위를 한 이, 지위가 높은 이나 낮은 이, 좋은 향기가 나는 것이나 악취가 나는 것 등 모든 것에 평등하게 빛을 비춘다. 불공평하게 비추는 일은 없다.

그와 마찬가지로 가섭이여, 완전한 깨달음에 도달한 여래께서 일체지자(一切知者)의 지혜에서 비추는 마음의 빛은 모든 중생에 대하여, 예를 들어 지옥 등의 오취(五趣)의 세계에 있거나 대승(大乘)이나 독각승(獨覺乘) 혹은 성문(聲聞) 등에게 그들의 바라는 바에 따라 평등하게 바른 설법을 나타낸다. 여래의 지혜의 빛이라는 설법에는 과부족이 없으며, 그 결과로서 중생들이 복덕이나 지혜를 얻게 된다.

가섭이여, 세 가지 탈것의 구별은 본래 존재하지 않는다. 단지 중생들이 각자 다르게 행동하기 때문에 세 가지 탈것이 마련된 것이다."

이와 같이 부처님께서 말씀하셨을 때, 가섭 존자는 세존께 다음과 같이 여쭈었다.

"세존이시여, 만일 세 가지 탈것이 없다면 어떻게 지금 성문과 독각, 보살의 구별이 있을 수 있사옵니까?"

세존께서는 가섭에게 다음과 같이 말씀하셨다.

"가섭이여, 그것은 도공이 같은 흙으로 여러 가지 용기를 만드는 것과 같다. 그 경우 어떤 것은 설탕그릇이 되고, 어떤 것은 기름그릇이 되고, 어떤 것은 발효유나 우유그릇이 되고, 또 어떤 것은 더러운 것을 넣는 막그릇이 된다. 흙에는 차이가 없으나 각기 다른 것을 넣어두기 때문에 그릇의 구별이 생긴다. 가섭이여, 이처럼 탈것은 단 하나인 불승〔一佛乘〕만 있는 것이지, 제2, 제3의 탈것이 있는 것은 아니다."

이렇게 부처님께서 말씀하셨을 때, 또 가섭 존자는 다음과 같이 여쭈었다.

"세존이시여, 비록 중생들이 지향하고 바라는 바가 각각 다르다고 하더라도, 만일 그들이 삼계로부터 벗어난다면 그들의 열반은 단 하나이옵니까? 아니면 둘 혹은 셋이옵니까?"

세존께서 말씀하셨다.

"가섭이여, 모든 법은 평등하다. 또 깨달음으로 해서 열반이 있는 것이다. 그러므로 단 하나의 열반만 있을 뿐, 둘이 있는 것도, 셋이 있는 것도 아니다. 가섭이여, 그대를 위해 비유를 들어 설하겠다. 그러면 이 세상의 학식 있는 자는 누구라도 그 의미를 깨달을 수 있을 것이다.

가섭이여, 선천적인 장님은 이렇게 말한다.

'좋은 색과 나쁜 색은 없으며 좋은 색과 나쁜 색을 보는 사람들도 없다. 태양이나 달도 없으며 별자리도 없고 유성도 없으며 유성을 보는 사람들도 없다'라고.

그러나 사람들은 선천적인 장님에게 이렇게 말할 것이다. '좋은 색과 나쁜 색은 있으며 좋은 색과 나쁜 색을 보는 사람들도 있다. 태양이나 달도 있으며 별자리도 있고 유성도 있으며 유성을 보는 사람들도 있다'라고.

그러나 선천적인 장님은 이 사람들의 말을 믿지 않으며 그 말뜻을 모른다.

그때 온갖 병에 정통한 의사가 있다고 하자. 그는 선천적인 장님을 보고 이렇게 생각한다.

'이 사람은 전생의 죄업 때문에 병이 났다. 대개 병은 모두 네 종류인데, 풍성(風性)인 것과 담즙성(膽汁性)인 것 그리고 담성(痰性)인 것, 또 이 세 요소가 복합된 것이다.'

그 뒤 의사는 그의 병을 고치기 위해 여러 가지 방법을 생각한다.

'이 병은 널리 사용되는 약들로는 고칠 수가 없다. 그러나 저 히말라야 산[雪山]에는 네 종류의 약초가 있다. 첫째는 모든 색과 맛을 지닌이라는 이름의 약초이며, 둘째는 모든 병으로부터 해방한다는 약초이며, 셋째는 모든 독을 없앤다는 이름의 약초이며, 넷째는 각각의 증상에 맞게 약을 주는 것이라는 이름의 약초이다'라고.

　그래서 그 의사는 선천적인 장님을 불쌍히 여겨 어떻게 하면 히말라야 산으로 갈 수 있을까 하고 방법을 생각한다. 히말라야 산에 도착해서 높은 곳을 오르기도 하고, 낮은 곳으로 내려가기도 하고, 혹은 좌우로 돌아다니며 약초를 찾은 결과 네 종류의 약초를 모두 손에 넣는다.

　그리고는 어떤 약초는 씹어서 주고, 어떤 약은 가루로 주고, 어떤 약은 다른 약과 섞어 찐 뒤에 주고, 어떤 약은 생약제와 섞어서 주고, 어떤 약은 몸 속으로 찔러 넣고, 어떤 약은 불로 태워서 준다. 또 어떤 약은 여러 다른 약과 혼합하거나 음식물 속에 섞어서 준다.

　이렇게 여러 가지 방법으로 치료한 결과 선천적인 장님은 눈을 뜨게 된다. 그는 눈을 떠서 달과 태양의 빛, 별자리나 유성(流星) 등 가깝거나 멀리 있는 모든 것을 본다. 그리고는 이렇게 생각한다.

　'아아, 나는 얼마나 어리석었던가. 이전에는 말해 주는 사람이 있어도 그 말을 믿지 않았고 그 말뜻도 몰랐다. 그런 내가 지금은 모든 것을 볼 수 있다. 나는 장님으로부터 해방되어 눈 뜬 이가 되었다. 나보다 뛰어난 이는 아무도 없다.'

　그때 다섯 가지 신통을 지닌 성현들께서 계셨다고 하자. 즉 신과 같은 눈인 천안통, 신과 같은 귀인 천이통, 타인의 마음을 아는 타심통, 전생을 잘 아는 숙명통, 생각대로 기적을 행하는 신족통 등으로 남을 해탈시키는 데에 뛰어난 그분들은 그 사람에게 이렇게 말씀하신다.

약초유품

'그대는 단지 눈을 뜬 것에 지나지 않으며 그대는 아무것도 모른다. 그런데 그대는 왜 그렇게 교만한가? 그대에게는 지혜도 없으며, 그대는 현자도 아니다'라고.

또 그분들은 그에게 말씀하신다.

'그대는 집 안에 앉아 있으면 밖에 있는 것은 보이지도 않으며 알 수도 없다. 그대는 사람을 보아도 부드러운 마음씨를 지닌 사람인지 적의 있는 사람인지 모른다. 그대는 5요자나 정도 떨어진 곳에서도 사람들이 하는 말을 알 수 없으며, 마찬가지로 북이나 소라고동 소리도 모르며 들리지도 않는다. 그대는 아주 가까운 거리도 다리를 움직이지 않고는 갈 수가 없다. 또 그대는 모태 속에서 태어나 성장했지만, 그때의 행동을 생각해 낼 수도 없다. 그런 그대가 어떻게 현자이며 나는 모든 것이 보인다고 말할 수 있는가? 아아, 사내여, 그대가 어두운 것을 밝다고 생각하고, 밝은 것을 어둡다고 생각하는 것은 당연한 것이다.'

그래서 그 사람은 성현들에게 이렇게 말한다.

'그런 힘을 얻는 방법은 무엇이옵니까? 어떤 선업을 행하면 그와 같은 모든 것을 아는 지혜를 얻을 수 있사옵니까? 저는 당신들의 은혜로 그 덕성을 얻고 싶사옵니다.'

성현들께서는 그 사람에게 다음과 같이 말씀하신다.

'만일 그것을 얻고 싶다면 숲에서 살아라. 혹은 동굴에 앉아서 법을 고찰하고 번뇌를 끊어라. 이리하여 두타행[71]의 덕을 닦는다면, 그대는 온갖 신통을 얻을 것이다'라고.

그래서 그 사람은 그 말씀을 듣고 명심해서 출가한다. 숲에서 살며 마음을 한곳에 집중하여, 세간의 갈망을 끊어 다섯 가지 신통을 얻는다. 신통력을 얻은 그는 이렇게 생각한다.

'이전에 나는 바르지 않은 행위 때문에 아무런 덕성도 얻지 못하였다. 이제는 원하는 대로 할 수가 있다. 이전의 나는 지혜도 부족하였고 이해력도 부족한 장님이었다.'

가섭이여, 이와 같은 비유를 설하는 것은 앞에서 설한 그 의미를 알게 하기 위해서이다. 또 다음과 같은 의미도 알아야 한다. 가섭이여, 선천적인 장님은 6도윤회 속에 있는 중생을 가리킨다. 그들은 바른 가르침을 모르며, 번뇌의 어둠인 암흑을 늘리는 자이며, 무명(無明) 때문에 앞이 보이지 않는 자이다. 무명에 눈먼 자들은 생성작용을 되풀이하며 생성하게 하는 작용으로 인하여 정신과 물질의 통일체인 명색(名色)이 생기게 한다. 이런 식으로 해서 마침내는 거대한 괴로움 덩어리〔苦蘊〕가 생긴다.

이처럼 무명 때문에 눈먼 중생들은 생사윤회 속에 안주하고 있다. 여래께서는 삼계를 벗어나 있지만, 마치 사랑하는 외아들을 대하는 부친과 같은 자비심으로 삼계 속으로 들어오셔서, 중생들이 윤회의 바퀴 속에서 방황하는 것을 보신다. 그런데 중생들은 윤회로부터 벗어나는 법을 모른다. 그런 중생들을 세존께서는 지혜의 눈으로 보신다. 그리고는 그 중생들이 이전에 선행을 했기 때문에 쉽게 화를 내지는 않으나 탐욕이 강하거나 혹은 탐욕은 그다지 없으나 쉽게 화를 내는 것을 아신다. 또 어떤 자는 지혜가 부족하고 어떤 자는 현자이며 어떤 자는 성숙해서 청정하나 어떤 자는 잘못된 견해를 지니고 있다는 것을 아신다. 여래께서는 그런 중생들을 위해 절묘한 방편으로 세 가지 탈것을 설하신다.

이 비유 속에서 다섯 가지 신통을 지닌 맑은 눈의 성현들께서 말씀하신 것처럼, 보살들은 깨달음을 구하는 마음을 일으켜, 사물은 본래 생기지 않는다는 것을 아는 지혜[無生法忍]를 얻고 위없는 바른 깨달음을 얻는다.

또 이 비유에서 여래는 위대한 의사와 같으며, 미망에 눈먼 중생들은 선천적인 장님과 같다는 것을 알아야 한다. 탐욕과 분노와 미망은 풍(風)과 담(膽)과 담(痰)의 체액과 같으며, 62가지 잘못된 견해[六十二見]도 그와 같다는 것을 알아야 한다. 또 모든 것이 공이라는 공성(空性), 형상이 없다는 무상(無相), 바람의 대상을 벗어나 있다는 무원(無願) 그리고 열반의 문(門)의 네 가지는 네 종류의 약초와 같다는 것을 알아야 한다.

여러 가지 약으로 각각의 병을 낫게 하는 것처럼, 공, 무상, 무원이라는 세 가지 해탈문[三解脫門]을 닦아서 사람들은 무명을 없앤다. 무명을 없애면 생성작용이 없어지는데, 이런 식으로 해서 마침내는 거대한 괴로움 덩어리에 이르기까지 모든 것이 소멸하게 된다. 이리하여 그 사람의 마음은 선에도 머물지 않고 악에도 머물지 않는다. 성문의 길을 걷거나 독각의 길을 걷는 사람들도 장님이 눈을 뜬 것과 같다는 것을 알아야 한다. 그들은 윤회와 번뇌의 속박을 끊었고, 번뇌의 속박으로부터 해탈한 자는 삼계에 속하는 여섯 가지 생존상태로부터 해방된다. 그래서 성문의 길을 걷는 사람은, '이제 더 깨달아야 할 법은 없다. 나는 열반에 도달했다'라고 한다. 그때 여래께서는 그에게 법을 설하신다. 세존께서는 '모든 법을 체득하지 않은 자에게 어찌 열반이 있겠는가'라고 하시며, 깨달음을 향하여 그를 격려하신다. 그는 보리심을 일으켜 윤회 속에 머물지는 않지만, 아직 열반에 도달해 있지 않는 보살이 된다. 그는 시방의 어느 곳에서든 삼계에 속하는 것은 모두 공인 것을 깨달으며, 또 세간은 끊임없이 변화하는 것과 같이 환상, 꿈, 아지랑이, 메아리와 같다고 본다. 그는 모든 존재가 생기지도 않고 없어지지도 않으며, 속박도 아니며 해탈도 아니고, 암흑도 아니고 광명도 아닌 것을 본다. 여러 가지 심원한 법을 이처럼 보는 자는 보지 않고 보는 것이다. 즉 삼계에 속하는 모든 것이 사람들의 서로 다른 의욕이나 지향으로 가득 차 있는 것을 본다."

그때 세존께서는 그 의미를 다시 알리기 위하여, 다음과 같이 게송을 설하셨다.

달이나 태양의 빛은
사람들 위로 평등하게 비친다.
덕 있는 이에게도 악한 이에게도
빛은 많고 적음이 없이 비친다.

여래의 지혜의 빛도
태양이나 달처럼 평등하게 비치며
모든 중생들을 인도한다.
그 지혜의 빛은 모자라거나 남는 일이 없다.

마치 도공이 같은 흙으로 토기를 만들지만
그 토기는 설탕, 우유, 버터, 기름, 물 등
여러 가지 용기가 되는 것처럼.

어떤 것은 더러운 것을 담는 그릇이 되고
어떤 것은 우유그릇이 되지만
도공은 그 그릇을 같은 흙으로 만든다.

어떤 것을 담아두는가에 따라 용기가 달라진다.
마찬가지로 중생들에게 차별은 없으나
의욕이 다르므로 여래께서는
탈것을 구별해서 설하신다.

그러나 부처님의 탈것만이 참된 탈것이다.
사람들은 윤회의 바퀴에 대해 무지하므로
열반의 적정을 모른다.

그에 비해 모든 것은 공이며
실체가 없다고 아는 사람은
바른 깨달음을 얻으신 세존들의 깨달음을
진실로 아는 것이다.

중간 정도의 지혜를 지닌 이를 독각이라고 하며
공에 대한 지혜가 부족한 이를 성문이라고 한다.

그에 비해 모든 법을 깨달은
즉 바른 깨달음을 얻으신 분을 부처님이라고 한다.
부처님께서는 수백 가지나 되는 절묘한 방편으로
언제나 인간들에게 법을 설하신다.

예를 들면 어떤 선천적인 장님이
태양, 달, 별자리, 유성 등을 보지 않고
'물체라는 것은 어디에도 존재하지 않는다'고 한다.

그런데 훌륭한 의사가 있어
이 선천적인 장님을 불쌍히 여겨
설산으로 가서 이리저리 다니며
산에 있는 '모든 색과 맛을 지닌'이라는
약초를 비롯한 네 가지 약초를 구해 조제한다.

어떤 약은 이로 씹고
어떤 약은 가루로 내고
또 어떤 약은 침 끝에 묻혀 몸 속에 넣어
선천적인 장님을 치료한다.

이렇게 해서 눈을 뜨게 된 뒤
그는 태양이나 달, 별자리, 유성을 보고는
'이전에는 무지해서 그런 말을 한 것이다'라고 생각한다.

약초유품

이처럼 중생들은 무지해서
말하자면 선천적으로 장님이라서 윤회하는 것이다.
인연으로 생기는 생사윤회의 바퀴를 모르기
때문에 그들은 고뇌의 길을 걷는다.

가장 뛰어난 일체지자이신 여래께서는
이처럼 무지 때문에 방황하는 사람들을 위하여
세간 속에 자비롭고 훌륭한 의사로 나타나신다.

방편이 절묘한 이 의사는 바른 가르침을 설하시며
최고의 탈것에 속하는 사람들에게
위없는 부처님의 깨달음을 설하신다.

그러나 여래께서는
중간 정도의 지혜가 있는 자에게는
중간 정도의 깨달음을 설하시며
윤회를 두려워하는 자에게는
거기에 맞는 깨달음을 설하시기도 하신다.

삼계로부터 벗어난 성문은
'이리하여 나는 더러움 없는
상서로운 열반을 얻었다'라고 생각한다.

그래서 나는 그들에게

'그것은 열반이 아니다. 영원한 열반은
일체의 법을 깨달았을 때 얻어진다'라고 설한다.

그것은 마치 선천적인 장님이었지만
시력을 회복한 장님에게 위대한 여래께서
자비심으로 다음과 같이 말씀하시는 것과 같다.

'그대는 어리석은 자이다. 그대는 결코 자신이
지혜 있는 자라고 생각해서는 안 된다.
담으로 둘러싸인 집 속에서는
그대와 같은 보잘것 없는 지혜로는
밖에서 생기는 일을 알 수가 없다.

밖에 있으면 무슨 일이 생기는지 당장 알 수 있지만
안에 있으면 당장 알 수 없다.
지혜가 얕은 그대가 어떻게 그것을 알 수 있겠는가?

5요자나 정도 떨어진 곳의 소리라도
그대는 들을 수 없다.
하물며 더 떨어진 곳의 소리는 어떻겠는가.

그대는 자신에게 호의를 품는 사람과
악의를 품는 사람을 가려낼 수가 없다.
그런데 어떻게 지혜 있는 자라는

교만한 마음을 가지는가.

그대는 1크로샤의 거리조차도
한 발자국 한 발자국 걷지 않으면 갈 수 없으며
모태 속에서 일어났던 일들은
모두 잊어버리고 있다.

다섯 가지 신통을 지닌 분을
이 세상에서는 일체지자라고 한다.
그대는 미망 때문에 아무것도 모르는데
스스로는 모든 것을 알고 있다고 하니
어떻게 된 일인가?

만일 모든 것을 알고 싶다면 신통을 얻어야 한다.
신통을 얻고 싶다면 숲에서 살며
청정한 가르침에 대해 사색하여야 한다.
그리하면 그대는 신통을 얻을 수 있다'라고.

그는 이 가르침대로 숲으로 들어가
마음을 평정하게 하며 사색한다.
그리고 오래지 않아 여러 가지 덕성을 갖추고
다섯 가지 신통을 얻은 자가 된다.

모든 성문들은 이처럼

자신은 열반을 얻은 자라고 생각한다.
그러나 그때 여래께서는 그들에게
'그것은 정지(靜止)이지 열반은 아니다'라고 설하신다.

성문들에게 알맞게 설해진 이 도리는 부처님의 방편이다.
일체를 알지 못하고는 참된 열반은 없다.
일체를 아는 지혜를 얻도록 노력하라.

과거, 미래, 현재의 삼세에 관한 무한한 지혜와
맑은 여섯 가지 완성의 행인 육바라밀과
모든 것은 공성이며 무상이며 무원이라는 것과

최고의 깨달음을 구하는 마음을 가지도록 노력하라.
번뇌의 더러움이 있는 유루(有漏)와
더러움이 없는 무루의 그 어떤 것도
허공과 같은 적정이라고 설해지고
이 밖에 여러 가지 열반으로 인도하는
가르침이 설해진다.

즉 네 가지 청정한 경지에 있다는
사범주(四梵住 ; 四無量心)나
모든 사람을 포용하는 사섭법(四攝法)이 설해진다.
그 모두가 뛰어난 여래들께서
중생들을 인도하기 위하여 설하시는 것이다.

그것들을 얻도록 노력 수행하라.
모든 존재는 환상이나 꿈과 같으며
파초의 줄기처럼 심이 없으며
메아리와 같다고 아는 사람

또 삼계에 속하는 모든 것은
환상이나 꿈과 같아서 속박된 것도 아니며
해탈한 것도 아니라고 알고
열반도 식별하지 않는 사람

또 모든 존재는 평등하고 공이며
본질적으로 서로 차이가 없음을 알고
또 그것을 바라지도 않으며
그 어떤 것도 결코 차별해 보지 않는 사람,
이런 사람이야말로 위대한 지혜를 지닌 분이시며
남김없이 존재의 전체를 보는 분이시다.

세 가지 탈것이라는 것은 없고
이 세상에는 오직 한 가지 탈것인
일승(一乘, 一佛乘)만이 존재한다.

모든 것은 언제나 참으로 평등하다고 안다면
영원하고 상서로운 열반을 아는 것이다.

제6장 수기품(授記品)

　세존께서 이 게송을 설하시고는 거기에 모인 모든 비구들을 향하여 말씀하셨다.
　"비구들이여, 그대들에게 알리나니 나의 제자인 가섭 비구는 장래 삼천만 억의 부처님들을 공경, 공양하며 찬양해서 그 부처님들의 바른 법을 받아 지킬 것이다. 그는 윤회의 마지막 몸으로, '광덕(光德)'이라는 세계에서 '대장엄(大莊嚴)'이라는 겁을 만날 때, '광명(光明)'이라는 이름의 바른 깨달음을 얻은 존경받는 여래로 이 세상에 나타날 것이다.
　그는 지혜와 덕행을 갖춘 선서시며, 세간을 잘 아는 위없는 분이시며, 사람들을 잘 다스리는 분이시며, 천신과 인간의 스승이시며, 불타시며, 세존이 될 것이다. 수명은 12중겁으로, 그의 바른 가르침은 20중겁 동안 계속 될 것이며, 바른 가르침과 유사한 가르침도 20중겁 동안 계속될 것이다.
　그 부처님의 국토는 맑고 깨끗하며, 돌이나 기왓조각, 자갈은 물론 깊은 웅덩이나 낭떠러지도 없으며, 도랑이나 분뇨가 차는 일도 없고 평탄하고 쾌적하며 청아해서 보기에도 아름다울 것이다. 대지는 유리로 된데다가 보석나무로 장식되어 있고, 금실이 바둑판처럼 이어져 있으며, 꽃이 뿌려져 있을 것이다. 그곳에는 수백 수천의 많은 보살과 수백 수천만 억 나유타의 무량한 성문들도 있을 것이다. 그곳에서는 악마도 모습을 나타내지 않을 것이며 그의 무리도 찾아볼 수 없을 것이다. 설령 그곳에 악마나 그 무리가 있다 해도, 그들은 광명여래의 가르침 밑에서 바른 가르침을 익히는 데 전념할 것이다."

그때 세존께서 다음과 같이 게송을 설하셨다.

비구들이여, 나는 부처님의 눈으로 볼 수가 있다.
가섭 비구는 미래의 무수한 겁 동안
인간의 최고자이신 부처님들을 공양한 뒤
부처님이 될 것이다.

비구들이여
가섭은 삼천만 억이나 되는 부처님들을 뵐 것이다.
그리고는 그 밑에서 부처님의 지혜를 얻기 위해
순결한 생활인 범행을 행할 것이다.

부처님들께 공양한 뒤
최고의 지혜를 완성하여
윤회전생하는 마지막 몸으로
비할 데 없는 위대한 성현으로

세간의 보호자인 부처님이 될 것이다.

그 부처님의 국토는 아주 훌륭해서
아름답고 청아하게 빛나
보기에도 아름다울 것이다.
그 모습은 언제나 상쾌하며
길은 금실로 장식되어 있을 것이다.

비구들이여, 그 국토에는
보옥으로 된 여러 종류의 나무가 있는데
그 나무들은 바둑판 모양의 한 구획마다
한 그루씩 서서 쾌적한 향기를 뿜을 것이다.

그곳은 여러 종류의 꽃으로 장식되며
다채로운 꽃으로 아름답게 빛날 것이다.
그곳에는 깊은 웅덩이나 낭떠러지 같은 곳은 없으며
평탄하고 평화로워 보기에도 아름다울 것이다.

수천만 억의 보살들이 그곳에 있어서
그들의 마음은 잘 제어되어 있으며
그들이 지닌 신통력은 뛰어날 것이다.
또 부처님들의 광대한 경전을 지니고 있는
많은 보살들이 수없이 있을 것이다.

또 그곳에는 부처님의 제자인 성문들도 있을 것이다.
그들은 윤회의 마지막 몸으로
번뇌의 더러움을 완전히 떠나 있을 것이다.
그 수 또한 대단히 많아
비록 천상의 지혜로 수겁 동안 헤아린다 해도
도저히 알 수 없을 것이다.

그 부처님께서는 12중겁 동안
이 세상에 머무르실 것이며
바른 가르침은 20중겁 동안 계속될 것이다.
또 바른 가르침과 유사한 가르침도
20중겁 동안 이 광명불을 빛낼 것이다.

그때 목건련 존자와 수보리 존자와 가전연 존자는 몸을 떨면서 눈 한 번 움직이지 않고 세존을 우러러보았다. 그리고는 각자 목소리를 맞추어 한마음으로 다음의 게송을 읊었다.

아아, 존경받으실 위대한 용자시여
최고의 분이신 석가족의 사자(獅子)시여
저희들을 자비로이 여기시어
부처님의 수기를 들려 주시옵소서.

사람 가운데 최고자시여
분명 지금이 적절한 시기라고 아시어

마치 감로를 뿌리시는 것처럼
저희들에게도 수기를 주시옵소서.
자재하신 세존이시여.

기근이 든 곳에서 온 어떤 남자가
우연히 좋은 식사를 하게 되어
손으로 먹으려 할 때
'조금만 기다리라'는 말을 들었다고 합시다.

그처럼 저희들은 갈망하고 있사오며
소승의 가르침에 대해 생각한 뒤
기근 때문에 먹을 것을 찾는 남자처럼
부처님의 지혜를 얻으려 하옵니다.

바른 깨달음을 얻으신 위대한 성자께서
아직 저희들에게 수기를 주지 않으신 것은
마치 손위에 얹힌 음식을
아직 먹어서는 안 된다고 하는 것과 같사옵니다.

용자시여, 이처럼 부처님이 될 것이라는
위없는 말씀을 듣기는 했지만
그 때문에 저희들은 더 불안에 떨고 있사옵니다.
만일 저희들에게 직접 수기를 주신다면
저희들의 불안은 없어지고 마음도 평안해질 것이옵니다.

수기품

위대한 용자시여
사람들의 행복을 바라는 자애로운 분이시여
부디 수기하여 주시옵소서.
저희들의 가난한 마음이 없어지도록
위대한 성자시여.

그래서 세존께서는 이 위대한 성문들의 마음을 분명히 아시고, 다시 모든 비구들을 향하여 말씀하셨다.
"비구들이여, 수보리 비구는 삼천만 억 나유타의 부처님들을 공경, 공양, 찬양하며 그 부처님 밑에서 순결한 생활을 한 뒤 깨달음을 완성할 것이다. 여러 부처님들을 모신 뒤, 윤회하는 마지막 몸으로 '명상(名相)'이라는 이름의 바른 깨달음을 얻어 존경받는 여래로서 세간에 나타날 것이다. 그분은 지혜와 덕행을 갖춘 선서시며, 세간을 잘 아는 위없는 분이시며, 사람들을 잘 다스리는 분이시며, 천신과 인간의 스승이시며, 불타시며, 세존이 될 것이다.
그 부처님의 국토 이름은 '보생(寶生)'일 것이며 그 겁은 '유보(有寶)'라고 불릴 것이다. 그 국토는 평탄하고 쾌적하며 수정으로 되어 있고, 보석나무로 채색되어 있으며, 깊은 웅덩이나 낭떠러지도 없고, 오물이 차는 일 없이 상쾌하며 늘 꽃이 뿌려져 있을 것이다. 또 그곳에서는 사람들이 훌륭한 누각에서 향락을 누릴 것이다. 그 부처님께서는 헤아릴 수 없는 많은 제자들이 있으며, 또 수많은 보살들도 있을 것이다. 그 세존의 수명은 12중겁이며, 바른 가르침은 20중겁 동안 계속될 것이다. 바른 가르침과 유사한 가르침도 20중겁 동안 계속될 것이다. 그 세존께서는 공중에 멈춰 서서 쉴 새 없이 법을 설하실 것이며, 수백 수천의 많은 보살과 수백 수천의 많은 성문들도 지도하실 것이다."

그때 세존께서 다음과 같이 게송을 설하셨다.

비구들이여,
그대들에게 알리나니 내 말을 잘 들으라.
나의 제자인 장로 수보리 비구는
후세에 부처님이 될 것이다.

그는 삼천만 억 나유타나 되는
커다란 위력을 가진 많은 부처님들을 뵙고
깨달음의 지혜를 얻기 위해 적절히 수행할 것이다.

용자인 그는 윤회하는 마지막 몸으로
32상을 갖추고 황금기둥처럼 위대한 부처님이 되어
세상 사람들의 행복을 바라는
자애로운 분이 될 것이다.

그 국토는 대단히 훌륭하고 아름다우며
많은 사람들이 소망하는 곳일 것이다.
세간의 친척인 그는 수많은 인간들을 제도하여
그곳에서 살게 할 것이다.

또 그곳에는 커다란 위력을 가진
많은 보살들이 있을 것이다.
그들은 불퇴전인 가르침의 바퀴를 굴릴 것이며
뛰어난 근기로 여래의 가르침을 받아
이 부처님의 국토를 빛나게 할 것이다.

또 그곳에는 많은 성문들이 있는데
도저히 그 수를 헤아릴 수는 없을 것이다.
그들은 여섯 가지 신통과 세 가지 영지를 갖춘
위대한 신통력의 소지자이며
여덟 가지 해탈 속에 사는 이들이다.

사람들의 생각은 최고의 깨달음을 설하신
부처님의 신통력에 도저히 미치지 못할 것이다.
그리고 갠지스 강의 모래알처럼 많은
천신과 인간이 언제나 그에게 합장할 것이다.

그는 12중겁 동안 이 세상에 머무를 것이며
인간의 최고자이신 부처님의 바른 가르침은
20중겁 동안 계속될 것이고
바른 가르침과 유사한 가르침도
20중겁 동안 계속될 것이다.

다시 세존께서 모든 비구들에게 말씀하셨다.

"비구들이여, 그대들에게 알리나니 가전연 비구는 8천만 억 부처님들을 공경, 공양하며 찬양할 것이다. 그리고 그들 여래께서 열반에 드실 때, 한 분 한 분을 위해 높이가 천 요자나에 주위가 50요자나나 되는 금, 은, 유리, 수정, 빨간 진주, 마노, 호박의 칠보로 된 탑을 세울 것이다. 그리고 그 탑을 꽃, 훈향, 향수, 화만(華鬘), 도향, 분향, 옷, 우산, 기, 깃발, 승리의 깃발로 공양할 것이다. 그 뒤, 다시 그는 2천만 억 부처님을 마찬가지로 공경, 공양하며 찬양할 것이다. 그는 인간으로 윤회하는 마지막 몸으로, 이 세상에서 '염부나제금광(閻浮那提金光)'이라는 이름의 존경받는 여래가 될 것이다.

그는 바른 깨달음을 얻은 여래가 되어 지혜와 덕행을 갖춘 선서시며, 세간을 잘 아는 위없는 분이시며, 사람들을 잘 다스리는 분이시며, 천신과 인간의 스승이시며, 불타시며, 세존이 될 것이다. 그 부처님의 국토는 아주 청정하고 평탄하며, 쾌적하고 청아해서 보기에도 아름다울 것이다. 또 수정으로 되어 있고 보석나무로 장식되어 있으며, 금실로 채워져 있고 꽃이 깔개처럼 깔려 있을 것이다. 지옥, 축생, 야마세계의 무리나 아수라의 무리는 없을 것이며 천신과 인간으로 가득한데, 수백 수천의 많은 성문들이 그를 에워싸고 있으며, 수백 수천의 많은 보살들이 그를 장엄하게 할 것이다. 그 부처님의 수명은 12중겁이고, 바른 가르침은 20중겁 동안 계속될 것이며, 바른 가르침과 유사한 가르침도 20중겁 동안 계속될 것이다."

그때 세존께서 다음과 같이 게송을 설하셨다.

비구들이여, 모두 거짓이 없는 내 말을 들으라.
나의 제자인 장로 가전연 비구는
세간의 지도자이신 부처님들께
공양을 올릴 것이다.

그는 세간의 지도자를
여러 가지 방법으로 공경하고
부처님들께서 열반에 들어가신 뒤에는
탑을 만들게 하여 꽃이나 향으로 공양할 것이다.

윤회하는 마지막 몸을 얻은 뒤에는
아주 청정한 국토에서 깨달음을 얻으신
부처님이 될 것이다.
부처님의 지혜를 완성하여
수천만 억의 인간들에게 설할 것이다.

그는 천신을 포함한 이 세간에서
존경받는 빛나고 위력 있는 부처님이 될 것이다.
그 이름은 '염부금광(閻浮金光)'이라 하며
수많은 천신과 인간의 구제자가 될 것이다.

그 국토에는 헤아릴 수 없이 많은
보살들과 성문들이 있을 것이며
그들은 모두 존재의 두려움으로부터 벗어난 자로

부처님의 가르침을 장식할 것이다.

세존께서 다시 비구들에게 말씀하셨다.

"비구들이여, 그대들에게 알리나니 목건련 비구는 2만8천의 부처님을 뵙게 될 것이다. 그리고 그 부처님을 여러 가지로 공경, 공양하며 찬양할 것이다. 그 부처님들께서 열반에 들어가신 뒤에는 그 부처님을 위하여 금, 은, 유리, 수정, 빨간 진주, 마노, 호박의 칠보로 된 탑을 만들게 할 것인데, 그 높이는 천 요자나이며 주위는 5백 요자나이다. 그리고 탑에는 꽃, 훈향, 향수, 화만, 도향, 분향, 옷, 우산, 기, 깃발, 승리의 깃발로 여러 가지 공양을 올릴 것이다. 그 뒤, 그는 마찬가지로 2천만 억 부처님들을 공경, 공양하며 찬양할 것이다. 그래서 윤회하는 마지막 몸을 얻었을 때, 타말라나무 잎이나 전단의 향기가 있는 '다마라발전단향(多摩羅跋栴檀香)'이라는 이름의 바른 깨달음을 얻어 존경받는 여래로 세상에 나타날 것이다.

그는 지혜와 덕행을 갖춘 선서시며, 세간을 잘 아는 위없는 분이시며, 사람들을 잘 다스리는 분이시며, 천신과 인간의 스승이시며, 불타시며, 세존이 될 것이다. 그 부처님의 국토는 '의락(意樂)'이라는 이름이며, 그 겁은 '희만(喜滿)'이라는 이름일 것이다. 또 그 국토는 아주 청정하고 평탄하며 쾌적하고 청아하여 보기에도 아름다우며, 수정으로 되어 있고 보석나무로 장식되며 꽃이 뿌려져 있을 것이다. 그곳은 천신과 인간으로 가득할 것이며, 수백 수천의 성문이나 보살들이 즐기는 곳일 것이다. 그 부처님의 수명은 24중겁으로, 바른 가르침은 40중겁 동안 계속될 것이며, 바른 가르침과 유사한 가르침도 40중겁 동안 계속될 것이다."

그때 세존께서 다음과 같이 게송을 설하셨다.

성이 목건련인 나의 제자는
인간으로서의 삶이 끝난 뒤
2만 명의 승리자와 8천 명의 더러움을 벗어나신
부처님을 뵐 것이다.

그는 부처님의 지혜를 구하면서
그 부처님들 밑에서 순결한 생활을 할 것이다.
그때 인간의 최고자며 지도자들에게
여러 가지 방법으로 공양할 것이다.

수천만 억의 많은 겁 동안
그 부처님들의 절묘하고 바른 가르침을
지니고 보존할 것이며
그분들께서 열반에 들어간 뒤에는
그 탑에 공양할 것이다.

그는 최고의 승리자들을 위하여
승리의 깃발을 세운 보옥으로 된 탑을 세울 것이다.
그리고 세간의 행복을 바라는
자비로운 부처님들을 찬양해서

꽃이나 향을 공양하거나
음악을 연주하여 공양할 것이다.

그는 '의락'이라는 국토에서
윤회의 마지막 몸으로
'다마라발전단향'이라는 이름의
세간의 행복을 바라는
자비로운 부처님이 될 것이다.

수명은 24중겁으로
그 동안 내내 천신과 인간에게
가르침을 설할 것이다.

그 승리자께는 여섯 가지 신통과
세 가지 지혜를 갖춘
위대한 신통력을 가진 성문들이 있는데
그 수는 갠지스 강의 모래알처럼
수천만 억의 많은 수가 될 것이며
그들은 선서의 가르침 밑에서 신통을 얻을 것이다.

또 많은 불퇴전의 보살들이 있어
언제나 정진노력하고 바르게 인식해서
선서의 가르침에 전념하고 있을 것이다.
그들의 수는 수천이나 될 것이다.

수기품

그 승리자께서 열반에 드신 뒤
바른 가르침은 40중겁 동안 계속될 것이다.
바른 가르침과 유사한 가르침도
마찬가지일 것이다.

나는 대신통력을 가진 5명의 성문들에게
최고의 깨달음을 얻을 것이라고 수기를 주었는데
그들은 장래 승리자가 될 것이다.
그들의 수행에 대해서 나에게 물어보라.

제7장 화성유품(化城喩品)

"비구들이여, 먼 옛적 이루 다 셀 수 없이 광대하고 무량하며, 생각할 수도 없고, 추량도 측량도 초월한 과거세에, 아니 그보다 훨씬 먼 이전에 '대통지승(大通智勝)'이라는 올바른 깨달음을 얻어 존경받는 여래께서 세간에 출현하셨다. 그 세계는 '호성(好城)'이라는 세계이고, 그 겁은 '대상(大相)'이라는 겁인데, 그 여래께서는 지혜와 덕행을 갖춘 선서시며, 세간을 잘 아시는 위없는 분이시며, 사람들을 잘 다스리는 분이시며, 천신과 인간의 스승이시며, 불타시며, 세존인 분이셨다. 비구들이여, 그 여래께서는 얼마나 먼 과거에 출현하신 것인가?

비구들이여, 예를 들면 어떤 사람이 이 삼천대천세계에 있는 흙을 모두 가루로 내어, 그 속에서 한 미세한 티끌을 집어서 동쪽으로 일천세계 떨어진 곳에 둔다고 하자. 그리고 두번째 미세한 티끌을 집어서 거기로부터 다시 일천세계 떨어진 곳에 둔다고 하자. 이런 식으로 동쪽에 흙의 티끌을 전부 둔다고 하자. 비구들이여, 그대들은 그것을 어떻게 생각하는가? 동쪽에 있는 그러한 여러 세계의 끝이나 한계를 계산할 수 있겠는가?"

비구들이 대답했다.

"불가능하옵니다, 세존이시여. 그것은 불가능한 일이옵니다, 선서시여."

세존께서 말씀하셨다.

"그러나 비구들이여, 그 미세한 티끌들이 놓이거나 놓이지 않은 동쪽의 여러 세계의 수는, 수학자가 계산한다면 알 수 있을 것이다. 그러나 대통지승여래께서 완전한 열반에 들어가신 뒤에 경과한 겁, 그러니까 수천만 억 나유타 겁은 결코 계산해 낼 수가 없다. 그만큼 길고 그만큼 생각이 미치지 않으며 그만큼 수량을 초월한 시간이다. 그러나 비구들이여, 나는 여래의 지견으로 그 여래께서 그만큼 먼 과거에 완전한 열반에 드신 것을, 마치 오늘이나 어제 열반하신 것처럼 생생하게 떠올릴 수가 있다."

그때 세존께서 다음과 같이 게송을 설하셨다.

나는 수천만 억 겁의 오랜 옛적에 나타나신
인간의 최고자이신 대통지승이라는
위대한 현자의 일을 생생하게 떠올리고 있다.
그분은 그 당시 위없는 승리자셨다.

예를 들면 어떤 사람이 삼천세계의 흙을
미세한 먼지 크기의 티끌로 하여
한 알의 먼지를 집어

일천 국토 떨어진 곳에 둔다고 하자.

이런 식으로 두번째, 세번째 먼지도 놓아둔다고 하자.
그가 티끌상태인 흙가루를 전부 놓아두어
분말이 다 없어졌다고 하자.

그 세계에 있는 흙분말의 티끌 양은 알 수 없지만
남김없이 티끌로 해서
백 겁 지날 때마다 표적으로 한다고 하자.

그 선서께서 완전한 열반에 드신 뒤의 겁은
이처럼 헤아릴 수 없는 긴 세월로
모든 먼지를 표적으로 해도 부족할 정도로
많은 겁이 지났다.

이렇게 먼 과거에 열반에 드신
부처님과 성문들과 보살들에 관한 모든 것을
나는 오늘이나 어제 일처럼 떠올리고 있다.
여래들의 지혜는 이와 같다.

비구들이여, 여래의 지혜는 이처럼 무한하다.
나는 더러움 없는 정확한 기억으로
수백 겁이 지난 옛날 일을 깨달았다.

화성유품

"비구들이여, 바른 깨달음을 얻어 존경받는 대통지승여래의 수명은 5백4천만 억 나유타 겁이었다.

일찍이 아직 위없는 바른 깨달음을 얻지 못했던 때의 대통지승여래께서는 최고로 훌륭한 깨달음의 자리에 오르셔서 악마의 군세를 모두 물리쳐 이기셨다. 그리고 '나는 위없는 바른 깨달음을 얻을 것이다'라고 생각하셨다. 그러나 그때에는 부처님께서 갖추신 모든 덕성을 나타내지 못하셨다. 그분은 보리수 밑의 깨달음의 자리에 앉은 채 1중겁을 보내셨다. 두번째 중겁도 그렇게 보내셨지만, 위없는 바른 깨달음을 얻을 수 없었다. 셋째, 넷째, 다섯째, 여섯째, 일곱째, 여덟째, 아홉째, 열째 중겁도 보리수 밑의 깨달음의 자리에 앉아서 처음의 결가부좌 자세 그대로 도중에 일어서는 일도 없이 계속 앉아 계셨다. 마음도 몸도 움직이지 않고 계셨으나 그때에는 그러한 모든 덕성을 나타내지 못하셨다.

그런데 비구들이여, 33천(三十三天)의 신들이 위없는 깨달음을 얻으시도록 높이가 백천 요자나나 되는 거대한 사자좌를 마련하였다. 대통지승여래께서 그 자리에 앉으시어 위없는 바른 깨달음을 깨달았다. 범천에 속하는 천자들이 깨달음의 자리 주위에 모여 천상에 있는 꽃비를 내리고 공중에 바람을 일으켜 지상의 시든 꽃을 치웠다. 이처럼 깨달음의 자리에 계신 대통지승여래께 끊임없이 꽃비를 뿌렸는데, 꼭 10중겁 동안이었다.

여래께서 열반에 드실 때도 마찬가지로 꽃비를 뿌려 여래를 덮었다. 한편 사대천왕에 속하는 천자들은, 훌륭한 깨달음의 자리에 오르신 여래께 경의를 표하기 위하여 천상에 있는 신들의 큰북을 꼭 10중겁 동안 끊임없이 울렸고, 다시 여래께서 완전한 열반에 드실 때까지 그 천상의 악기를 쉴 새 없이 울렸다.

비구들이여, 그 뒤 10중겁이 지나서 존경받는 세존이신 대통지승여래께서 위없는 바른 깨달음을 얻으실 수가 있었다.

그리고 이 여래께서 깨달음을 얻자마자 16명의 왕자들이 그것을 알고는 - 실은 아직 태자였을 때 이 여래께서는 16명의 친아들이 있었는데, 그 가운데 장남은 '지적(智積)'이라는 이름이었다.

비구들이여 16명의 왕자들은 각자 재미있고 아름다우며 보기좋은 장난감을 가지고 있었는데, 존경받는 여래이신 대통지승여래께서 위없는 바른 깨달음을 얻으셨다는 것을 알고는 - 재미있는 장난감을 내버려둔 채 흐느끼는 모친과 유모, 대왕과 전륜성왕과 신하들 그리고 수백 수천만 억 나유타나 되는 많은 사람들과 함께 훌륭한 깨달음의 자리에 오르셔서 바른 깨달음을 얻은 존경받는 대통지승여래가 계신 곳으로 갔다. 그들은 대통지승여래를 공경, 공양하며 찬양하고 존숭하기 위해 여래께로 다가가 여래의 두 발에 머리를 대고 경례하고, 오른쪽으로 세 번 돌며 합장했다. 그리고 다음과 같은 게송으로 여래를 칭송했다."

당신께서는 위대한 의사시며 위없는 분이시며
모든 중생을 구제하기 위해 무량한 겁 끝에
깨달음에 이르셨사옵니다.
당신의 훌륭한 서원은 이제 이루어졌사옵니다.

화성유품

10중겁 동안 당신께서는 같은 자리에 앉으신 채
힘든 수행을 하셨사옵니다.
그 동안 당신께서는 한 번도 몸을 움직이지 않으시고
수족은 물론 다른 부분도 움직이지 않으셨사옵니다.

당신의 마음은 적정이고 아주 안정되어 있으며
언제나 부동의 상태여서 동요되는 일이 없사옵니다.
당신께서는 언제 어떤 경우에도
마음이 산란되는 일이 없으시며
더러움을 벗어나 완전히 적정한 경지에 계시옵니다.

당신께서는 다행히 안일함에 빠지지 않으시고
무사히 최고의 깨달음을 얻으셨사옵니다.
그 때문에 저희들에게도 이로움이 있게 되니
저희들은 행복하옵니다.
인왕(人王)의 사자(獅子)시여.

눈이 없는 이들이 불행한 것처럼 지도자가 없어서
인간은 모든 괴로움을 겪는 것이옵니다.
그들은 괴로움을 벗어나는 방법을 모르며
해탈을 얻기 위해 정진노력하지 않았사옵니다.

오랫동안 나쁜 일만 늘었고
천신의 무리는 줄었사옵니다.

승리자의 말씀은 전혀 들리지 않고
이 세상은 모두 어둠이 되고 암흑이 되었사옵니다.

세간을 잘 아시는 분이시여
오늘 이곳에서 당신께서는
더러움 없는 최고의 경지에 이르셨사옵니다.
저희들도 세간도 은혜롭사옵니다.
보호자시여, 저희들은 당신을 귀의처로 하옵나이다.

"그런데 비구들이여, 어린아이에 불과했던 16명의 왕자들은 바른 깨달음을 얻은 존경받는 대통지승여래를 이와 같이 아주 적절한 게송으로 칭송한 뒤에, '여래시여, 제발 가르침을 설하여 주시옵소서. 선서시여, 가르침을 설하여 주시옵소서. 많은 이들의 행복과 안락을 위하여 세간을 불쌍히 여기시어, 천신과 인간 등 대중의 이익과 행복과 안락을 위하여'라고 하며, 세존께 가르침의 바퀴를 굴리시도록 [轉法輪] 간청하였다. 그때 그들은 이와 같이 게송을 읊었다."

백 가지 복덕의 상서로운 상을 갖추신 분이시여
가르침을 설해 주시옵소서.
지도자시여, 비길 데 없는 분이시여

위대한 성인이시여
당신께서 얻으신 극히 뛰어난 탁월한 지혜를

천신들을 포함한 세상사람들에게 설해 주시옵소서.

그리고 저희들과 중생들을 구제해 주시옵소서.
저희들과 중생들이 최고의 깨달음을 얻을 수 있도록
여래의 지혜를 설해 밝혀 주시옵소서.

당신께서는 인간의 모든 수행과 지혜를 알고 계시며
소원과 과거에 쌓은 복덕과 믿음도 알고 계시옵니다.
그러하오니 위없고 뛰어난 가르침의 바퀴를
굴려주시옵소서.

"또 비구들이여, 존경받는 대통지승여래께서 위없는 바른 깨달음을 얻으셨을 때, 시방의 각 방향에 있는 5천만 억 나유타의 세계가 여섯 가지로 진동하며 거대한 광명으로 빛났다. 그 세계들 사이에는 '중간세계'가 있는데, 비참하며 괴로움에 싸인 깊은 암흑의 세계여서 위대한 초자연의 힘과 위력을 지닌 태양과 달도, 자신의 빛과 광채와 찬란함으로도 두루 비칠 수가 없었다. 그런 중간세계에 거대한 광명이 출현하였다. 그래서 그 세계에 있던 중생들은 '아아, 다른 중생들도 있다. 아아, 다른 중생들도 여기에 있다'라고 하며 서로를 바라보며 확인하였다.
　모든 세계에서 신들의 궁전이나 하늘의 탈것이, 범천의 세계에 이르기까지 모두 여섯 가지로 진동하며 거대한 광명으로 빛나 신들의 위력을 압도하였다. 비구들이여, 이처럼 그 여래께서 깨달으셨을 때 모든 세계에서는 대지의 큰 진동과 광대한 광명이 세간에 출현하였다.

　그런데 동쪽으로 5천만 억 나유타의 세계에 있는 범천의 탈것은, 한층 더 강하게 번쩍이며 찬란한 광휘와 광명을 내뿜었다. 비구들이여, 그때 범천들은 그것을 보고 '도대체 이것이 무슨 전조인가' 하고 생각했다. 그래서 비구들이여, 그들 5천만 억 나유타의 세계에 있는 대범천신들은 모두 서로의 궁전을 찾아가 이 일에 대해 이야기를 나누었다.

　비구들이여, 그때 '모든 중생의 구제자'라는 이름의 범천이 있었는데, 그는 범천들에게 다음의 게송을 읊었다."

마치 환희하고 있는 것처럼
우리들의 훌륭한 하늘의 탈것은
오늘 한층 더 강하게 번쩍이며
찬란한 광휘와 광명으로 우리 마음을 즐겁게 한다.
도대체 어떤 까닭에서 이런 일이 생기는 것일까.

자, 그 이유를 알아보자.
어쩌면 오늘 어떤 천자가 태어나서
그 천자의 위신력 때문에
이같이 일찍이 없었던 일이 일어나는지도 모르겠다.

그렇지 않으면 왕 중의 왕이신 부처님께서
오늘 어떤 세계에 출현하셔서
그때의 상서로운 상 때문에

시방세계가 광휘로 빛나고 있는지도 모른다.

"비구들이여, 그때 5천만 억 나유타의 세계에 있는 대범천들은 모두 각자의 성스러운 탈것에 천상의 꽃을 수미산[72]만큼 싣고 차례로 사방을 돌다가 서방으로 향해 갔다.

비구들이여, 그들 대범천들은 서방에 있는 대통지승여래께서 보리수 밑의 사자좌에 앉으시어 천신, 용, 야차, 건달바, 아수라, 가루다, 긴나라, 마후라가, 인간과 인간 이외의 것들에 둘러싸여 공경을 받으며, 또 16명의 왕자가 가르침의 바퀴를 굴려줄 것을 간청하고 있는 것을 보았다.

그 광경을 본 그들은 세존이 계신 곳으로 다가가 세존의 두 발에 머리를 대고 경례하고, 세존의 둘레를 오른쪽으로 수백 수천 번이나 돈 뒤, 수미산만큼의 꽃을 세존의 위와 보리수에 뿌렸다. 꽃을 다 뿌리자 그들은 이렇게 말하였다.

'세존이시여, 부디 저희들을 자비로이 여기시어 이 범천의 탈것을 거두어 주시옵소서. 세존이시여, 저희들을 자비로이 여기시어 이 탈것을 사용해 주시옵소서.'

그러면서 자신들의 탈것을 세존께 바쳤다.

비구들이여, 그 대범천들은 각자의 탈것을 세존께 바친 뒤, 다음과 같은 게송으로 세존을 칭송했다."

드물게 나타나시며 헤아릴 수 없는
행복과 자비로움을 베풀어 주시는 승리자께서
세간에 출현하셨다.

당신께서는 저희들의 보호자로 교사로
스승으로 태어나셨사옵니다.
오늘 시방에 있는 것들은 은혜를 입었사옵니다.

저희들은 이곳에서 동쪽으로
꼭 5천만 억의 세계로부터
승리자께 경례하기 위하여
훌륭한 하늘의 탈것을 가지고 왔사옵니다.

하늘의 탈것들은 저희들이 과거세에 행한
선행의 결과로 장식되어 있사옵니다.
이것들을 은혜에 대한 보답으로 거두어 주시옵소서.
세간을 잘 아시는 분이시여
마음껏 사용하여 주시옵소서.

"비구들이여, 대범천들은 이와 같은 적절한 게송으로 바른 깨달음을 얻은 존경받는 대통지승여래를 직접 칭송한 뒤, 세존께 다음과 같이 말씀드렸다.
'세존이시여, 부디 가르침의 바퀴를 굴려주시옵소서. 세존이시여, 세간에 가르침의 바퀴를 굴려주시옵소서. 세존이시여, 열반을 설해 주시옵소서. 세존이시여, 중생들을 구제해 주시옵소서. 세존이시여, 세간에 은혜를 베풀어 주시옵소서.
법의 왕이신 세존이시여, 천신들과 마왕과 범천을 포함한 이 세간을 위하여 가르침을 설해 주시옵소서. 그 가르침이야말로

화성유품

많은 사람들의 행복과 안락을 위한 세간의 자비가 될 것이오며, 천신이나 인간 등 대중에게 이익과 행복과 안락을 가져다 주는 것이 될 것입니다.'

비구들이여, 그때 5천만 억 나유타의 범천들은 각자 소리를 맞추어 제창하는 것처럼, 다음과 같은 게송으로 세존께 말씀드렸다."

세존이시여, 부디 가르침을 설해 주시옵소서.
인간의 최고자이시여, 가르침을 설해 주시옵소서.
그리고 자애의 힘을 보여 주시옵소서.
괴로워하는 중생들을 구제해 주시옵소서.

우담바라꽃처럼 세간의 광명이신
부처님을 뵙기는 어려운 일인데
위대한 용자시여, 당신께서는 출현하셨사옵니다.
저희들은 여래이신 당신께 간청하옵나이다.
가르침을 설해 주시기를.

"비구들이여, 그때 세존께서는 대범천들에게 침묵으로 승낙하셨다.

또 비구들이여, 같은 때에 동남쪽으로 5천만 억 나유타의 세계에 있는 범천들의 탈것이 한층 더 강하게 번쩍이며 찬란한 광휘와 광명을 내뿜고 있었다. 비구들이여, 그때 범천들은 '도대체 이것이 무슨 징조인가' 하고 생각하였다. 그래서 비구들이여, 그들은 모두 서로의 궁전을 찾아가 거기에 대해 이야기했다.

비구들이여, 그때 '대비(大悲)'라는 이름의 범천이 모든 다른 범천들에게 다음의 게송을 읊었다."

벗이여, 모든 하늘의 탈것이
오늘 한층 더 강하게 번쩍이며
찬란한 빛을 내뿜고 있다.
이것은 도대체 무슨 징조이겠는가?
복덕을 갖춘 천자가 오늘 세상에 오셨으므로
그 위신력 때문에 모든 하늘의 탈것이 빛나는 것인가?

그렇지 않으면 인간의 최고자이신
부처님께서 세간에 출현하셨으므로
그 위신력 때문에 하늘의 탈것이
오늘 이처럼 빛나는 것인가?

우리들은 모두 함께 가보자.
이것은 작은 일이 아니다.
이런 상서로운 상은 여태껏 한 번도 본 적이 없다.

자, 우리들은 사방으로 가서
수많은 국토를 편력해 보자.
오늘 부처님께서 세간에 출현하신 것은

분명한 것 같다.

"비구들이여, 그때 5천만 억 나유타의 범천들은 모두 각자의 성스러운 탈것에 천상의 꽃을 수미산만큼 싣고, 사방을 차례로 돌다 서북쪽으로 향해 갔다. 그리고 비구들이여, 그 대범천들은 바른 깨달음을 얻어 존경받는 대통지승여래께서 서북쪽에서 보리수 밑의 사자좌에 앉으시어, 천신, 용, 야차, 건달바, 아수라, 가루다, 마후라가, 인간과 인간 이외의 것들에 둘러싸여 숭앙받으며, 또 그의 아들들인 16명의 왕자가 가르침의 바퀴를 굴려주실 것을 간청하고 있는 것을 보았다.

그 광경을 본 그들은 대통지승여래가 계신 곳으로 다가가 세존의 두 발에 머리를 대고 경례하고 세존의 둘레를 오른쪽으로 수백 수천 번이나 돈 뒤, 수미산만큼의 꽃을 세존의 위와 보리수에 뿌렸다. 꽃을 다 뿌리자 그들은 이렇게 말했다.

'세존이시여, 부디 저희들을 자비로이 여기시어 이러한 범천들의 탈것을 거두어 주시옵소서. 세존이시여, 저희들을 자비로이 여기시어 이 탈것을 사용해 주시옵소서.'

그리고는 자신들의 탈것을 세존께 바쳤다.

비구들이여, 그들 대범천들은 각자의 탈것을 세존께 바친 뒤, 다음과 같은 게송으로 세존을 칭송했다."

  비할 데 없는 위대한 성인이시여
  신들 중에서 최고의 신이시여
  칼라빈카[73] 새처럼 상쾌한 음성을 지니신 분이시여

당신께 경례하옵나이다.

신들을 포함한 세간의 지도자시여
세간의 행복을 바라는 자애 깊은 분이시여
저희들은 당신께 경배하옵나이다.

보호자시여
드물게 밖에는 나타나시지 않는 당신께서는
극히 오랜 세월이 지난 오늘
드디어 세간에 출현하셨사옵니다.
꼭 1백80겁 동안 이 인간계에는
부처님이 계시지 않으셨사옵니다.

꼭 1백80겁 동안 인간의 최고자께서
계시지 않으셨기 때문에
삼악도는 가득 차고
신들의 무리는 줄었사옵니다.

그러나 이제 저희들의 눈이시며
의지처이시며 집이시며 구제자시며
아버지시며 친족이신 분
행복을 바라는 자애 깊은 법왕께서
저희들의 복덕에 의해 이 세상에
출현하셨사옵니다.

화성유품

"비구들이여, 대범천들은 이와 같이 적절한 게송으로 대통지승여래를 직접 칭송한 뒤, 세존께 다음과 같이 여쭈었다.

'세존이시여, 부디 가르침의 바퀴를 굴려주시옵소서. 세존이시여, 세간에 가르침의 바퀴를 굴려주시옵소서. 세존이시여, 열반을 설해 주시옵소서. 세존이시여, 중생들을 구제해 주시옵소서. 세존이시여, 이 세상에 은혜를 베풀어주시옵소서.

세존이시여, 신과 마왕, 범천을 포함한 이 세간을 위하여, 또 사문과 바라문을 비롯해 신들과 인간, 아수라를 포함한 생명 있는 것들을 위해 가르침을 설해 주시옵소서. 그 가르침이야말로 많은 사람들의 행복과 안락을 위한 세간의 자비가 될 것이며, 신들이나 인간 등 대중에게 이익과 행복, 안락을 가져다주는 일이 될 것이옵니다.'

비구들이여, 그때 5천만 억 코티 나유타의 범천들은 각자 소리를 맞추어 제창하는 것처럼, 다음의 적절한 두 게송으로 세존께 말씀드렸다."

위대한 현자시여
뛰어난 가르침의 바퀴를 굴려주시옵소서.
시방에 가르침을 설해 주시옵소서.
고뇌하는 중생들을 구제해 주시옵소서.
육신 있는 것들에게
기쁨과 환희가 생기도록 해 주시옵소서.

그 가르침을 들으면 사람들은 깨달음을 얻을 것이며

천상계에 오르기도 할 것이옵니다.
모두가 아수라의 몸을 버리고 적정하며
유화롭고 안락하게 될 것이옵니다.

"비구들이여, 그때 세존께서는 대범천들에게 침묵으로 승낙하셨다. 또 비구들이여, 같은 때에 남쪽으로 5천만 억 나유타의 세계에 있는 범천들의 탈것이 한층 더 강하게 번쩍이며 찬란한 빛과 광명을 내뿜고 있었다. 비구들이여, 그때 범천들은 그것을 보고 '이것이 도대체 무슨 징조인가' 하고 생각했다. 그래서 비구들이여, 그들은 모두 서로의 궁전을 찾아가 이 일에 대해 이야기를 나누었다.
 비구들이여, 그때 '묘법(妙法)'이라는 이름의 대범천이 모든 다른 범천들에게 두 게송을 읊었다."

벗이여, 오늘 여기 있는 하늘의 탈것이
모두 강하게 빛을 내뿜고 있다.
여기에는 분명히 이유나 원인이 있을 것이다.
이것은 이 세간의 어떤 상서로운 상을 보이고 있다.
자, 그 이유를 찾으러 가자.

지난 1백 겁 동안
이같이 상서로운 상이 나타난 적은 한 번도 없었다.
아마 이 세상에 천자가 태어나셨든가
아니면 부처님께서 출현하셨을 것이다.

"비구들이여, 그때 5천만 억 나유타의 세계에 있는 대범천들은 모두 각자의 성스러운 탈것에 천상의 꽃더미를 수미산만큼 싣고, 사방을 순차로 돌다 북쪽으로 향해 갔다. 그리고 비구들이여, 그 대범천들은 바른 깨달음을 얻은 존경받는 대통지승여래가 북쪽에서 보리수 밑의 사자좌에 앉으시어, 천신, 용, 야차, 건달바, 아수라, 가루다, 긴나라, 마후라가, 인간과 인간 이외의 생명 있는 것들에 둘러싸여 숭앙받으며, 또 그의 아들들인 16명의 왕자가 가르침의 바퀴를 굴려줄 것을 간청하고 있는 것을 보았다. 그 광경을 본 그들은 세존이 계신 곳으로 다가가 세존의 두 발에 머리를 대고 경례하고, 세존의 둘레를 오른쪽으로 수백 수천 번 돈 뒤, 수미산만큼의 꽃더미를 세존의 위와 보리수에 뿌렸다. 꽃을 다 뿌리자 그들은 이렇게 말했다.

'세존이시여, 부디 저희들을 자비로이 여기시어 이 범천의 탈것을 거두어 주시옵소서. 세존이시여, 저희들을 자비로이 여기시어 이 탈것을 사용해 주시옵소서.'

그러면서 자신들의 탈것을 세존께 바쳤다.

비구들이여, 그 대범천들은 각자의 탈것을 세존께 바친 뒤, 다음과 같이 적절한 게송으로 세존을 칭송했다."

지도자를 만나는 것은 아주 어렵나이다.
생존에 대한 애착을 끊으신 분이시여
당신의 출현을 기뻐하옵나이다.
참으로 오랜 세월 뒤인 오늘
당신께서는 세간에 출현하셨사옵니다.

저희들은 수백 겁 동안
당신을 뵙지 못했사옵니다.

세간의 보호자이신 부처님이시여
생명 있는 것들의 갈망을 풀어주시옵소서.
여태껏 뵙지 못했던 당신을
저희들은 드디어 뵙는 것이옵니다.
우담바라꽃을 얻기 힘든 것처럼
세존이시여, 저희들은 마침내
당신을 볼 수 있게 되었사옵니다.

세존이시여, 저희들의 탈것은
오늘 당신의 위신력 때문에
광휘를 내뿜었사옵니다.
널리 두루 보는 눈을 지니신 분이시여
이 하늘의 탈것을 거두어 주시옵소서.
저희들에게 은혜를 베푸는 데 써 주시옵소서.

"비구들이여, 그 대범천들은 이와 같이 적절한 게송으로 대통지승여래를 직접 칭송한 뒤, 세존께 다음과 같이 여쭈었다.
 '세존이시여, 부디 세간에 가르침의 바퀴를 굴려주시옵소서. 세존이시여, 열반을 설해 주시옵소서. 세존이시여, 중생들을 구제해 주시옵소서. 세존이시여, 세간에 은혜를 베풀어 주시옵소서.
  세존이시여, 신, 마왕, 범천을 포함한 이 세간을 위해, 또 사문과 바라문을 비롯해 천신, 인간, 아수라를 포함한 생명 있는 것들을 위하여 가르침을 설해 주시옵소서. 그 가르침이야말로 많은 사람들의 행복과 안락을 위한 세간의 자비가 될 것이오며, 신들이나 인간 등 대중에게 이익과 행복과 안락을 가져다 주게 될 것이옵니다.'

비구들이여, 그때 그 5천만 억 나유타의 범천들은 각자 소리를 맞추어 제창하는 것처럼, 다음과 같이 적절한 두 게송으로 세존께 말씀드렸다."

존귀하신 지도자 부처님이시여
가르침을 설해 주시옵소서.
가르침의 바퀴를 굴려주시옵소서.
가르침의 북을 울려주시옵소서.
또 법라(法螺)[74]를 부시옵소서.

세간에 바른 가르침의 비를 내려주시옵소서.
미묘하게 울리는 훌륭한 설법을 해 주시옵소서.
간청을 들으시어 가르침을 설하여 주시옵소서.
수많은 중생들을 해탈하게 해 주시옵소서.

"비구들이여, 그때 세존께서는 범천들에게 침묵으로 승낙하셨다. 이는 남서쪽에서도 서쪽에서도 서북쪽에서도 북쪽에서도 북동쪽에서도 아래쪽에서도 마찬가지였다.
비구들이여, 그때 위쪽으로 5천만 억 나유타의 세계에 있는 범천들의 탈것이 한층 더 강하게 번쩍이며 찬란한 광휘와 광명을 내뿜었다. 비구들이여, 그때 범천들은 그것을 보고 '이것이 도대체 무슨 징조인가' 하고 생각했다. 그래서 그들은 모두 서로의 궁전을 찾아가 이 일에 대해 이야기를 나누었다.

비구들이여, 그때 시기(尸棄)라는 이름의 대범천이 다른 모든 범천들에게 게송을 읊었다."

벗이여, 무슨 까닭에 우리의 탈것이
밝게 빛나고 있는가.
무슨 까닭에 탈것이 광명과 광채와 광휘를
한층 더 강하게 뿜고 있는가.

탈것이 광명으로 가득해서 강하게 빛나는 일은
일찍이 본 적도 들은 적도 없다.
여기에는 무슨 이유가 있을 것이다.

아마 맑은 업을 닦으신 천자가
이 세상에 태어나서
그 위신력에 의해 이 같은 상서가 나타나든가
아니면 부처님께서 이 세상에 출현하셨을 것이다.

"비구들이여, 그때 5천만 억 나유타의 세계에 있는 그들 대범천들은 모두 각자의 성스러운 탈것에 천상의 꽃더미를 수미산만큼 싣고, 사방을 순차로 돌다 아래쪽으로 향해 갔다. 그리고 비구들이여, 그 대범천들은 바른 깨달음을 얻어 존경받는 대통지승여래께서 아래쪽에서 보리수 밑의 사자좌에 앉으시어, 천신, 용, 야차, 건달바, 아수라, 가루다, 긴나라, 마후라가, 인간과 인간 이외의 생명 있는 것들에 둘러싸여 숭앙받으며, 또 그의 아들들인 16명의 왕자가 가르침의 바퀴를 굴려줄 것을 간청하고 있는 것을 보았다.

그 광경을 본 그들은 세존이 계신 곳으로 다가가 세존의 두 발에 머리를 대고 경례하고, 세존의 둘레를 오른쪽으로 수백 수천 번 돈 뒤, 수미산만큼의 꽃더미를 세존의 위와 보리수에 뿌렸다. 꽃을 다 뿌리자 그들은 이렇게 말했다.

'세존이시여, 부디 저희들을 자비로이 여기시어 이 범천의 탈것을 거두어 주시옵소서. 선서시여, 저희들을 자비로이 여기시어 이 탈것을 사용해 주시옵소서.'

그리고는 자신들의 탈것을 세존께 바쳤다.

비구들이여, 그 대범천들은 각자의 탈것을 세존께 바친 뒤, 다음과 같이 적절한 게송으로 세존을 칭송했다."

세간의 보호자시며 여실한 분이신
부처님을 뵙는 것은 참으로 기쁜 일이옵니다.
부처님께서는 삼계에 속박되어 있는
중생들을 해탈하게 하시는 분이시옵니다.

두루 비춰보는 눈을 지닌 세간의 왕이신
부처님들께서는 시방을 남김없이 보시며

부사의의 감로문을 열어
많은 사람을 제도하시옵니다.

부처님께서 안 계신
생각할 수도 없는 많은 겁이 흘렀사옵니다.
승리자의 왕이신 부처님들을 뵐 수 없어서
시방세계는 암흑이었사옵니다.

무서운 지옥과 축생과 아수라가 늘었으며
수천만 억이나 되는 사람들이
아귀의 세계에 떨어졌사옵니다.

한편 신들의 무리도 줄었사옵니다.
그들은 죽어서 악도로 가옵니다.
부처님들의 가르침을 듣지 못한
그들을 기다리는 것은 악도뿐이옵니다.

모든 생명 있는 것이
청정한 수행과 이해하는 지혜와 안락
그리고 안락이라는 의식을 잃었사옵니다.

그들은 예의범절이 없이
바르지 못한 가르침에 의지하며
세간의 보호자이신 부처님의 가르침을 받지 못하여

화성유품

악도에 떨어지는 것이옵니다.

그러나 세간의 광명이시여
오랜 세월이 지난 뒤
마침내 당신께서는 나타나셨사옵니다.
모든 중생을 위하여 자비로운 분으로
출현하신 것이옵니다.

당신께서는 무사히
위없는 부처님의 지혜를 얻으셨사옵니다.
신들을 포함한 이 세간과 함께
저희들은 기뻐하옵니다.

위력 있는 분이시여
당신의 위신력 때문에 저희들의 탈것은
아주 밝게 빛나고 있사옵니다.
위대한 용자시여, 당신께 그것을 바치겠사옵니다.
위대한 현자시여, 거두어 주시옵소서.

지도자시여, 저희들을 자비로이 여기시어
사용해 주시옵소서.
저희들과 모든 중생들도
최고의 깨달음에 이르고 싶사옵니다.

"비구들이여, 그 대범천들은 이와 같은 게송으로 바른 깨달음을 얻어 존경받는 대통지승여래를 칭송한 뒤, 세존께 다음과 같이 말씀드렸다.

'세존이시여, 부디 가르침의 바퀴를 굴려주시옵소서. 선서시여, 부디 세간에 가르침의 바퀴를 굴려주시옵소서. 세존이시여, 열반을 설해 주시옵소서. 세존이시여, 모든 중생들을 구제해 주시옵소서. 세존이시여, 이 세간에 은혜를 베풀어 주시옵소서.

세존이시여, 사문과 바라문을 비롯해 천신, 인간, 아수라를 포함한 생명 있는 것들을 위하여 가르침을 설해 주시옵소서. 그 가르침이야말로 많은 사람들의 행복과 안락을 위한 세간의 자비가 될 것이오며, 신들이나 인간 등 대중에게 이익과 행복과 안락을 가져다 주는 것이 될 것이옵니다.'

비구들이여, 그때 5천만 억 나유타의 범천들은 각자 소리를 맞추어 제창하는 것처럼, 다음의 두 게송으로 세존께 말씀드렸다."

위없는 훌륭한 가르침의 바퀴를 굴려주시옵소서.
죽지 않는 불사의 큰북을 울려주시옵소서.
중생들을 수많은 괴로움에서
해방시켜 주시옵소서.
또 열반으로 가는 길을 밝혀주시옵소서.

저희들의 간청을 받아들이시어
가르침을 설해 주시옵소서.

화성유품

저희들과 이 세간에 은혜를 베풀어 주시옵소서.
수천만 억 겁 동안 닦으신
감미롭고 미묘한 가르침의 소리를 들려 주시옵소서.

"그래서 비구들이여, 대통지승여래께서는 시방의 수백만 억 나유타의 범천들과 아들인 16왕자의 간청을 아시고, 세 가지 경지와 열두 가지 형태[75]를 가진 가르침의 바퀴를 굴리셨다. 그것은 사문이나 바라문, 신들이나 마왕, 범천이나 그 밖의 누구에 의해서도 아직까지 세간에 굴려진 적이 없는 가르침이었다. 즉 이것은 괴로움이며, 이것은 괴로움의 원인이며, 이것은 괴로움의 소멸이며, 이것은 괴로움의 소멸로 이끄는 길이라는 네 가지 성스러운 진리를 설하셨다. 또 연기의 과정을 다음과 같이 자세하게 설하셨다.

'비구들이여, 무지(無知)로 인하여 생성하는 작용이 생기며, 생성작용이 조건이 되어 식별하게 되며, 식별이 조건이 되어 심적이고 물적인 존재가 있게 되며, 심적·물적 존재가 조건이 되어 여섯 가지 인식기관이 있으며, 인식기관이 조건이 되어 접촉이 있으며, 접촉이 조건이 되어 감수가 있으며, 감수가 조건이 되어 갈애가 있으며, 갈애가 조건이 되어 집착이 있으며, 집착이 조건이 되어 생존하게 되며, 생존이 조건이 되어 태어나게 되며, 태어나는 것이 조건이 되어 늙음과 죽음, 괴로움과 슬픔, 걱정이 생긴다.

이렇게 해서 전부가 괴로움인 거대한 괴로움 덩어리가 생기는 것이다. 또 반대로도 성립한다. 무지가 없어지면 생성작용이 없어지고, 생성작용이 없어지면 식별작용이 없어지고, 식별작용이 없어지면 심적·물적인 존재가 없어지고, 심적·물적 존재가 없어지면 여섯 가지 인식기관이 없어지고, 인식기관이 없어지면 접촉이 없어지고, 접촉이 없어지면 감수가 없어지고, 감수가 없어지면 갈애가 없어지고, 갈애가 없어지면 집착이 없어지고, 집착이 없어지면 생존이 없어지고, 생존이 없어지면 태어나는 것이 없어지며, 태어나는 것이 없어지면 늙음과 죽음, 괴로움과 슬픔, 걱정이 없어진다. 이렇게 하여 전부가 괴로움인 거대한 괴로움 덩어리가 없어진다'라고.

비구들이여, 바른 깨달음을 얻어 존경받는 대통지승여래께서 신들과 범천, 사문과 바라문, 천신, 인간, 아수라를 포함한 생명 있는 것들이 모인 곳에서 가르침의 바퀴를 굴리시자마자, 그 순간에 6천만 억 나유타의 사람들이 집착을 떠나게 되고 마음이 번뇌에서 해방되었다. 그리고 그들은 모두 세 가지 지혜와 여섯 가지 신통을 갖추고, 여덟 가지의 해탈을 위하여 선정에 힘썼다.

또 비구들이여, 바른 깨달음을 얻어 존경받는 대통지승여래께서는 순서대로 두번째, 세번째, 네번째 설법도 하셨다. 그래서 그 설법 때마다 갠지스 강의 모래알처럼 많은 백천만 억 나유타의 인간들이 집착을 떠나게 되고, 마음이 번뇌에서 해방되었다. 비구들이여, 그 뒤 헤아릴 수 없을 만큼 많은 이들이 세존의 제자가 되었다.

또 비구들이여, 그때 16왕자들은 아직 어린아이였지만 맑은 신앙으로 집을 떠나 출가생활을 시작했다. 사미[76]가 된 그들은 모두 박식하고 총명하고 유능했으며, 모두 과거세에 수백 수천이나 되는 많은 부처님들 밑에서 수행했으며, 위없는 바른 깨달음을 구했다. 그때 비구들이여, 그 16명의 사미들은 바른 깨달음을 얻어 존경받는 여래인 대통지승여래께 다음과 같이 말씀드렸다.

'세존이시여, 수백 수천만 억 나유타나 되는 이 제자들은 세존의 설법 덕분에 위대한 신통과 위대한 위신력과 위대한 위엄을 얻게 되었사옵니다. 그래서 저희들도 여래를 본받으려 하오니, 부디 저희들을 자비로이 여기시어 위없는 바른 깨달음에 대한 가르침을 설해 주시옵소서.

세존이시여, 저희들은 여래의 지견을 얻고자 하옵니다. 세존이시야말로 이런 바람을 가진 저희들의 증인이시옵니다. 왜냐하면 세존께서는 모든 중생의 바람을 알고 계시기 때문이옵니다'라고.

비구들이여, 그때 어린 왕자들이 출가해서 사미가 된 것을 본 전륜왕의 시종 중 반이나 되는 팔천만 억의 많은 사람들이 출가했다.

비구들이여, 그때 대통지승여래께서는 사미들의 소원을 아시고 2만 겁이 지난 뒤, '바른 가르침의 백련'이라는 법문, 즉 모든 부처님께서 존중하는 광대한 경전이며, 보살을 위한 가르침을 사부대중 모두에게 자세하게 설하셨다.

또 비구들이여, 그때 왕자였던 16명의 사미들은 세존의 가르침을 듣고 분명히 이해하고 기억하며 만족하였다.

비구들이여, 그곳에서 대통지승여래께서는 16명의 사문들에게 위없는 바른 깨달음에 이르리라는 수기를 주셨다. 대통지승여래께서 '바른 가르침의 백련'이라는 법문을 설하셨을 때, 제자들과 16명의 사미들 모두가 그 가르침을 믿고 이해했으나 수백 수천만 억 나유타나 되는 인간들은 도리어 의심을 품었다.

그리고 비구들이여, 대통지승여래께서는 '바른 가르침의 백련'이라는 법문을 8천 겁 동안 쉬지 않고 계속 설하신 뒤, 선정을 닦기 위해 승원으로 들어가셨다. 그리고는 8만4천 겁 동안 승원에서 선정에 들어 계시었다.

그때 비구들이여, 16명의 사미들은 대통지승여래께서 선정에 드신 것을 알고 각자 설법의 자리인 사자좌를 마련하여 그 위에 앉아 대통지승여래께 절한 뒤, '바른 가르침의 백련'이라는 법문을 8만4천 겁 동안 사부대중을 향하여 자세히 설하였다.

비구들이여, 그곳에서 보살의 위치에 있는 사미들은 한 사람 한 사람마다 6백만 억의 갠지스 강의 모래알처럼 많은 인간들을 위없는 깨달음에 이르도록 성숙시키고 인도하여 깨닫게 할 것이다.

비구들이여, 그 뒤 대통지승여래께서는 8만4천 겁이 지나자 새로운 마음으로 삼매에 깨어나셨다. 그리고 설법의 자리에 다가가시어 마련된 자리에 앉으셨다.

비구들이여, 대통지승여래께서는 그 자리에 앉으시자마자 먼저 청중들 모두를 보시고 비구들에게 말씀하셨다.

'비구들이여, 16명의 사미들은 훌륭하고 보기 드문 존재가 되었다. 그들은 지혜가 있으며, 수백 수천만 억 나유타의 많은 부처님을 섬기고 수행하며, 부처님의 지혜를 존숭하고 몸에 익혀 사람들을 부처님의 지혜 속으로 인도하여, 부처님의 지혜를 가르치기 때문이다. 비구들이여, 그대들은 이 16명의 사미에게 몇 번이라도 봉사하여야 한다. 비구들이여, 성문의 길을 걷는 이든 독각의 길을 걷는 이든 보살의 길을 걷는 이든 이 사미들의 설법을 비난하지 아니하고 단념하지 않고 물리치지 않는 자는, 누구라도 모두 빨리 위없는 깨달음을 얻을 것이며 여래의 지혜에 이를 것이다.

또 비구들이여, 16명의 아들들은 세존의 가르침 밑에서 '바른 가르침의 백련'이라는 법문을 몇 번이고 되풀이하여 설할 것이다. 또 비구들이여, 16명의 보살대사는 각자 6백만억 나유타나 되는 갠지스 강의 모래알처럼 많은 중생을 깨달음으로 인도할 것이다. 그 중생들은 모두 16명의 보살이며 대사인 사미와 함께 다시 태어날 때마다 출가하여, 그들로부터 직접 가르침을 받을 것이다. 이렇게 하여 그 중생들은 4만 억의 부처님들을 기쁘게 하여 왔으며, 그 중 어떤 이는 오늘도 기쁘게 하고 있다.'

비구들이여, 나는 그대들에게 가르쳐 주겠다. 16명의 어린 왕자들은 모두 세존 밑에서 사미가 되고 설법자가 되었는데, 그들은 그 뒤 모두 위없는 바른 깨달음을 얻었으며, 지금은 시방에 있는 여러 부처님의 국토에서 수백 수천만 억 나유타의 많은 성문과 보살들에게 가르침을 설하고 계신다.

비구들이여, 동쪽에서는 ① '묘희(妙喜)'세계에 '아촉(阿閦)여래'가 계시며 ② 수미산의 산정인 '수미정(須彌頂)여래'가 계시며 ③ 동남쪽에는 사자의 포효인 '사자음(獅子音)여래'와 ④ 사자의 표시인 '사자상(獅子相)여래'가 계시며 ⑤ 남쪽에는 허공에 안주하는 '허공주(虛空住)여래'와 ⑥ 언제나 완전한 열반에 들어 계시는 '상멸(常滅)여래'가 계시며 ⑦ 남서쪽에는 제석천의 표시인 '제상(帝相)여래'와 ⑧ 범천의 표시인 '범상(梵相)여래'가 계시며 ⑨ 서쪽에는 무량한 수명인 '아미타(阿彌陀)여래'와 ⑩ 모든 세계의 재난과 고뇌로부터 벗어난 '도일체세간고뇌(度一切世間苦惱)여래'와 ⑪ 서북방에는 '다마라발전단향신통(多摩羅跋栴檀香神通)여래'와 ⑫ 수미산과 같은 '수미상(須彌相)여래'가 계시며 ⑬ 북쪽에는 구름소리의 등불인 '운자재(雲自在)여래'와 ⑭ 구름소리의 왕인 '운자재왕(雲自在王)여래'가 계시며 ⑮ 북동쪽에는 모든 세간의 공포나 두려움을 없애는 '괴일체세간포외(壞一切世間怖畏)여래'가 계신다. ⑯ 그리고 중앙에 있는 이 사바세계에는 열여섯번째에 해당하는 석가모니라는 이름의 여래가 위없는 바른 깨달음을 얻고 있다.

비구들이여, 그때 중생들은 사미인 우리에게서 가르침을 들었으며, 우리는 대통지승여래의 가르침 밑에서 위없는 바른 깨달음에 이르도록 중생을 인도했는데, 그 수는 우리 16명의 보살대사 한 사람 한 사람에게 갠지스 강의 모래알처럼 많은 수백 수천만 억 나유타였다.

비구들이여, 그 사람들은 지금 성문의 단계에 있어, 점차 위없는 바른 깨달음을 향하여 성숙하게 될 것이다. 이것은 그들이 위없는 바른 깨달음에 이르기 위하여 밟아야 하는 순서이다.

왜냐하면 비구들이여, 여래의 지혜는 이와 같고 믿고 따르기 어렵기 때문이다. 또 비구들이여, 보살이었던 내가 세존의 가르

화성유품

침 밑에서 일체지자의 가르침을 갠지스 강의 모래알처럼 많은 수백 수천만 억 나유타의 중생들에게 설했는데, 그 중생들이란 과연 누구이겠는가? 비구들이여, 그대들이 그때 그곳의 중생들이었다.

또 내가 완전한 열반에 들어간 미래세에도 성문들이 있을 것인데, 그들은 이 경을 설하는 보살의 가르침을 듣고도 '우리는 보살'이라고 깨닫지 못하고 오히려 잘못된 소승적인 '완전한 열반'의 관념을 가지고, 완전한 열반에 들어가게 될 것이다.

그러나 비구들이여, 내가 각각 다른 이름으로 다른 세계에 있을 때, 그들은 다시 그곳에 태어나 여래의 지혜를 구할 것이다. 그때 그들은 다시 '여래들의 완전한 열반은 오직 하나며, 그 밖에 제2의 열반은 없다'라는 말을 들을 것이다.

그러므로 비구들이여, 제2, 제3의 열반을 설하는 것은 여래들의 절묘한 방편이라는 것을 알아야 한다. 비구들이여, 여래께서는 자신이 완전한 열반에 들어갈 시기를 아시므로, 모인 이들이 청정하고 믿고 따르는 마음이 굳으며, 공의 가르침을 잘 이해하고, 선정에 노력하며, 위대한 선정을 몸에 익히고 있는 것을 똑똑히 보신다면 '지금이야말로 설법할 때'라는 것을 아시고, 모든 보살과 성문들을 모이게 하시어 이 경의 의미를 설하실 것이다.

'비구들이여, 이 세상에 제2의 탈것이나 제2의 열반은 절대로 없다. 하물며 제3의 것은 어떻겠는가'라고.

비구들이여, 여래께서는 중생들이 오랫동안 파멸에 떨어져 천한 것을 즐기며, 애욕의 늪에 빠져 있는 것을 아시기 때문에 그들이 믿고 이해할 수 있는 열반을 설하신다. 이것은 여래의 절묘한 방편이다.

비구들이여, 예를 들면 여기 5백 요자나의 밀림이 있다고 하자. 보물섬에 가기 위해 많은 사람들이 그곳으로 들어갔다. 그들 중 한 사람이 현명하고 박식하고 총명하여 밀림의 사정을 잘 아는 길 안내자가 있어, 사람들이 밀림에서 벗어날 수 있도록 애쓴다고 하자. 그런데 사람들은 지쳐서 두려워 떨며 말한다.

'길을 안내하는 벗이여, 지도자여, 우리들은 지쳤고 두려워 떨며 불안에 시달리고 있소. 그러니 되돌아갑시다. 밀림은 계속될 것이오.'

비구들이여, 그때 방편에 뛰어난 길 안내인은 사람들이 되돌아가고 싶어하는 것을 알고, '어려움이 있다고 해서 저 훌륭한 보물섬에 갈 수 없게 되어서는 안 된다'고 생각하여 자비로운 마음에서 절묘한 방편을 쓴다. 그는 신통력으로 그곳에서 1요자나나 2백 요자나 혹은 3백 요자나 떨어진 밀림 속에 성을 만들어 사람들에게 이렇게 말한다.

'여러분 두려워해서는 안 됩니다. 되돌아가서는 안 됩니다. 저기 많은 사람들이 사는 마을이 있습니다. 저곳에서 쉬도록 합시다. 볼일이 있는 사람은 저곳에서 해 주십시오. 저곳에서 편안히 푹 쉰 뒤, 보물섬으로 갑시다.'

비구들이여, 그때 밀림에 들어선 사람들은 놀라고 신기해하며 그곳에서 쉬기로 하였다. 사람들은 신통력으로 된 성으로 들어가 최종 목적지에 도착했으며 밀림을 다 벗어났다고 생각하여, '이제 안심했다'고 한다. 그 뒤 그들의 피로가 풀린 것을 안 안내인은 다시 그 성을 없애버린 뒤 사람들에게 말한다.

'여러분, 보물섬은 이 근처입니다. 이 성은 여러분들이 쉴 수 있도록 내가 신통력으로 만들어낸 것입니다.'

비구들이여, 이와 마찬가지로 바른 깨달음을 얻어 존경받는 여래께서는 그대들과 모든 중생들의 안내인이시다. 그래서 여래는 이렇게 생각하신다.

'번뇌의 밀림은 거대하다. 통과하여 벗어나지 않으면 안 되나 중생들은 부처님의 지혜는 오직 하나[一佛乘]라고 듣고 두려워 되돌아가려고 한다. 또 부처님의 지혜를 얻는 데는 무수한 어려움이 있을 것이라고 생각하여 자진해서 부처님께 다가가려고 하지 않을지도 모른다. 그렇게 되어서는 안 된다'라고.

그때 여래께서는 중생들이 의지가 약한 것을 아시고, 마치 길 안내인이 사람들을 쉬게 하기 위하여 신통력으로 성을 만들어 쉬게 한 뒤, '이것은 신통력으로 만든 성이다'라고 한 것처럼, 여래께서도 위대하고 절묘한 방편으로 중생들을 쉬게 하시려고 도중에 두 가지 열반의 경지를 설하신다. 즉 성문의 경지와 독각의 경지이다. 그리고 비구들이여, 중생들이 그 경지에 안주한다면 그때 여래께서는 다음과 같이 설하실 것이다.

'비구들이여, 아직 그대들은 할 일을 다 끝낸 것이 아니며, 해야 할 의무를 다한 것도 아니다. 그러나 여래의 지혜는 그다지 머지 않았으니 똑똑히 관찰하여라. 주의 깊게 관찰하여라. 그대들의 열반은 진실한 열반이 아니다. 오직 하나의 탈것이 있을 뿐인데, 세 가지 탈것을 설한 것은 여래의 절묘한 방편인 것을 알아야 한다'라고.

그때 세존께서는 이 의미를 더 자세히 말씀하시려고 다음과 같이 게송을 설하셨다."

세간의 지도자이신 대통지승여래께서
깨달음의 자리에 앉아 계실 때
최고의 진리를 보셨지만
꼭 10중겁 동안 위없는 깨달음을 얻지 못하셨다.

천신, 용, 아수라, 야차들은
그 승리자를 공양하는 데 애썼으며
깨달음을 얻으셨을 때
그분의 위와 그 장소에 꽃비를 뿌렸다.

그들은 승리자를 숭앙하고 공양하느라고
공중에서 큰북을 울렸는데
승리자께서 위없는 경지를 깨달으시는 데
오랜 시간이 걸리므로 마음을 졸였다.

10중겁 뒤 대통지승여래께서는
위없는 깨달음에 이르셨다.
그때 천신, 인간, 용, 아수라들은 모두 기쁨에 넘쳤다.

그들 지도자 16명의 아들들은
아직 어린아이였지만

덕이 높은 용맹한 사람들로
수천만 억 사람들의 안내를 받으며
인간 중 최고자이신 왕께 다가갔다.

그리고 세존의 두 발에 머리를 조아려 절하고
'부디 가르침을 설해 주시옵소서.
사람 중의 왕이신 사자시여
좋은 말씀으로 저희들과 세상사람들에게
만족을 주시옵소서'라고 간청했다.

위대한 지도자께서 오랜 세월 뒤에
마침내 출현하신 것은
이 시방세계에 널리 알려져 있다.
인간들에게 상서로운 상으로 알리기 위하여
그분께서는 범천의 탈것을 진동시키셨다.

동쪽에 있는 5천만 억 국토가 진동하였고
그곳에 있는 범천의 훌륭한 탈것이
한층 더 강한 빛을 내뿜었다.

범천들은 이와 같은 조짐을 알고
세간의 지도자이신 왕께 다가가 말씀드렸다.
그들은 지도자께 여러 가지 꽃을 뿌리고
하늘의 탈것을 모두 바쳤다.

그들은 가르침의 바퀴를 굴리시도록 간청하고
게송으로 찬탄하였다.
왕 중 왕께서는 '아직 내가 설할 때가 아니다'라고
생각하시고 침묵을 지키셨다.

남쪽에서도 마찬가지였고 서쪽이나 북쪽
또는 천상이나 천하 각 방위의 중간인
사유(四維)에서도 마찬가지여서
수천만 억 범천들이 그곳으로 와서

꽃을 뿌리고 두 발에 머리를 조아려 절하며
탈것을 모두 바치고 찬탄한 뒤
다음과 같이 간청하였다.

'무한을 꿰뚫어보는 눈을 지니신 분이시여
가르침의 바퀴를 굴려주시옵소서.
기나긴 겁이 지나도 당신을 뵙기는 어렵사옵니다.
과거부터 지니신 자애의 힘을 드러내 주시옵소서.
불사인 감로의 문을 열어 주시옵소서.'

무한을 꿰뚫어보는 눈을 지니신 분께서는
이 간청을 아시고 여러 종류의 가르침을 설하셨다.
즉 네 가지 거룩한 진리와 연기를 자세히 설하셨다.

무한을 꿰뚫어보는 눈을 가지신 분께서는
무지를 비롯해 죽음에 이르기까지의
무한한 괴로움을 설하셨다.
'이 모든 잘못은 태어남에서 생긴 것으로
인간의 죽음도 이 같은 것이라고 알아야 한다'라고.

여래께서 여러 가지로
무한한 종류의 가르침을 다 설하자.
그것을 들은 8천만 억 나유타의 사람들이
즉시 성문의 경지에 이르렀다.

두번째 승리자께서
여러 가르침을 설하셨을 때는
갠지스 강의 모래알처럼 많은 청정한 사람들이
즉시 성문이 되었다.

그래서 세간의 지도자의 제자들인 승단은
헤아릴 수 없을 만큼 많은 수가 되었다.
한 사람씩 헤아리려면 수많은 겁이 지나도
끝이 없을 정도였다.

여래의 친아들인 16명의 왕자들은
모두 출가해서 사미가 되었는데
그들이 승리자께 말씀드렸다.

'세존이시여, 최고의 가르침을 설해 주시옵소서.

모든 승리자들의 최고자시여
당신처럼 저희들도 세간을 잘 아는
지혜 있는 부처님이 되리라는 것을
용자시여, 당신께서 맑은 눈을 지니신 것처럼
모든 중생들도 그렇게 되리라는 것을.'

승리자께서는 자신의 어린 친아들들의
이와 같은 바람을 아시고
수많은 나유타의 많은 비유로
가장 뛰어난 최고의 깨달음을 설하셨다.

또 수천 가지 이유를 들어 가르침을 설하였고
신통의 지혜를 발휘하면서
세간의 보호자께서는 수행에 절묘한 보살처럼
진실한 수행을 보이셨다.

이렇게 해서 세존께서는
'바른 가르침의 백련'이라는 광대한 경전을
갠지스 강의 모래알처럼 많은
수천의 게송으로 설하셨다.

승리자께서는 이 경전을 설하신 뒤

승원에 들어가셔서 같은 자리에서
꼭 84겁 동안 삼매에 드셔서 고찰하셨다.

한편 사미들은 여래께서 승원에 앉으신 채
밖으로 나오지 않으시는 것을 알고
수많은 인간들에게
더러움 없는 부처님의 지혜를 설해 주었다.

그때 그들은 각자 설법의 자리에서
중생들에게 이 경전을 설했다.
이런 식으로 그들은 그 여래를 힘써 도왔다.

그때 그 여래의 아들들은
각자 갠지스 강의 모래알처럼 많은
6만이나 되는 무량한 사람들에게
이 경전을 설해 주었으며
무수한 사람들을 깨달음으로 이끌었다.

여래께서 완전한 열반에 들어가신 뒤에도
그들은 수행을 거듭하여 수많은 부처님을 뵈었다.
그때 그들은 자신들이 설법을 들려준 중생들과 함께
인간의 최고자를 공양했다.

16명의 아들들은 광대하며 훌륭한 수행을 해서

시방에서 깨달음을 얻었으며
모든 방향에서 각각 두 사람씩 승리자가 되었다.

그 당시 그들의 가르침을 들은 중생들은
모두 16명의 승리자들의 제자(성문)였는데
승리자께서는 그들을 여러 가지 방편으로
점차적으로 최고의 깨달음에 이르게 하셨다.

나도 승리자들 중 한 사람으로 그 속에 있었는데
그대들은 모두 그때 나의 가르침을 들은 자이다.
이런 까닭에 지금은 내 제자인 그대들을
나는 절묘한 방편으로 최고의 깨달음으로 이끌었다.

과거의 이와 같은 이유와 연(緣)으로
나는 지금 그대들에게
'바른 가르침의 백련'이라는 가르침을 설하며
이 가르침으로 그대들을 최고의 깨달음으로 이끈다.

비구들이여, 이런 상황을 두려워해서는 안 된다.
예를 들면 아무도 없는 두렵고 무서운 숲이 있다고 하자.
피난처도 없고 은신처도 없으며
많은 맹수가 살며 식수도 없어
그곳에 익숙하지 않은 이에게는
참으로 두려운 곳이라고 하자.

화성유품

또 그곳에는 여행을 떠난
수천 명이나 되는 사람들이 있다고 하자.
아무것도 없는 숲은
거리가 5백 요자나나 된다고 하자.

인덕이 있으며 주의 깊고 현명하며
또 침착하고 훈련을 거듭해서
노련한 남자가 이 무서운 숲을 통과하기 위한
안내인이 되었다고 하자.

수많은 사람들은 너무 지쳐서
안내인에게 이렇게 말했다.
'벗이여, 우리는 너무 지쳐서 아무것도 할 수 없소.
우리들은 되돌아가고 싶소.'

그때 노련하고 현명한 지도자는
'만약 되돌아간다면 보물을 포기하는 것처럼
어리석은 일이다'라고 생각해서
방편을 쓰기로 했다.

'나는 지금 신통력으로
아름다운 집과 절과 유원지가 있는
큰 도시를 만들어 내야겠다.

연못과 강도 있고 숲과 꽃들도 아름다우며
성벽과 성문이 아름다움을 더하는
선한 남녀들이 사는 곳을 만들어 내자'라고.

신통력으로 도시를 만든 뒤
그는 그들에게 이렇게 말했다고 하자.
'두려워할 것 없습니다. 기뻐하시오.
우리들은 큰 도시에 도착했습니다.
어서 안으로 들어가 쉬도록 합시다'라고.

또 '여기서 마음 편히 쉬십시오.
우리들은 이제 숲을 다 지났습니다'라는
격려의 말을 했으므로 모두 힘이 났다고 하자.

그리고 모두가 충분히 휴식한 것을 알고
모두 모이게 한 뒤 이렇게 말했다.
'자, 내 말을 들으시오.
이 도시는 내가 신통력으로 만들어 낸 것입니다.

당신들이 피로한 것을 알고
되돌아가지 않도록 하기 위하여 만든 것입니다.
이 도시는 나의 절묘한 방편입니다.
그러니 이제 보물섬으로 가기 위해 노력합시다'라고.

화성유품

비구들이여, 그와 마찬가지로 나는
수천만 억이나 되는 사람들의 안내인이며
지도자로서 나는 그들이 지쳐서
번뇌의 껍질을 부수지 못하는 것을 본다.

그래서 나는 '중생들이 열반의 평온을 얻는다면
피로가 회복될 것'이라고 생각해서
'이것은 모든 괴로움의 적멸로
그대들은 아라한의 경지를 얻었으며
할 일은 다했다'라고 설했다.

그 뒤 그대들이 평온한 상태에 안주해서
모두가 아라한이 된 것을 확인하고
모두를 불러 '바른 가르침의 백련'이라는 가르침대로
대승의 진실한 뜻을 밝힌다.

위대한 여래께서 세 가지 가르침을 설한 것은
여래의 절묘한 방편에 지나지 않는다.
탈것은 오직 하나로서 제2의 탈것이 없지만
중생들을 휴식시키기 위해
다른 두 가지 탈것을 설하신다.

비구들이여, 이런 까닭에 나는 오늘
그대들에게 진실을 설한다.

묘법연화경

'그대들은 일체지자의 지혜를 얻기 위해
전념해서 정진노력해야 한다.
지금의 상태로는 참된 열반이라고는 할 수 없기 때문이다.

그대들이 일체지자의 지혜와
승리자의 덕인 열 가지 힘〔十力〕을 얻을 때
32상을 지니신 부처님이 되어
참된 열반을 얻을 것이다.

여래들의 가르침은 이와 같다.
중생을 휴식시키기 위해
그들에게 열반을 얻을 것이라고 하신 뒤
충분한 휴식을 한 것을 알고
참된 열반을 얻게 하기 위해 일체지자의 지혜로 이끄신다'라고.

제8장 오백제자수기품
(五百弟子授記品)

그때 부루나[77] 존자는 세존으로부터 친히 절묘한 방편지견(知見)의 깊은 의미가 담긴 가르침을 들었으며, 또 위대한 성문들에게 수기(授記)하는 말씀과 과거의 인연에 대한 말씀을 들었다. 그리고 세존의 위엄이 이와 같음을 알고는, 경이로운 마음으로 감동하여 세속적인 생각을 떠난 순수한 기쁨과 환희의 마음으로 가득 찼다. 그는 커다란 기쁨과 환희의 마음, 그리고 가르침에 대한 깊은 경의의 마음으로, 자리에서 일어나 세존의 발 아래에 엎드려 다음과 같이 생각했다.

'세존이시여, 훌륭하옵나이다. 각각 다른 근기를 가진 세상 사람들에게 여러 가지 방편의 지혜로 가르침을 설하시고, 또 집착해 있는 중생들을 해탈케 하시니, 이는 바른 깨달음을 얻으신 여래들께서 하신 아주 어려운 일이었사옵니다. 세존이시여, 저희들은 아무런 능력도 없사옵니다. 오직 여래께서만이 저희들의 바람과 과거세의 일과 수행을 아시옵니다'라고.

그는 세존의 두 발에 머리를 조아려 절하고 나서, 세존께 경의를 표하면서 조금도 눈을 움직이지 않고 세존을 우러러보면서 한쪽에 멈춰 섰다.

그때 세존은 부루나 존자가 원하는 바를 꿰뚫어보시고 비구들을 향하여 말씀하셨다.

"비구들이여, 그대들은 부루나를 보라. 부루나 존자는 내가 비구 승단의 설법자 가운데 제1인자라고 해서 많은 덕을 칭찬한 이이며, 또 내 가르침 밑에서 여러 가지 방법으로 바른 가르침을 익히고자 전념한 이이다. 즉 그는 사부대중들에게 가르침을 전하며 분발하고 환희하게 하는 이이며, 가르침을 설하는 데 게을리 하지 않으며, 또 가르침을 해설하는 능력이 있으며, 동료 수행자들을 도울 수 있는 이이다.

비구들이여, 여래를 제외하고는 가르침의 의미나 문자의 지식에 관해 부루나를 능가할 이는 없다. 비구들이여, 그대들은 이 사실을 어떻게 생각하는가? 그는 단지 나의 바른 가르침을 지키는 이만은 아니다. 결코 그렇게 생각해서는 안 된다. 왜냐하면 나는 과거에 출현하신 99만 억 부처님들에 대해 알고 있기 때문이다. 그는 여러 부처님들 밑에서 바른 가르침을 익혔다. 그는 지금과 같이 늘 설법자 중의 제1인자였으며, 어디서나 공성(空性)을 터득한 이였으며, 어디서나 네 가지의 명석한 지혜, 즉 사무애지(四無碍智)를 터득하고 있었다. 또 어디서나 보살의 신통을 터득해서 아주 적절하게 가르침을 설했고, 아무런 의심도 없이 가르침을 설하는 이였으며, 청정한 가르침을 설하는 이였다.

또 그는 모든 부처님의 가르침을 받들어 수명이 다할 때까지 순결한 생활인 범행을 해서, 모든 곳에서 진실로 '가르침을 듣는 자, 즉 성문'이라고 여겨졌다. 그는 진실로 성문이라고 여겨지는 방편에 의해 무량하고 무수한 백천만 억 나유타의 중생들을 이롭게 했으며, 헤아릴 수 없는 중생들이 위없는 깨달음을 이루도록 했다. 또 모든 곳에서 중생들을 위한 부처님의 교화를 돕고, 모든 곳에서 자신이 있는 부처님의 국토를 깨끗이 하고, 중생들을 성숙시키는 일에 전념했다.

비구들이여, 비파시불을 비롯한 과거 일곱 분의 여래 중에 나는 일곱번째 여래지만 과거 일곱 여래 밑에서도 부루나야말로 설법자 중의 제1인자였다.

또 비구들이여, 미래세에 현겁(賢劫)[78] 사이에 네 분의 과거불만이 빠진 천 명의 부처님께서 나타나실 것인데, 부루나야말로 그들의 가르침 밑에서도 설법의 제1인자가 될 것이며, 바른 가르침을 지키는 이가 될 것이다. 그는 미래세에도 헤아릴 수 없는 부처님들의 바른 가르침을 지키며, 헤아릴 수 없는 중생들에게 이익을 가져오며, 헤아릴 수 없는 중생들이 위없는 깨달음을 이룰 수 있게 할 것이다.

그리고 언제나 쉼 없이 자신이 있는 부처님의 국토를 정화하며, 중생들을 성숙시키는 일에 전념할 것이다. 그는 이와 같은 보살의 수행을 성취해서 헤아릴 수 없는 겁 뒤에 위없는 바른 깨달음을 얻을 것이다. 그리고 '법명(法明)'이라는 이름의 바른 깨달음을 얻은 존경받는 여래가 될 것이다. 즉 지혜와 덕성을 함께 갖춘 선서시며, 세간을 잘 아는 위없는 분이시며, 사람들을 잘 다스리는 분이시며, 천신과 인간의 스승이시며, 불타시며, 세존이 되어 이 세상에 나타나 자신의 국토에 출현하실 것이다.

또 비구들이여, 그때 이 부처님은 갠지스 강의 모래알과 같은 삼천대천세계를 하나로 만들어 부처님의 국토로 할 것이다. 이 부처님의 국토는 손바닥처럼 평탄하며, 칠보로 되어 있고 기복이 없으며 칠보로 만든 누각으로 가득할 것이다. 천신들은 하늘의 탈것을 타고 허공에 나타날 것이므로, 천신들도 인간을 볼 수 있고, 인간도 천신들을 볼 수 있을 것이다.

또 비구들이여, 그때 이 부처님의 국토에는 어떤 악도 없고 나쁜 결과도 없으며 부녀자도 없을 것이다. 모든 중생들은 자연히 발생한 것[化生]으로 순결한 생활을 보내며, 신체는 마음으로 되어 있어서 스스로 빛을 발하며, 신통을 갖추어 중천을 날며, 정진노력에 힘써 사려가 깊고 지혜가 있으며, 몸은 금색이며 위대한 인물이 지닌 32가지 상을 갖춘 모습으로 장식되어 있을 것이다.

또 비구들이여, 그때 그 부처님의 국토에 있는 중생들의 식량은 가르침의 기쁨이라는 '법희식(法喜食)'과 선정의 기쁨이라는 '선열식(禪悅食)'의 두 종류뿐일 것이다. 또 헤아릴 수 없는 백천만 억 나유타의 보살들이 있어 큰 신통력과 명석한 지혜로 중생들을 절묘하게 깨닫게 할 것이다. 또 이 부처님께서는 큰 신통력과 위대한 위신력을 가지며 여덟 가지 해탈을 위해 선정에 힘쓰는 많은 성문들이 있을 것이다. 이렇듯 그 부처님의 국토는 헤아릴 수 없는 많은 공덕을 갖춘 곳이다.

그리고 그 겁의 이름은 '보명(寶明)'이고, 그 세계의 이름은 '선정(善淨)'일 것이다. 또 이 부처님의 수명은 헤아릴 수 없는 겁일 것이다. 바른 깨달음을 얻어 존경받는 법명여래가 완전한 열반에 들어가신 뒤에도 바른 가르침은 아주 오래 계속될 것이며, 그 세계는 '보옥(寶玉)'으로 된 탑으로 가득할 것이다. 이와 같이 비구들이여, 그 부처님의 국토는 사유를 초월한 공덕을 갖추고 있을 것이다."

세존께서는 이와 같이 말씀하시고 나서, 다시 다음과 같이 게송을 읊으셨다.

비구들이여, 이제부터 내가 하는 말을 잘 들으라.
절묘한 방편을 잘 터득한 나의 아들이
어떻게 깨달음을 이루기 위한 수행을 했는지에 대해.

나의 아들인 이 보살들은
중생들이 천한 것을 바라고 지향하며
큰 탈것을 아주 두려워하는 것을 알기 때문에
방편으로 성문이 되거나
독각의 깨달음을 나타내 보이는 등

갖가지 절묘한 방편으로
많은 보살들을 성숙시킨다.
그리고 그들은 '우리들은 성문이므로
최고의 깨달음으로부터 멀리 떨어져 있다'고 말한다.

수많은 중생이 그들을 따라 수행해서 성숙하게 된다.
천한 것을 바라고 지향하던 아주 태만했던 그들도
마침내 모두 부처님이 된다.

또 그들은 남몰래 보살 수행을 하지만,
'우리는 할 수 있는 일이 아주 적은 성문이다'라고 한다.
삶과 죽음을 되풀이하는 세상을 멀리하면서
자신이 있는 국토를 정화한다.

그들은 자신이 애착하고 증오하며
어리석은 것도 보이며
중생들이 잘못된 견해에 집착해 있는 것을 알면서도
그 견해에 따르기도 한다.

나의 제자인 성문들은 이와 같은 절묘한 방편으로
중생들을 해탈시킨다.
만일 그들이 행한 여러 가지 방편을 밝힌다면
무지한 사람들은 머리가 이상해질 것이다.

비구들이여, 나의 제자 부루나는
부처님의 지혜를 얻기 위하여
이제까지 수많은 부처님들 밑에서 수행해 왔으며
그분들의 바른 가르침을 익혀 왔다.

그는 어디에서나 최고의 성문이었다.
박식하며, 매력적인 언변가였으며
두려움 없이 자신 있게 중생들을 기쁘게 하는
언제나 지칠 줄 모르는 이였다.
또 언제나 부처님께서 교화하시는 일을 도와왔다.

언제나 위대한 신통력과 사무애지를 갖추었고
중생들의 여러 가지 상황을 잘 알았으며
언제나 청정한 가르침을 설한다.

그는 최선의 바른 가르침을 설해서
수천만 억의 중생들을 성숙시켜
최고의 탈것으로 이르게 했으며
자신이 있는 국토를 훌륭히 정화해 왔다.

그는 미래세에도 수천만 억의 부처님들을 공양하고
최선의 바른 가르침을 익혀
자신이 있는 국토를 정화할 것이다.

두려움이 없고 자신에 찬 그는
언제나 수천만 억의 절묘한 방편으로
가르침을 설하는데
많은 중생들을 더러움이 없는 일체지자의 지혜에
이르게 할 것이다.

그는 사람들의 지도자인 부처님들을 공양하고
언제나 최선의 바른 가르침을 수지한 뒤에
시방에 이름이 알려진
법명이라는 부처님이 될 것이다.

또 그가 부처님이 되었을 때
그 국토는 아주 청정할 것이며
칠보로 되어 있어 언제나 두드러질 것이다.
또 그 겁은 보명이라는 이름이며
그 세계의 이름은 선정일 것이다.

이 선정이라는 세계는 위대한 신통을 가진
수천만 억의 보살들로 가득할 것이다.
그들은 청정하고 위대한 신통인
위덕력을 갖춘 보살들이다.

마찬가지로 그때 그 지도자들에게는
수천만 억의 성문들도 있을 것이다.
그 성문들은 위대한 신통을 갖추고
여덟 가지 해탈을 위하여 선정에 힘쓰며
명석한 지혜를 터득한 이들일 것이다.

또 그 부처님의 국토에서는
모든 중생이 청정하고 순결한 생활을 하며

그들은 모두 자연히 발생한 화생으로
몸은 금색이고 32상을 갖출 것이다.

또 그 부처님의 국토에서는
'가르침의 기쁨'과 '선정의 기쁨'이라는 식량 외에는
따로 식량이 필요 없을 것이다.

또 거기에는 부녀자도 없으며
나쁜 일도 없고
나쁜 일에 대한 두려움도 없을 것이다.

완전한 덕을 갖추고 있는
부루나의 뛰어난 국토는 이 같은 것으로
아주 훌륭한 중생들이 모여 있을 것이다.
이상은 극히 일부분을 말한 것이다.

그때 자재를 얻은 1천2백 명의 아라한들에게 다음과 같은 생각이 떠올랐다.
'우리들은 놀라웁고 신기할 뿐이다. 만일 세존께서 다른 위대한 성문들에게 수기해 주신 것처럼, 우리들 한 사람 한 사람에게도 수기해 주신다면 얼마나 좋을까'라고.
세존께서는 위대한 성문들의 마음을 꿰뚫어보시고, 가섭 존자를 향하여 말씀하셨다.
"가섭이여, 1천2백 명의 자재를 얻은 이들이 있는데, 그들 모두에게 수기를 주겠다. 가섭이여, 그 중에서 대성문 교진여비구는 6만2천 억 나유타의 부처님들 뒤에 '보명(普明)'이라는 이름의 존경받는 여래가 될 것이다. 즉 지혜와 덕행을 갖춘 선서시며, 세간을 잘 아는 분이며 위없는 분이며 세상을 잘 다스리는 분이시며, 천신과 인간의 스승이시며, 불타시며, 세존이신 분이 될 것이다. 가섭이여, 그곳에는 보명이라는 같은 이름의 5백 분의 여래들이 계실 것이다. 그리고 5백 명의 위대한 성문들이 순서대로 계속해서 위없는 바른 깨달음을 얻어 모두가 보명이라는 이름의 여래가 될 것이다. 그 대성문이란 가야가섭, 나제가섭, 우루빈나가섭, 가유타이, 아니루타, 이바타, 겁빈나, 박구라, 주타, 사가타를 비롯한 5백 명의 자재자들이다."

세존께서는 다음과 같이 게송을 설하셨다.

성이 교진여인 이 제자는 무한겁이 지난 미래에
세간의 보호자인 여래가 되어
수천만 억의 인간들을 교화할 것이다.

그는 무수히 많은 부처님들을 뵌 뒤
무한겁이 지난 뒤
미래에 보명이라는 승리자가 될 것이다.
그리고 그 부처님의 국토는 청정할 것이다.

그는 빛을 발하며 부처님의 힘을 갖추어
시방에 울려 퍼지는 명성을 지니고

수천만 억의 인간들로부터 숭앙받아
가장 뛰어난 최고의 깨달음에 대해 설할 것이다.

또 거기에 있는 보살들은 아주 근면하며
훌륭한 하늘의 탈것을 타고 소요, 고찰하면서
청정한 계를 지니고 언제나 선행에 힘쓴다.

그들은 인간 중 최고자의 가르침을 듣고
언제나 다른 부처님의 국토를 방문해서
수천의 부처님을 예배하고
그들에게 큰 공양을 올린다.

그때 그들은 한순간에
자신들의 지도자인 보명이라는
사람 가운데 최고자의 국토에
돌아올 수가 있을 것이다.

그 선서의 수명은 꼭 6만 겁으로
이 부처님께서 완전한 열반에 들어가신 뒤
그의 바른 가르침은 수명보다 두 배나 길게
이 세상에 존속할 것이다.

바른 가르침과 유사한 가르침은
다시 그 세 배 정도 긴 기간 동안 계속될 것이다.

그의 바른 가르침이 소멸했을 때
인간도 천신도 괴로워하게 된다.

이 5백 명의 비구들은 차례로
보명이라는 같은 이름의 지도자가 된 뒤
사람 중에서 최고의 승리자가 되어
후계자로서 나타날 것이다.
5백 명 불타들의 빛의 장엄은 서로 비슷하며
신통력도 국토도 성문이나 보살의 무리도
그리고 바른 가르침도 마찬가지로 비슷하며
바른 가르침이 계속되는 기간도 비슷할 것이다.

내가 조금 전에 사람 중의 최고자인
보명여래를 칭찬한 것과 같이
그때 신들을 포함한 세간에서는
5백 부처님 모두 같을 것이다.

내가 지금 세간에서 가르치고 있는 것처럼
세간의 행복을 바라는 자비로운 사람들은
다른 이에게 '이분은 내 바로 뒤에
보명여래가 될 것이다'라고 수기할 것이다.

가섭이여, 그대는 5백 명의 자재를 얻은 이들과
다른 제자들에 대해 이 같은 사실을 알아야 한다.

그리고 지금 여기에 없는 다른 성문들에게도
이 사실을 말해 주도록 하여라.

그 5백 명의 아라한들은 부처님으로부터 자기 자신에 대한 수기를 듣고 만족해서 환희에 넘쳐, 세존이 계신 곳으로 가까이 갔다. 그리고 세존의 두 발에 이마를 대고 이렇게 말씀드렸다.
"세존이시여, 저희들은 잘못을 참회하나이다. 저희들은 언제나 '우리는 이미 완전한 열반을 얻었다'라는 생각에 깊이 젖어 있었습니다. 그것은 저희들이 무지하고 어리석고 도리를 몰랐기 때문이옵니다. 여래의 지혜에서 최고의 깨달음을 얻어야 할 저희들이 다음과 같은 한정된 지식에 만족하고 있었던 것이옵니다.

세존이시여, 예를 들면 어떤 남자가 친구 집에 가서 술에 취해 잠에 떨어져 있을 때, 그 친구가 '이 보석이 도움이 된다면 좋겠는데'라고 하며 값을 매길 수 없을 만큼 고가의 보석을 그 친구의 옷 끝에 동여매었습니다. 그 뒤 그 친구는 자리에서 일어나 여행을 계속하다가, 어떤 곳에서 어려움을 만났습니다. 음식이나 의복을 구하는 것도 큰 어려움이어서, 고생 끝에 겨우 조금이라도 손에 넣게 되면 거기에 만족할 것이옵니다. 세존이시여, 그때 이 남자의 옛 친구로, 그의 옷 끝에 값을 매길 수도 없는 귀중한 보석을 동여매어 두었던 남자가 그를 만나서 이렇게 말했습니다.
'아아, 친구여, 그대는 왜 음식과 의복을 구하는 데에 고생하고 있는가? 나는 그대가 마음대로 편히 지낼 수 있을 정도로 귀중한 보석을 그대의 옷 끝에 동여매어 두었는데. 아아, 친구여, 나는 그대에게 이 보석을 선물하였다. 그래서 보석을 옷 끝에 이렇게 동여매어 두었다. 그런데도 그대는 자기 옷에 무엇이 동여매어 있는지, 누가 동여매어 놓았는지, 무슨 이유로 무엇 때문에 동여매어 두었는지 하는 것은 한 번도 생각해 보지도 않았다니. 아아, 친구여, 그대가 고생하며 음식이나 의복을 구하는 데에 만족하고 있다니, 그대는 바보이다. 친구여, 큰 도시로 가서 이 보석을 돈으로 바꾸어라. 그래서 그 돈으로 하고 싶은 것은 무엇이든 하라.'

세존이시여, 그와 마찬가지로 여래께서 일찍이 보살 수행을 하고 있을 때, 저희들에게도 일체지자이기를 바라는 마음을 일으켜 주셨사옵니다. 그렇지만 저희들은 그 마음을 몰랐고 알아차리지도 못했사옵니다. 그렇기 때문에 저희들은 아라한의 지위로 열반에 이르렀다고 생각하고 있었던 것이옵니다. 저희들은 살아가는 데 어려움이 많았기 때문에 이와 같은 한정된 지식에 만족해 버렸던 것이옵니다.

세존이시여, 저희들의 일체지자의 지혜를 바라는 서원이 언제나 소멸하는 일 없이 존재하고 있었기에, 당신은 '비구들이여, 그대들은 이것을 참된 열반이라고 생각해서는 안 된다. 비구들이여, 그대들의 마음 속에는 일찍이 내가 성숙시켜 둔 선근이 있다. 그대들이 지금 참된 열반이라고 생각하고 있는 것은 설법에서 열반에 대해 말한 것으로, 그 설법이야말로 나의 절묘한 방편에 지나지 않는 것이다'라고 지금 가르쳐주신 것이옵니다. 저희들은 세존으로부터 그렇게 가르침을 받았으며, 또 나아가 위없는 바른 깨달음에 이를 것이라고 수기를 받는 것이옵니다."

교진여를 비롯한 5백 명의 자재력을 지닌 아라한들은 그때 다음과 같은 게송을 읊었다.

가장 뛰어난 최고의 깨달음을
이룰 것이라는 수기와
최고의 격려를 받고 기뻐서
저희들은 환희에 넘쳤습니다.

지도자이신 부처님이시여
무한을 꿰뚫어보시는 눈의 소유자시여
당신께 경례하옵나이다.

저희들은 당신 앞에서 잘못을 참회하옵나이다.
마치 어리석고 무학이며 무지인 저희들이
당신의 훌륭한 가르침 속에 있으면서도
단지 자신의 적멸인 열반에 만족해 버렸다는 잘못을.

예를 들면 어떤 남자가 친구의 집에 갔습니다.
그의 친구는 자산가로 유복해서
그에게 여러 종류의 음식을 대접했습니다.

배부를 정도로 음식을 대접한 뒤에

그 친구가 그에게 고가의 보석을 주었습니다.
하의 끝단에 있는 매듭에 동여매어
그에게 주었사옵니다.

그 뒤 그 남자는 그곳을 떠나
여행을 계속했사옵니다.
그는 다른 도시로 가서
어려움을 만나 불쌍하게도 걸인이 되어
아주 지쳐서 먹을 것을 찾았사옵니다.

그는 호화로운 음식을 바라지 않았으며
형편없는 음식에 만족했사옵니다.
그 보석은 그의 옷에 동여 매인 채이지만
그는 그것을 몰랐사옵니다.
그는 기억하고 있지 못하는 것이옵니다.

그 보석을 그에게 주었던 옛 친구가
나중에 그를 만나서 몹시 나무란 뒤에
옷 끝에 있는 보석을 꺼내 보이옵니다.

그는 그것을 보고 최고의 행복을 느낄 것이며
또 그 보석 때문에 대자산가가 되어
튼튼한 창고를 소유하고
오욕의 즐거움을 충분히 누릴 것이옵니다.

오백제자수기품

세존이시여, 이와 마찬가지로 저희들은
이와 같은 과거세의 서원이
저희들에게 있었던 것을 모르고 있었사옵니다.
그 서원은 여러 가지 과거세의 일을 통해
오랫동안 여래께서 가르쳐 주신 것이옵니다.

세존이시여, 저희들 개개인은 지혜가 부족하며
가르침에 대해 무지했기 때문에
단지 자신의 열반에 만족해서
그 이상으로는 구하지도 않고
생각하지도 않았던 것이옵니다.

그와 같이 세간의 벗이신 부처님께서는
저희들의 눈을 일깨워 주셨습니다.
'이와 같은 것은 결코 위없는 열반이라고 할 수 없다.
최고의 안락인 열반은 사람들 가운데
가장 높으신 이들의 뛰어난 지혜이다.'라고
말씀하셨습니다.

지도자시여, 숭고하고 광대하며 수많은
이 위없는 수기를 들었사오니 저희들은
한 사람, 한 사람 모두 광대한 기쁨과
감격을 느끼옵니다.

제9장 수학무학인기품
(授學無學人記品)

 그런데 그때 아난[79] 존자는 '우리에게도 이런 수기를 해 주셨으면' 하고 생각하였다. 그래서 깊이 생각한 끝에 간절한 마음으로 자리에서 일어나 세존의 발 아래에 엎드렸다. 그때 라후라[80] 존자도 같은 마음으로, 세존의 발 아래에 엎드려 함께 다음과 같이 말씀드렸다.

 "세존이시여, 저희들에게도 지금 수기를 해 주시옵소서. 세존께서는 저희들을 낳아주시고 길러주신 어버이시며 안식처이시며 보호처이시옵니다. 또 세존이시여, 저희들은 '세존의 아들이며, 세존의 시종이며, 세존의 가르침을 잘 간직하고 있다'는 것만으로 천신, 인간, 아수라를 포함한 이 세간으로부터 유달리 존경받고 있사옵니다. 그러하오니 세존이시여, 저희들에게도 위없는 바른 깨달음을 얻을 것이라는 수기를 주시옵소서."

 또 더 배울 것이 없는 성문[無學]과 아직 배울 것이 있는 성문[有學] 가운데 2천 명이나 되는 다른 비구들도 자리에서 일어나, 한쪽 어깨에 상의를 걸치고 합장하며 세존을 우러러보면서 아난과 같은 생각을 했다. 즉 '부처님의 지혜는 참으로 무량한데, 우리에게도 위없는 깨달음을 이룰 것이라는 수기를 해 주셨으면' 하는 생각을 하면서 멈춰서 있었다.

그때 세존께서 아난 존자에게 말씀하셨다.

"아난이여, 그대는 미래세에 '산해혜자재통왕(山海慧自在通王)'이라는 이름의 바른 깨달음을 얻은 존경받는 여래가 될 것이다. 지혜와 덕행을 모두 갖춘 분이시며, 세간을 잘 아는 위없는 분이시며, 사람을 잘 인도하는 분이시며, 천신과 인간의 스승이시며, 불타시며 세존이 될 것이다. 즉 그대는 6억 2천만의 부처님을 공경, 공양, 존경하며 그분들의 바른 가르침을 간직하고 교훈을 명심해서 위없는 바른 깨달음을 얻을 것이다.

아난이여, 위없는 바른 깨달음을 얻은 그대는 갠지스 강의 모래알 수의 20배나 되는 백천만 억 나유타의 보살들이 위없는 바른 깨달음을 이룰 수 있도록 할 것이다. 또 그 국토는 번영할 것이며 유리로 되어 있을 것이다. 그리고 그 세계는 '상립승번(常立勝幡)'이라는 이름이며, 그 겁은 '묘음변만(妙音遍滿)'이라는 이름일 것이다. 또 그 산해혜자재통왕여래의 수명은 백천만 억 나유타라는 헤아릴 수 없는 겁이어서, 도저히 계산할 수가 없을 것이다.

또 아난이여, 산해혜자재통왕여래께서 완전한 열반에 들어가신 뒤, 바른 가르침은 수명의 두 배 동안 계속될 것이다. 바른 가르침과 유사한 가르침도 바른 가르침의 두 배 동안 계속될 것이다.

또 아난이여, 갠지스 강의 모래알과 같은 백천만 억 나유타 나 되는 시방에 계신 부처님들께서 산해혜자재통왕여래를 매우 칭찬하실 것이다."

그때 세존께서는 다음과 같이 게송을 설하셨다.

비구들이여, 그대들에게 알리나니
내 가르침을 간직한 아난 대덕은
6천만 억의 선서들을 공양한 뒤
미래세에 부처님이 될 것이다.

그는 언제나 서 있는 승리의 깃발이라는
아주 아름답고 청정한 부처님의 국토에서
바다와 같은 지혜를 지닌 분이며
신통을 터득한 분으로 영예가 높을 것이다.

그는 그 국토에서 갠지스 강의 모래알처럼 많은 보살들을
다시 그 이상으로 강한 자로 성숙시킬 것이다.
또 그 승리자는 위대한 신통을 갖추며
그 명성은 시방의 세간에 퍼질 것이다.

그때 세간에 행복을 가져오는
자애로운 부처님의 수명은 무량할 것이다.
이 승리자가 완전한 열반에 들어가신 뒤
그의 바른 가르침은 수명의 두 배 동안 계속될 것이다.

그 승리자의 바른 가르침과 유사한 가르침도
다시 그 두 배 동안 계속될 것이다.
그때도 갠지스 강의 모래알처럼 많은 중생이
부처님의 깨달음을 얻기 위해 덕을 쌓을 것이다.

그때 그 장소에 모여 있던 8천 명의 보살들에게 이런 생각이 떠올랐다.
'우리는 보살들에 대해서도 이와 같이 광대한 수기는 아직까지 들은 적이 없다. 하물며 성문들에 대해서는 말할 것도 없다. 도대체 이런 광대한 수기가 성문들에게 주어진 것은 어떤 이유와 인연에서일까.'
그때 세존께서는 보살들이 생각하고 있는 것을 아시고 보살들에게 말씀하셨다.
"선남자들이여, 일찍이 '공왕(空王)'이라는 바른 깨달음을 얻은 존경받는 여래 앞에서 나와 아난은 함께 같은 순간, 같은 시각에 위없는 바른 깨달음을 향해 마음을 일으켰다. 선남자들이여, 아난은 언제나 한결같이 가르침을 많이 듣는 일에 전념했으나, 나는 정진노력에 전념했다. 그런 까닭에 나는 아주 빨리 위없는 깨달음을 얻었으며, 아난은 보살들이 깨달음을 완성시킬 수 있도록 여래의 바른 가르침을 듣고 기억하는 보유자가 되었고 이것이 그의 서원이었다."
그때 아난 존자는 친히 세존으로부터 자신이 위없는 바른 깨달음을 이룰 것이라는 수기와 자신의 불국토의 공덕의 광휘, 그리고 과거세의 서원과 수행에 대해 듣고는 만족하고 환희에 넘쳐 수백 수천만 억 나유타의 많은 부처님들의 바른 가르침과 자신의 과거세의 서원을 상기했다.

그래서 그때 아난은 다음과 같이 게송을 읊었다.

완전한 열반에 들어가신 위대한 여래들
그분들이 나에게 그 설법을 생각나게 해 주셨다.
나는 그것을 마치 오늘이나 어제의 일처럼 떠올린다.

나는 의혹이 없어져 대승의 깨달음에 굳게 섰다.
나의 절묘한 방편은 다음과 같다.
선서의 시종이 되어 보살들이 깨달음을 얻을 수 있도록
바른 가르침을 기억하는 것이다.

그때 세존께서는 라후라 존자를 향해 말씀하셨다.
"라후라여, 그대는 미래세에 '답칠보화(踏七寶華)'라는 이름의 존경받는 여래가 될 것이며, 지혜와 덕행을 갖춘 선서시며, 세간을 잘 아시는 위없는 분이시며, 사람들을 잘 이끄시는 분이시며, 천신과 인간의 스승이시며, 불타시며, 세존이 될 것이다. 즉 그대는 10계(十世界)를 구성하는 미세한 먼지 수처럼 많은 바른 깨달음을 얻은 존경받는 여래들을 공경, 공양하며 찬탄해서 지금 나의 장자인 것처럼 그 부처님들의 장자가 될 것이다.
또 라후라여, 바른 깨달음을 얻은 존경받는 산해혜자재통왕여래에게 헤아릴 수 없는 수명과 모든 종류의 공덕을 갖춘 불국토의 공덕이 빛나는 것처럼, 답칠보화여래에게도 그와 같은 길이의 수명과 모든 종류의 공덕의 완성이 있을 것이다. 라후라여, 그대는 산해혜자재통왕여래의 장자도 될 것이다. 그 뒤 그대는 위없는 바른 깨달음을 얻을 것이다."

그때 세존께서는 다음과 같이 게송을 설하셨다.

라후라는 나의 장자로
내가 태자였을 때의 친아들이다.
깨달음을 얻은 뒤에도 이 아이는 나의 아들이며
가르침의 유산을 이을 위대한 성인이다.

미래세에 그는 헤아릴 수 없는 수천만 억의
많은 부처님들을 뵐 것이다.
그는 쉼 없이 깨달음을 구하므로
모든 승리자의 아들이 될 것이다.

라후라의 이 같은 수행은
사람들이 알 수 없는 밀행(密行)이지만
보살로서 세운 그의 서원을 나는 잘 알고 있다.
세간의 친구인 부처님을 찬미해서
'나는 여래의 아들이옵니다'라고 한다.

이 세상에서 나의 친아들인 라후라가 지닌 공덕은
수천만 억으로도 헤아릴 수 없을 정도이다.
이렇게 그는 대승의 깨달음에 굳게 섰다.

또 세존께서는 더 배울 것이 없는 성문과 아직 배울 것이 있는 성문 가운데 2천 명이나 되는 다른 성문들도 맑고 온화하며 부드러운 마음으로 앞에서 세존을 우러러보고 있는 것을 보았다.

  그래서 세존께서는 그때 아난 존자에게 말씀하셨다.

  "아난이여, 그대는 저 더 배울 것이 없는 성문과 아직 배울 것이 있는 성문들 가운데 2천 명을 보고 있는가?"

  아난이 대답했다.

  "세존이시여, 보고 있사옵니다. 선서시여, 보고 있사옵니다."

  세존께서 말씀하셨다.

  "아난이여, 이들 2천 명의 성문은 모두 한결같이 보살의 수행을 완성할 것이다. 그리고 50세계를 구성하는 미세한 티끌 수처럼 많은 부처님들을 공경, 공양, 찬탄하고 또 바른 가르침을 간직한 윤회하는 마지막 몸으로 같은 순간, 같은 시각에 시방의 각각 다른 세계에 있는 각자의 불국토에서 위없는 바른 깨달음을 얻을 것이다. 그들은 '보상(寶相)'이라는 이름의 존경받는 여래가 될 것이다. 그들의 수명은 꼭 1겁일 것이다. 그리고 그들 불국토의 공덕의 광휘는 모두 한결같을 것이다. 성문들도 보살들도 그들의 완전한 열반도, 그리고 그들의 바른 가르침도 모두 평등하게 계속될 것이다."

  그때 세존께서는 다음과 같이 게송을 설하셨다.

  아난이여,
  내 앞에 서 있는 이들 2천 명의 성문들

이 현자들에게 나는 그들이
미래세에 여래가 될 것이라고 예언한다.

미세한 티끌의 비유에서처럼
헤아릴 수 없는 부처님들께
최고의 공양을 올린 뒤
윤회하는 마지막 몸으로
최고의 깨달음을 얻을 것이다.

그들은 같은 이름으로 시방세계에서 같은 순간에
또 같은 시각에 성스러운 나무 밑에 앉아
지혜를 얻어 부처님이 될 것이다.

또 그들은 '보상'이라는 같은 이름으로
이 세간에 널리 알려지게 될 것이다.
그들의 위대한 불국토도 평등하며
성문이나 보살도 평등할 것이다.

다양한 신통을 가진 그들이
모두 이 세간에서 널리 가르침을 설한 뒤
한결같이 열반에 들어간 뒤에도
그들의 바른 가르침은 계속될 것이다.

그때 더 배울 것이 없는 성문들과 아직 배울 것이 있는 성문들 모두가 세존으로부터 친히 자신에 관한 수기를 듣고 만족하고 환희에 넘쳐, 세존께 두 게송으로써 말씀드렸다.

세간의 광명이시여
저희들은 수기를 듣고 마음으로 만족하였나이다.
여래시여 저희들은 감로가 뿌려진 듯이
행복하게 되었나이다.

저희들이 사람 중의 최고자이신
부처님이 되리라는 수기에 대해
저희들은 아무런 의심도 미혹도 없사옵니다.
수기를 받고 지금 저희들은 행복하나이다.

제10장 법사품(法師品)

그때 세존께서는 약왕보살을 비롯한 8만 명의 보살들을 향해 말씀하셨다.

"약왕이여, 이 자리에 많은 천신들, 용, 야차, 건달바, 아수라, 가루다, 긴나라, 마후라가[81] 그리고 인간과 인간 이외의 것들, 또 비구, 비구니, 신남, 신녀들,[82] 성문승, 연각승, 보살승[83]에 속하는 자들이 있어 여래인 나로부터 직접 이 법화경의 법문을 듣고 있는 것이 보이는가."

약왕보살이 대답했다.

"세존이시여, 보고 있사옵니다."

세존께서 말씀하셨다.

"약왕이여, 그들은 모두 보살이며, 이 자리에서 법화경의 법문 중 한 게송만이라도 듣거나, 단 한 번이라도 깨달음을 향해 마음을 일으켜 이 경전을 마음으로 기뻐한다면, 이 대중들은 모두 위없는 바른 깨달음을 얻을 것이라고 나는 예언한다.

약왕이여, 여래인 내가 완전한 열반에 든 뒤에도 선남자, 선여인이 이 법문 중 한 게송만이라도 듣거나, 또는 단 한 번이라도 깨달음을 향해 마음을 일으켜 이 경전을 마음으로 기뻐한다면, 그 사람은 위없는 바른 깨달음을 얻을 것이라고 나는 예언한다.

약왕이여, 그 선남자, 선여인들은 수백 수천만 억 나유타에 가득한 부처님을 섬긴 자가 될 것이다. 약왕이여, 그 사람들은 수백 수천만 억 나유타의 부처님 아래서 서원을 세운 자가 될 것이다. 그들은 중생들을 불쌍히 여겼기 때문에 이 사바세계에서 인간들 속에 재생한 것이다.

또 선남자, 선여인이 이 법문 중 한 게송만이라도 수지 독송하고 설명하고 체득하며, 옮겨 적고 기억하여 때때로 주의 깊게 음미한다고 하자. 또 그렇게 옮겨 적은 경전을 여래나 스승을 대하는 것처럼 공경하고 존중해서 공양한다고 하자. 또 꽃이나 훈향, 향수, 화만, 도향, 분향, 옷, 우산, 깃발, 기, 음악이나 경례, 합장으로 이 경전을 공양한다고 하자. 약왕이여, 이 법문 중 단 한 게송이라도 수지하거나 이 법문을 마음으로 기뻐한다면, 그들은 모두 위없는 바른 깨달음을 얻을 것이라고 나는 예언한다.

약왕이여, 어떤 남자나 여자가 '도대체 어떤 중생들이 미래세에 바른 깨달음을 얻은 존경받는 여래가 되는 것입니까' 하고 묻는다면, 약왕이여, 그 남자나 여자에게는 선남자, 선여인을 예로 들어주어야 할 것이다.

'선남자, 선여인이 이 법문 중 사구(四句)로 된 게송을 단 하나라도 기억해서 다른 이에게 들려주거나 가르쳐주거나 이 법

문을 공경하는 마음을 품는다면, 그 사람이야말로 미래세에 바른 깨달음을 얻어 존경받는 여래가 될 것이다.'

왜냐하면 약왕이여, 선남자, 선여인이 이 법문 중 단 한 게송이라도 수지한다면 그를 여래로 보아야 하기 때문이며, 천신들을 비롯한 세간사람들로부터 여래를 대하는 것과 같이 공경받기 때문이다. 그런데 하물며 이 법문을 완전히 파악해서 수지 독송하거나 설명하며, 옮겨 적거나 또는 옮겨 적게 하며, 꽃, 훈향, 향수, 화만, 도향, 분향, 옷, 우산, 깃발, 기, 음악으로 예배하며 이 경전을 찬양하는 사람은 어떻겠는가.

약왕이여, 그 선남자, 선여인은 이 위없는 바른 깨달음을 완성했다고 보아야 한다. 그들은 여래와 동등하며, 세간사람들을 불쌍히 여기고 행복을 바라며, 과거에 세운 서원 때문에 이 염부주(사바세계)의 인간들 속에서 이 법문을 설하기 위해 태어난 것이다. 그러니까 내가 완전한 열반에 든 뒤, 가르침을 실행하는 일도 불국토에 태어나는 일도 스스로 버리고, 이 법문을 설해 중생들을 행복하게 하기 위해 이곳에 태어난 것이다.

약왕이여, 그 선남자, 선여인은 여래의 사자이다. 약왕이여, 만일 선남자, 선여인이 내가 완전한 열반에 든 뒤에도 이 법문을 은밀히 단 한 사람에게라도 설한다면, 그 사람은 여래가 할 일을 하는 것이며 여래가 보낸 사람인 것이다.

그런데 약왕이여, 어떤 중생이 사심과 악심과 잔인한 마음으로 여래를 향해 1겁 동안 험담을 한다고 하자. 또 어떤 이가 재가 혹은 출가의 설법자[84]들 그리고 이 경전의 수지자들에게 진심에서건 아니건 한마디라도 좋지 않은 소리를 했다고 한다면,

이 두 사람 중 후자 쪽이 훨씬 심한 악행이 된다. 왜냐하면 약왕이여, 선남자, 선여인은 여래의 장신구로 장식되어 있기 때문이다.

　약왕이여, 이 법문을 옮겨 적어 지니는 사람들은 여래를 가슴 속에 모시는 사람이기 때문이다. 그는 어딜 가더라도 중생들로부터 합장과 존경을 받는다. 천계나 인간계의 꽃, 훈향, 향수, 화만, 도향, 분향, 옷, 우산, 깃발, 기, 음악, 딱딱한 음식물, 부드러운 음식물, 탈것 그리고 천계에서 제일가는 보옥의 산으로 그 설법자는 공경받는다. 천계의 보옥의 산은 이 설법자에게 헌상될 만하다. 단 한 번이라도 이 법문을 설하면, 그 말을 듣고 헤아릴 수 없는 많은 중생들이 신속히 위없는 바른 깨달음을 완성하기 때문이다."

　세존께서는 그때 다음과 같은 게송을 설하셨다.

　부처님의 경지에 이르고자 하는 이
　부처님의 지혜를 바라는 이
　그는 이 경전을 수지하는 사람들을
　공경해야 할 것이다.

　일체지자가 되기를 바라
　'어찌하면 빨리 그리 될까' 하고 생각하는 이
　그는 이 경전을 수지해야 하며
　이 경전의 수지자를 공경해야 할 것이다.

중생들을 불쌍히 여겨
이 경전을 설하는 사람
그는 중생들을 교화하기 위해
부처님께서 보내신 이다.

중생들을 불쌍히 여겨 이 경전을 수지하는 이는
그는 의지가 굳으며 불국토에 태어나는 것을 마다하고
이 사바세계에 왔다.
후세에 그가 이 무상의 경전을 설할 수 있는 것은
자유로이 태어날 수 있는 힘이 있기 때문이다.

그 설법자를 천계나 지계의 꽃과
온갖 향으로 공경하고
천의(天衣)로 덮어 보옥을 뿌려야 할 것이다.

내가 완전한 열반에 든 뒤
그 무서운 후세에 이 경전을 수지하는 이에게
승리자의 왕인 여래에게처럼
언제나 합장해야 할 것이다.

보살이 단 한 번이라도 이 경전을 설한다면
딱딱하거나 부드러운 음식물로 공양하고
수많은 정사(精舍), 침대, 좌구,
옷을 헌상해야 할 것이다.

후세에 이 경전을 옮겨 적고
수지하고 청문하는 이는
여래가 할 일을 하는 이는
그는 내가 인간계로 보낸 사람이다.

어떤 사람이 이 세상에서
승리자(여래)의 면전에서
악심을 품고 눈살을 찌푸리고
꼭 1겁 동안 험담을 하는 자 그는 죄 많은 자이다.

경전의 수지자들이
이 세상에서 이 경전을 설할 때
그들에게 험담이나 잡담을 하는 자
그의 죄는 훨씬 무겁다.

누군가 최고의 깨달음을 구해
꼭 1겁 동안 나에게 합장하고
수많은 게송으로 나를 찬미한다면
그는 그 기쁨으로 많은 복덕을 얻을 것이다.

누군가 이 경전의 수지자들을 찬미한다면
그는 훨씬 많은 복덕을 얻을 것이다.

누군가 1만8천 억 겁 동안

이 경전에 음성과 색채, 맛
천계의 향기, 천계의 감촉으로 공양한다면
만일 단 한 번이라도 이 경전을 듣는다면
그는 크고 드문 이익을 얻을 것이다.

"약왕이여, 실로 나는 많은 법문을 과거에도 설했으며, 현재에도 설하고 있으며, 또 미래에도 설할 것이다. 약왕이여, 그 모든 법문 중 이 묘법연화경의 법문이야말로 모든 세간사람들에게 쉽게 받아들여지기 어려우며, 쉽게 믿기 어려운 것이다. 약왕이여, 이 법문은 여래인 나의 내심의 법의 비밀[85]이며, 여러 여래의 힘으로 지켜지며, 여태껏 드러난 적이 없는 것이다. 이 법의 입장은 여태껏 설해진 적도 설명된 적도 없다. 약왕이여, 이 법문은 여래인 내가 지금 눈앞에 있는데도 많은 이들로부터 비방을 받았다. 그러니 내가 완전한 열반에 든 뒤는 어떻겠는가.

그러나 약왕이여, 선남자, 선여인이 여래인 내가 완전한 열반에 든 뒤, 이 법문을 믿고 독송하고 옮겨 적고 공경하며 다른 이들에게 들려준다면, 그들은 여래의 옷을 입고 있는 것과 같다. 그들은 지금 다른 세계에 계시는 여래들의 보호를 받고 있을 것이다. 그들에게는 각자 믿음의 힘이 있으며, 선근(善根)의 힘과 서원의 힘이 있을 것이다. 약왕이여, 그 선남자, 선여인들은 여래의 정사에서 여래와 함께 살게 될 것이다. 또 여래는 그들의 머리를 손으로 쓰다듬을 것이다.

그런데 약왕이여, 지상의 어떤 장소에서 이 법문이 설해지거나 옮겨 적거나, 옮겨 적은 것이 책이 되거나, 독송되거나 제창된다고 하자. 약왕이여, 그곳에는 높이 우뚝 선 보석으로 된 거대한 여래의 탑[佛塔]이 세워져야 하겠지만, 반드시 여래의 유골인 사리가 모셔질 필요는 없다. 왜냐하면 거기에는 이미 여래의 완전한 신체[全身]가 안치되어 있기 때문이다. 또 지상의 어떤 장소에서 이 법문이 설해지거나 읽히거나 제창되거나 혹은 옮겨 적거나 옮겨 적은 것이 책이 된다고 하자. 거기서는 탑과 같이 공경과 공양과 찬양이 행해질 것이며, 모든 꽃, 훈향, 향수, 화만, 도향, 분향, 옷, 우산, 기, 깃발, 승리의 깃발로써 모든 노래, 음악, 무용, 악기, 바라, 합창, 합주로써 공양이 행해질 것이다.

그런데 약왕이여, 그 여래의 탑에 경례하거나 공양하거나 참배하는 사람은 모두 위없는 바른 깨달음에 가까이 다가가고 있는 것이다. 왜냐하면 약왕이여, 재가나 출가의 많은 이들이 보살의 수행을 하지만, 이 법문을 보거나 듣거나 옮겨 적거나 혹은 공양할 수 없는 이들도 있기 때문이다. 이 법문을 듣지 못하는 한, 그들의 보살수행은 바르지 못한 것이다. 이와 반대로 이 법문을 듣고 믿고 따르며[信順], 이해하고 변별하며 받아들이는 사람들은 위없는 바른 깨달음을 가까이한 이, 가까이 다가간 이가 될 것이다.

예를 들면 약왕이여, 어떤 이가 물을 찾아다닌다고 하자. 물을 얻기 위해 황폐한 곳에 우물을 파게 한다고 하자. 마른 흙이 나오는 동안은 '아직 물이 나오기는 멀었다'고 생각할 것이다. 그러나 물기를 머금은 진흙이 물방울을 떨어뜨리며 나오는 것을 보거나 우물을 파고 있는 사람들의 손발이 진흙으로 더러워져 있는 것을 본다면, 그 사람은 아무런 의심도 없이 곧 물이 나올 것이라고 믿을 것이다. 약왕이여, 실로 이처럼 보살들이 이 법문을 듣지 않고 파악하지 않고 이해하지 않고 통찰하지 않고 숙고하지 않는 한, 위없는 바른 깨달음은 멀리 있을 것이다. 그러나 약왕이여, 보살들이 이 법문을 듣고 파악하며 수지독송하고 이해하고 숙고하며 수습할 때, 그들은 위없는 바른 깨달음에 가까이 간 이가 될 것이다.

약왕이여, 이 법문으로부터 중생들의 위없는 바른 깨달음이 생기는 것이다. 이 법문에는 최고로 깊은 의미가 담겨 있는 말을 밝히는 것으로, 이 법문에는 보살들을 위없는 바른 깨달음으로 완성시키기 위해 존경받는 여래들의 깊은 법문이 설명되어 있기 때문이다. 약왕이여, 어떤 보살이 이 법문을 두려워해 공포에 빠진다면, 그는 새로이 부처님의 탈것에 뜻을 세운 보살로 여겨질 것이다. 그러나 성문에 속하는 자가 이 법문을 두려워해 공포에 빠진다면, 그는 성문에 속하는 자만심에 빠진 자[增上慢者]로 여겨질 것이다.

약왕이여, 만일 어떤 보살이 여래가 열반에 든 뒤, 어느 때에든 이 법문을 대중에게 설한다고 하자. 약왕이여, 그 보살은 여래의 방으로 들어가 여래의 옷을 몸에 걸치고 여래의 자리에 앉아 이 법문을 대중에게 설해야 할 것이다.

약왕이여, 여래의 방이란 무엇인가 하면, 모든 중생들에 대한 자비야말로 여래의 방이다. 선남자, 선여인은 거기로 들어가야 할 것이다. 또 약왕이여, 여래의 옷이란 무엇인가 하면, 위대한 인내와 마음의 부드러움이야말로 여래의 옷이다. 선남자, 선여인은 그것으로 몸을 감싸야 할 것이다. 약왕이여, 여래의 법좌란 무엇인가 하면, 모든 존재의 공성을 깨닫는 것이야말로 여래의 법좌이다. 선남자, 선여인은 거기에 앉아 이 법문을 대중에게 설해야 할 것이다.

보살은 마음을 쉬지 않고 보살의 탈것에 뜻을 세운 대중을 향해 이 법문을 설해야 할 것이다. 그리고 약왕이여, 다른 세계에 있는 나는 설법자인 선남자, 선여인을 위해 신통력으로 사람을 만들어 청중들을 모을 것이다. 또 신통력으로 비구, 비구니, 신남(信男), 신녀(信女)들을 출현시켜 그 법문을 듣도록 할 것이다. 그들은 그 설법자의 말을 부정하거나 비방하지 않을 것이다. 만일 그가 숲으로 간다면 나는 거기서도 그들을 위해 천신, 용, 야차, 건달바, 아수라, 가루다, 긴나라, 마후라가들에게 그의 설법을 듣도록 할 것이다. 또 약왕이여, 다른 세계에 있는 나는 그들을 위해 모습을 보일 것이다. 그리고 그가 이 법문의 구절을 잊어버리고 있다면, 그것을 생각나게 하여 다시 그들에게 설해 줄 것이다."

그때 세존께서는 다음과 같은 게송을 읊으셨다.

이런 경전은 모든 약한 마음을 버리고 들어야 한다.
듣기도 어렵거니와 믿기도 어려운 일이기 때문이다.

예를 들면 어떤 이가 물을 얻으려고
황폐한 토지에 우물을 판다고 하자.

파고 있는 동안 계속해서
마른 흙이 나오는 것을 본다고 하자.

그때 그는 이렇게 생각할 것이다.
'아직 물은 멀리 있다.
마른 흙이 그 증거다'라고.

그런데 축축하고 부드러운 흙이
나오는 것을 본다고 하자.
그때 그는 이렇게 확신할 것이다.
'곧 물이 나올 것이다'라고.

그와 마찬가지로 이 경전을 듣지 않고
되풀이해서 수행하지 않는다면
그런 보살들은 부처님의 지혜로부터는
멀리 있게 될 것이다.

그런데 성문들을 위해 의문을 해결하는
심원한 의미를 설하는
이 경전 중의 최고 경전을 듣거나
되풀이해서 생각한다면

그런 현자들은 부처님의 지혜 가까이에
있는 것이 될 것이다.

그것은 마치 축축한 흙이 나왔을 때
'곧 물이 나올 것이다'라고 하는 것과 같다.

현자는 승리자인 내 방으로 들어와
내 옷을 몸에 두르고
내 자리에 앉아 두려워하지 말고
이 경전을 설해야 할 것이다.

자비의 힘이 내 방이며
인내와 마음의 부드러움이 내 옷이며
공성이 내 자리이다.
거기에 앉아 현자는 이 법문을 설해야 할 것이다.

이 법문을 설하는 이에게
흙덩이나 막대기, 창
혹은 비난이나 협박이 있다고 하자.
그럴 때는 나를 염하며 이겨내야 할 것이다.

나의 몸은 수천 억 겁의 불국토에 있으므로
견고하며 생각도 미치지 않는 수많은 겁 동안
나는 중생들에게 가르침을 설한다.

내가 완전한 열반에 든 뒤에도
이 경전을 설하는 용기 있는 이들을 위해

법사품

나는 신통력으로 많은 사람들을 출현시켜 보낼 것이다.

내가 출현시켜 보낸
비구, 비구니, 신남, 신녀들인 사중들은
다 같이 그 설법자에게 공양할 것이다.

그리고 내가 출현시켜 보낸 사중들은
누군가가 흙덩이나 막대기로
설법자를 치고 비난, 협박, 회욕하려 한다면
그를 지킬 것이다.

황야든 산악이든 사람이 없는 곳에서
그가 혼자 살며 독송할 때
나는 그를 위해 빛나는 내 몸을 드러낼 것이다.

또 그가 독송하다 말을 잊어버리면
나는 다시 생각나게 해서 설하게 할 것이다.
그가 홀로 숲에서 수행하며 생활한다면
그의 친구로서 많은 천신들이나 야차들을 보낼 것이다.

사중에게 이 법문을 설하는 설법자에게는
이런 공덕이 있을 것이다.
그가 홀로 숲의 동굴에서 생활하며
독송한다고 하자.

그는 나를 볼 것이다.

그의 웅변력은 막힘이 없으며
그는 많은 해석과 가르침을 알고 있다.
또 그는 수천만 억의 생명 있는 것들을
설법으로 만족시킨다.
왜냐하면
그는 부처님의 가호를 받고 있기 때문이다.

그리고 그 설법자에게 의지하는 중생들은
모두 빨리 보살이 될 것이며
그와 깊이 사귀며 갠지스 강의 모래알과 같은
많은 부처님을 뵙게 될 것이다.

제11장 견보탑품(見寶塔品)

그때 부처님 앞의 한가운데 땅이 갈라지면서 땅 속으로부터 높이가 5백 요자나(由旬)[86]에 둘레도 그 정도 되는 칠보로 된 탑이 나타나 공중으로 올라가 한가운데서 멈추었다. 그 탑은 밝게 빛나 보기에도 매우 아름다우며, 꽃으로 가득 찬 5천의 난간으로 장식되고, 수천의 많은 아치형의 문이 있으며, 수천의 깃발이 장식되고, 수천의 보석으로 된 장식끈과 수천의 색색의 천과 방울이 드리워져 있었다. 또 타말라나무[87]의 잎과 전단의 향기를 내뿜고 있으며, 그 향기는 온 세계에 가득 차 있었다. 그리고 그 탑에는 금, 은, 유리, 호박, 마노, 붉은 진주, 수정 등 칠보로 된 해가리개들이 우뚝 솟아 사대왕천[88]의 궁전에까지 이르렀다. 그 탑 위에는 삼십삼천(三十三天)[89]에 속하는 천자들이 있어 하늘꽃인 만다라바[90]의 거대한 꽃을 그 탑 위로 이리 저리 뿌렸다. 한편 그 보석으로 된 탑 속에서 다음과 같은 소리가 들렸다.

"좋사옵니다. 아주 좋사옵니다. 세존이시여, 당신은 이 '바른 가르침의 백련'이라는 법문을 훌륭히 설하셨습니다. 법문대로 이옵니다, 세존이시여.”

그러자 사중은 보석으로 된 거대한 탑이 하늘 높이 공중에 멈추어 있는 것을 보고, 기쁨과 믿음으로 가득 차 자리에서 일어나 합장하며 서 있었다.

그때 대요설(大樂說)이라는 보살은 천신과 인간, 아수라 등이 이러한 기적이 일어난 까닭을 꼭 알고 싶어하는 것을 알고 세존께 이렇게 말씀드렸다.

"세존이시여, 이런 보석으로 된 거대한 탑이 세간에 나타난 원인은 무엇이옵니까? 무슨 까닭이옵니까? 또 세존이시여, 어떤 분이 탑 속에서 저런 소리를 내는 것이옵니까?”

이런 질문을 받고 세존께서는 대요설보살에게 다음과 같이 말씀하셨다.

"대요설이여, 이 탑 속에 있는 여래의 신체가 완전하게 안치되어 있다. 본디 이것은 여래의 신체를 안치하기 위한 탑이다. 그러므로 거기서 소리가 나온 것이다.

대요설이여, 아래 방향으로 백천만 억 나유타의 무수한 세계를 지나가면 '보정(寶淨)'이라는 이름의 세계가 있다. 거기에는 '다보(多寶)'라고 이름하는 바른 깨달음을 얻은 존경받는 여래가 계신다. 그 여래의 서원은 이러하다.

'내가 일찍이 보살의 수행을 하고 있을 때, 보살을 위한 가르침인 '바른 가르침의 백련'이라는 법문을 듣지 못한 동안은 위없는 바른 깨달음이 완성되지 못했다. 그러나 그 법문을 들은 뒤에는 완성되었다.'

견보탑품

대요설이여, 다보여래께서는 완전한 열반에 드실 때, 천신과 마왕, 범천을 포함한 세간과 사문, 바라문[91]을 포함한 생명 있는 것들 앞에서 이렇게 말씀하셨다.

'비구들이여, 내가 완전한 열반에 든 뒤에 여래의 완전한 신체[92]를 모시기 위해 보석으로 된 거대한 탑을 하나 세워라. 또 나를 위해 다른 많은 탑도 세워라.'

또 대요설이여, 다보여래께서 지니신 신통력은 이런 것이었다.

'시방의 모든 세계에 있는 불국토에서 이 '바른 가르침의 백련'이라는 법문이 설해질 때는, 그 어떤 불국토에도 나의 전신을 모신 탑이 나타날 것이다. 또 여러 세존께서 이 '바른 가르침의 백련'이라는 법문을 설하고 계실 때, 법회의 바로 위 공중에 그 탑이 멈출 것이다. 그리고 그 법문을 설하고 계신 세존들을 향해 찬탄의 말을 할 것이다.'

대요설이여, 이런 이유로 바른 깨달음을 얻은 존경받는 세존인 다보여래의 전신을 모신 이 탑은 지금 내가 이 사바세계[93]에서 '바른 가르침의 백련'이라는 법문을 설할 때, 법회의 한가운데 나타나 하늘 높이 공중에 멈춰 나를 찬탄한 것이다."

그때 대요설보살은 세존께 이렇게 말씀드렸다.

"세존이시여, 저희들은 세존의 위신력에 의해 다보여래의 모습을 뵙고 싶사옵니다."

이렇게 말씀드렸을 때, 세존께서는 대요설보살에게 다음과 같이 말씀하셨다.

"대요설이여, 다보여래의 서원은 참으로 중요한 것으로 다음과 같은 것이다.

'다른 여러 불국토의 세존들께서 '바른 가르침의 백련'이라는 법문을 설하실 때, 나의 전신을 모신 탑을 이 '바른 가르침의 백련'의 법문을 듣게 하기 위하여 여래의 곁에 나타나게 할 것이다. 또 그 세존들께서 내 전신인 탑을 열어 대중들에게 보이려 하실 때, 여래들께서는 그 여래의 신체에서 나온 화신이 있어 서로 다른 이름으로 각각의 불국토에서 중생들에게 가르침을 설하고 계신다. 그리고 함께 그 탑을 열어 사중에게 보이실 것이다.'

대요설이여, 이런 이유로 시방의 각각 다른 불국토인 수천의 세계에서 중생들에게 가르침을 설하고 있는 많은 화신여래는 이 모임에 오게 하지 않으면 안 되는 것이다."

그때 대요설보살은 세존께 이렇게 말씀드렸다.

"세존이시여, 무엇보다도 먼저 저희들은 여래께서 만드신 모든 여래의 분신(화신)께 예배하고 싶사옵니다."

그때 세존께서는 미간에 있는 백호[94]로부터 광명을 놓으셨다. 그 순간 그 광명에 의해 동방의 갠지스 강의 모래알 수와 같은 5백만 억 나유타의 세계에 계신 세존들이 보였다. 또 수정으로 된 불국토도 보였다. 그 불국토는 보석나무로 눈부시게 빛나며, 아름다운 가지각색의 천으로 장식되어 있고, 수백 수천의 많은 보살로 가득 차고, 천계의 휘장이 둘러져 있고, 칠보를 박은 황금그물로 덮여 있는 것이 보였다. 각각의 불국토에서 세존께서는 감미롭고 신묘한 소리로 중생들에게 가르침을 설하고 계시고, 그 불국토가 수백 수천의 보살로 가득 차 있는 것이 보였다.

견보탑품

동남쪽에서도 마찬가지였다. 또 남쪽과 남서쪽, 서쪽, 서북쪽, 북쪽, 북동쪽에서도 마찬가지였다. 아래쪽에서도 위쪽에서도 마찬가지였다.

이렇게 널리 시방의 각 방향에서 갠지스 강의 모래알 수와 같은 백천만 억 나유타의 많은 불국토와 거기에 계신 세존들이 보였다.

그때 시방에 계신 바른 깨달음을 얻은 존경받는 여래들께서는 각자의 보살들에게 말씀하셨다.

"선남자, 선여인이여, 우리들은 다보여래를 모신 탑에 예배하기 위해 사바세계에 계신 석가여래께 가야 할 것이다."

또 세존들께서는 시종을 두세 명씩 거느리시고 이 사바세계에 오셨다.

이런 이유로 그때 이 사바세계 전체가 보석나무로 장식되고, 대지는 유리로 되고, 칠보를 박은 황금그물로 덮였으며, 커다란 보석향로의 향기로 싸이고, 만다라바꽃이 온통 뿌려져 있으며, 작은 방울이 붙은 그물과 금실로 바둑판 무늬처럼 장식되었다. 마을, 도성, 시골, 왕국, 왕성의 구별도 없고, 칼라 산[95]도 없고, 무칠린다 산도 대무칠린다 산도 없고, 차크라바다 산[鐵圍山]도 대차크라바다 산도 없고, 수미산도 없고, 그 밖의 큰 산도 없고, 큰 바다도 없고, 하천이나 큰 강도 없고, 천신들이나 인간, 아수라의 무리도 없고, 지옥이나 축생도, 야마의 세계[96]도 없이 정연하게 되었다. 이런 이유로 그때 이 사바세계에서 육종의 경계[97]에 태어난 중생들은, 이 모임에 모인 이들을 제외하고는 모두가 다른 세계로 옮겨졌다.

그때 세존들께서는 한둘씩 시종을 데리고 이 사바세계에 오셨다. 도착하시자 여래들께서는 보석나무 아래에 있는 사자좌에 앉으셨다. 그 보석나무의 높이는 각각 5백 요자나이고, 정연하게 가지와 큰 잎, 작은 잎으로 덮여 있었으며, 꽃과 과실로 장식되어 있었다. 각각의 보석나무 밑둥치에는 큰 보석으로 장식된 높이 5요자나의 사자좌가 마련되어, 거기에 여래께서 한 분씩 결가부좌로 앉으셨다. 이런 식으로 모든 삼천대천세계에서 여래들께서 모든 보석나무 밑둥치에 결가부좌로 앉으셨다.

그때 이 삼천대천세계는 여래들로 가득 차 있었는데, 석가여래의 분신인 화신여래들은 아직 어떤 곳에서도 도착하지 않았다. 그래서 석가여래께서는 신통력으로 여래의 분신들을 위해 앉을 곳을 만드셨다. 즉 널리 팔방에서 2백만 억의 불국토가 유리로 되고, 칠보가 박힌 황금그물로 덮이고, 작은 방울이 달린 그물로 장식되고, 만다라바꽃이 온통 뿌려지고, 천계의 휘장이 쳐지고, 천계의 꽃들로 된 영락이 드리워지고, 천계의 향로의 향기로 싸였다. 그리고 그 2백만 억의 불국토는 모두 마을, 도성, 시골, 왕국, 왕성의 구별도 없고, 칼라 산도 없고, 무칠린다 산도 대무칠린다 산도 없고, 차크라바다 산도 대차크라바다 산도 없고, 수미산도 없고, 그 밖의 큰 산도 없고, 큰 바다도 없고, 하천이나 큰 강도 없고, 천신들이나 인간, 아수라의 무리도 없고, 지옥이나 축생도, 야마의 세계도 없이 정연하게 되었다. 또 그 많은 불국토 전체를 평탄하고 쾌적하며 칠보로 된 수목으로 풍부하게 장식된 유일한 불국토로 해서 하나로 이어지는 대지처럼 정연하게 했다.

견보탑품

또 그 보석나무들은 높이나 둘레가 5백 요자나씩이며, 정연하게 가지, 잎, 꽃, 과실이 열리고, 그 모든 보석나무의 밑둥치에는 천계의 보석으로 된 가지각색의 아름답게 보이는 사자좌가 마련되었고, 계속해서 모여온 여래들은 보석나무의 밑둥치에 있는 사자좌 위에서 결가부좌를 하고 앉았다.

 이런 식으로 석가여래께서는 각각의 다른 방향에서 2백만 억 나유타의 세계를 청정하게 하셨다. 계속해서 모여온 여래들께 앉을 자리를 제공하기 위해 각 방향에 있는 2백만 억 나유타의 세계도 각각 그렇게 정연하게 되었으며, 그곳의 모든 중생들이 다른 세계로 옮겨졌다. 이 불국토들도 또한 유리로 되었으며, 칠보를 박은 황금그물로 덮여, 작은 방울이 달린 그물로 장식되고, 만다라바꽃이 온통 뿌려지고, 천계의 휘장이 쳐지고, 천계의 꽃들의 영락이 드리워져 있고, 천계의 향료의 향기로 싸이고, 보석나무로 아름답게 장식되었다. 그리고 그 모든 보석나무는 크기가 5백 요자나며, 밑둥에 5요자나의 큰 사자좌가 마련되어 있었다. 거기서 여래들은 각자 따로 결가부좌를 하고 앉아 있었다.

 또 그때 동쪽에 있는 갠지스 강의 모래알 수와 같은 백천만 억 나유타의 불국토에서 중생들에게 가르침을 설하고 있던 석가세존의 화신인 여래들이 모두 한꺼번에 왔다. 마찬가지로 시방으로부터도 화신여래들이 와서 팔방에 자리를 잡았다. 이렇게 해서 그때 각각의 방향에 있는 3백만 억의 세계는 팔방에 걸쳐 널리 여래들로 가득했다.

 그 뒤 그 여래들은 각각 자신의 사자좌에 앉아 시종을 석가

세존께 보냈다. 그들은 보석으로 된 꽃받침을 건네주며 이렇게 말했다.

"선남자, 선여인이여, 그대들은 기사굴산(耆闍崛山)[98]으로 가거라. 거기서 석가세존께 예배하고 우리들을 대신하여 여래께 그리고 보살과 성문들께 무병무재하신지 건강하신지 평안하게 지내시는지 안부를 여쭈어라. 그리고 수많은 보석의 꽃받침을 깔며 이렇게 말씀드려라. '존귀하신 여래께서는 보석으로 된 이 거대한 탑을 열어보는 데 동의하셨사옵니다'라고."

그렇게 여래들은 모두 각자 자신의 시종들을 보냈다.

그때 석가세존께서는 자신의 분신인 화신여래들이 하나도 빠짐없이 모여서 각자 사자좌에 앉은 것과 그 시종들이 와서 동의하시는 것을 아시고, 법좌에서 일어나 하늘 높이 공중에 섰다. 사부대중도 모두 자리에서 일어나 합장하고 세존의 얼굴을 올려보며 멈춰 섰다. 그때 세존께서는 공중에 솟아 있는 보석으로 된 거대한 탑의 한가운데를 오른손가락으로 여셨다. 마치 큰 성문이 열릴 때 반구형의 커다란 두 문이 좌우로 열리는 것처럼, 세존께서는 오른손가락으로 거대한 보석으로 된 탑의 중앙을 여셨다. 그러자마자 다보여래께서 사지를 움츠렸으면서도 완전무결한 신체로 사자좌에 결가부좌로 앉아 계셨는데 삼매에 들어 있는 것처럼 보였다. 다보여래께서는 이렇게 말씀하셨다.

"훌륭하옵니다. 아주 훌륭하옵니다. 석가세존이시여, 당신은 이 '바른 가르침의 백련'이라는 법문을 훌륭히 설하셨사옵니다. 당신께서 이 법문을 여기 모인 대중에게 설하시는 것은 아주 훌륭한 일이옵니다. 세존이시여, 나는 그 법문을 듣기 위해 온 것이옵니다."

그러자 사부대중은 다보여래께서 완전한 열반에 드신 지 백천만 억 나유타의 많은 겁이 지났는데도 그렇게 설하시는 것을 보고 불가사의하고 일찍이 없던 일이라고 생각했다. 그때 그들은 다보여래와 석가여래께 천계와 인간계의 보석으로 된 꽃받침〔寶華聚〕을 깔아드렸다.

그때 다보여래께서는 석가여래께 사자좌의 자리 반을 양보하시며, 보석으로 된 거대한 탑 속에서 석가세존을 향해 "석가세존께서는 여기 앉으십시오"라고 했다. 그래서 석사세존은 다보여래와 함께 공중에 떠 있는 탑의 사자좌에 절반씩 자리를 차지하고 앉으셨다.

그때 사부대중은 이런 생각이 들었다.

'우리들은 두 분 여래로부터 멀리 떨어져 있으니, 여래의 위신력을 빌려 우리들도 공중으로 오르도록 하자'고.

그러자 석가세존께서는 마음으로 대중의 생각을 아시고 위신력으로 대중을 공중으로 데려오셨다. 그때 석가세존께서는 대중에게 이렇게 말씀하셨다.

"비구들이여, 그대들 가운데 사바세계에서 '바른 가르침의 백련'이라는 법문을 설하려고 애쓰는 자는 누구인가? 여래가 눈앞에 있는 지금이 바로 그런 맹세를 할 때이다. 지금이 바로 그 기회이다. 비구들이여, 여래인 나는 지금 '바른 가르침의 백련'이라는 법문을 위촉하고 완전한 열반에 들고자 한다."

세존께서는 그때 이런 게송을 읊으셨다.

비구들이여, 이미 열반에 드신 위대한 지도자이신
성인조차도 보석으로 된 탑에 계시면서
이 가르침을 듣기 위해 오셨는데
가르침을 위해서 누가 애쓰지 않겠는가.

완전한 열반에 드신 뒤 많은 겁이 지났는데도
그 여래께서는 지금도 가르침을 듣고 계신다.
가르침을 듣기 위해 이리저리 가신다.
이런 가르침은 참으로 얻기 어렵기 때문이다.

과거세에 세운 이 여래의 서원은 그가
완전한 열반에 드신 뒤에도 가르침을 듣기 위해
시방의 모든 세계를 편력하시는 것이다.

갠지스 강의 모래알 수와 같은 수천만 억의
여래들은 모두 나의 분신으로
그들은 법을 수행하기 위해
이미 완전한 열반에 든 나를 만나러 온 것이다.

어떻게 하면 법으로 사람들을
오래 이끌 수 있을까 하고 생각해서
바른 가르침을 지키기 위해 그들은 모두
각자 자신의 불국토도 제자들도
인간이나 천신들도 모두 두고 달려온 것이다.

견보탑품

이 부처님들이 앉을 수 있도록
나는 신통력으로 수천만 억의 세계를 청정하게 하고
또 모든 중생들을 다른 세계로 옮기기도 했다.
'이 법의 가르침을 어떻게 설하면 좋을까' 하고 늘 생각했다.

한편 이 무량한 여래들은 연꽃들처럼
보석나무 밑동에 편히 앉아 있다.
그 사자좌에 앉아 있는 지도자들은
마치 불이 암흑을 비추는 것처럼
수많은 보석나무 밑동을
밝게 비추면서 앉아 있다.

그 세간의 지도자들의 상쾌한 향기가
바람을 타고 항상 이 세상에서 시방으로 퍼지므로
그 향기에 취해 모든 중생들은 자신을 잊는다.

내가 열반에 든 뒤
이 법문을 수지하려고 하는 자가 있다면
세간의 지도자들 앞에서
어서 그 맹세의 말을 하여라.

다보여래께서는 이미 완전한 열반에 드셨지만
이 법문을 굳게 수지하겠다는
결의의 사자후를 들으실 것이다.

또 나와 이 자리에 모인
수많은 지도자들도
이 가르침을 설하는 데 애쓰는
승리자의 아들(보살)로부터
그 결의를 들을 것이다.

그런 승리자의 아들은
언제나 나를 공양한 것이 되며
마찬가지로 이 가르침을 듣기 위해
사방으로 가시는 자기존재자인
다보여래도 공양한 것이 된다.

또 이 자리에 모인 세간의 지도자들이
대지를 밝게 채색하고 아름답게 장식하고 있는데
이 경전을 설하는 것은
그들에게도 무수히 광대한 공양을 올린 것이 된다.

또 이 경전을 설하는 것은
나나 탑의 중앙에 계시는
다보여래를 뵙는 것이 되며
또 수백의 많은 국토에서 모여온
많은 세간의 보호자를 뵙는 것이 된다.

선남자, 선여인이여

지도자들은 모든 중생을 불쌍히 여겨
아주 곤란한 상황을 참고 견디시는 것을 알아야 한다.

어떤 이가 갠지스 강의 모래알처럼
수천의 많은 경전을 설한다 해도
그것은 하기 어려운 행위라고 할 수 없다.

어떤 이가 수미산을 한 손으로 움켜쥐고
수천의 국토 저편으로 던졌다 하더라도
그 정도로는 하기 어려운 행위라고 할 수 없다.

어떤 이가 이 삼천대천세계를
한쪽의 엄지발가락으로 진동하게 한 뒤
수천의 국토 저편으로 차버렸다 하더라도
그 정도로는 하기 어려운 행위라고 할 수 없다.

또 어떤 이가 최고의 존재계[有頂][99]에 서서
다른 수천의 경전에 대해 설법한다 하더라도
그 정도로는 하기 어려운 행위라고 할 수 없다.

세간의 왕인 부처님이 열반에 드신 뒤
험악한 후세에 이 경전을 수지하든가 설한다면
그것이야말로 참으로 하기 어려운 행위이다.

어떤 이가 허공계 전체를 한 주먹 속에 넣어
어디론가 가지고 갔다 하더라도
그 정도로는 하기 어려운 행위라고 할 수 없다.

그러나 내가 열반에 든 후세에
이 경전을 옮겨 적거나 한다면
그것이야말로 참으로 하기 어려운 행위이다.

어떤 이가 땅의 전부를
발톱 위에 올려놓고
범천의 세계에까지 오른다고 하자.

이 세상의 모든 세간사람들 앞에서
그런 난행을 보이더라도
어려운 행위를 한 것은 아니며
그 노력도 그다지 대단한 것이라고 할 수 없다.

그런 이보다도 내가 열반에 든 뒤에
한순간이라도 이 경전을 설하려고 하는 것이
더 어려운 일이다.

세간이 겁화에 타오르고 있을 때
어떤 이가 불에 타지 않으면서
그 한가운데를 마른 풀단을 이고 지나간다 하더라도

견보탑품

그 정도로는 어려운 행위라고 할 수 없다.

그런 이보다도 내가 열반에 들었을 때
이 경전을 수지해서
단 혼자라도 설한다면
그것이 더 어려운 일이다.

8만4천의 가르침[100]을 수지하고 해석하여
그 가르침대로 수많은 생명 있는 것들에게 설해서
비구들을 교화하고
내 제자들에게 5신통[101]을 얻게 하더라도
그 정도로는 어려운 행위라고 할 수 없다.

거기에 비해 이 경전을 수지하거나
믿거나 따르거나 되풀이 설한다면
그것이 더 어려운 일이다.

갠지스 강의 모래알처럼
수천만 억의 6신통을 갖춘 뛰어난 이들을
아라한(阿羅漢)[102]의 지위에 오르게 했다 하더라도

내가 열반에 든 뒤
이 훌륭한 경전을 수지하는 사람쪽이
훨씬 더 많은 어려운 행위를 한 것이 된다.

나는 부처님의 지혜를 얻도록
지금까지 수천의 세계에서
많은 가르침을 설해 왔으며
지금도 설하고 있다.

그러나 이 경전은
모든 경전 가운데 최고라 불리며
이 경전을 수지하는 이는
승리자의 신체를 보전하는 것이 될 것이다.

선남자, 선여인들이여
그대들 가운데 후세에 이 경전을
수지하고자 하는 이는
여래가 눈앞에 계실 때 맹세하여라.

수지하기 어려운 경전을
한순간이라도 수지하는 이는
빠짐없이 모든 세간의 보호자들에게
큰 기쁨을 드린 것이 된다.

그는 어떤 때라도
세간의 보호자들로부터 칭찬받을 것이며
긍지가 높은 용자이며
깨달음을 얻기 위해 신속히 신통을 지닌다.

견보탑품

이 경전을 수지하는 이
그는 무거운 짐을 나르는 이이며
세간의 보호자의 친아들이며
마음을 다스리는 경지에 도달한 이이다.

인간의 지도자가 열반에 든 뒤
이 경전을 설한다면
그는 천신들이나 인간을 포함한
세간의 눈이 된다.

여래께서 열반에 드신 후세에
이 경전을 한순간이라도 설한다면
그는 모든 중생들로부터
존경받는 대상이 될 것이다.

제12장 제바달다품(提婆達多品)

그때 세존께서는 모든 보살과 천신, 아수라를 포함한 세간에게 이렇게 말씀하셨다.

"비구들이여, 옛적 과거세의 일로 나는 헤아릴 수 없고 셀 수 없는 겁 동안 싫증도 내지 않고 쉬지도 않고 '바른 가르침의 백련'이라는 경전을 찾았다. 또 나는 옛적 무량겁 동안 국왕을 지낸 적이 있었는데, 위없는 바른 깨달음을 얻겠다는 서원을 세워 마음이 물러서는 일이 없었다. 나는 육바라밀을 성취하려고 애썼으며 무량한 보시를 했다. 즉 금, 보주, 진주, 유리, 나패, 수정, 산호, 사금, 은, 마노, 호박, 붉은 진주, 마을, 도성, 시골, 왕국, 왕성, 아내, 아들, 딸, 노예, 기술자, 시종, 코끼리, 말, 탈 것, 심지어는 내 몸까지 희사했으며 손, 발, 머리, 신체의 각 부분 및 생명까지 주면서, 아까워하는 마음을 한 번도 품은 적이 없었다. 또 그 당시 세간의 사람들은 장수했었으며, 나는 그때 국정을 맡고 있었는데, 그것은 법을 위해서였지 욕망을 위해서는 아니었다. 나는 연장의 왕자를 왕위에 세우고는 훌륭한 가르침을 구하는 데에 전념해서, 사방으로 사람을 보내 방울을 울리며 포고하게 했다.

'누군가 나에게 훌륭한 가르침을 설하고 그 뜻을 가르쳐준다면, 나는 그의 노예가 되겠다.'

그러자 그때 한 사람의 성인이 나에게 이렇게 말했다.

'대왕이시여, '바른 가르침의 백련'이라는 가장 뛰어난 가르침을 설하는 경전이 있사옵니다. 만일 당신께서 내 노예가 되겠다면 그 가르침을 들려드리겠사옵니다.'

나는 그 성인의 가르침을 듣고 기뻐 만족해하며 성인의 곁으로 다가가 이렇게 말했다.

'나는 당신의 노예가 되어 일하겠습니다.'

이렇게 해서 나는 성인의 노예가 되어 풀이나 나뭇조각, 마실 물, 풀뿌리, 나무열매 등을 따는 일과 문지기의 일까지 했다. 낮에는 노예의 일을 하고 밤에는 자고 있는 성인의 잠자리를 지켰다. 그럼에도 불구하고 몸은 피로하지 않았고, 싫증을 느끼지 않았다. 내가 이런 일을 하고 있는 동안 꼭 천 겁의 세월이 흘렀다."

그때 세존께서는 그 뜻을 분명히 알리시려고 이런 게송을 읊으셨다.

과거 수겁의 일이 생각난다.
그때 나는 법에 따르는 경건한 국왕으로
국정을 맡고 있었는데 그것은 법을 위해서였지
애욕을 위해서는 아니었다.

가장 뛰어난 가르침을 얻기 위해
나는 사방으로 이런 포고를 냈다.
'누군가 나에게 훌륭한 가르침을
설해 주는 이가 있다면
나는 그의 노예가 되겠다.'

그때 '바른 가르침의 백련'이라는 경전을 설하는
성인이 있었다.
그가 나에게 이렇게 말했다.
'만일 당신이 가르침을 원한다면
내 노예가 되시오.
그렇게 하면 훌륭한 가르침을 설해 주겠소.'
나는 그의 말을 듣고 기뻐하며
그의 노예가 되어 모든 일을 했다.

노예가 되었지만
그것은 바른 가르침을 얻기 위해서였기 때문에
몸과 마음이 피로와 싫증을 느끼지 못했다.
그때 나에게는 서원이 있었는데
그것은 중생을 위한 것이지
나 자신이나 애욕을 위한 것은 아니다.

그 당시 국왕이었던 나는
'바른 가르침의 백련'이라는 경전을 얻기 위해

정진노력했는데
다른 일에는 마음을 두지 않았으며
시방으로 다니기를 꼭 천 겁 동안 했지만
싫증난 적이 없었다.

"비구들이여, 그대들은 그 일을 어떻게 생각하는가? 그때 그곳의 국왕이었던 이를 딴 사람으로 생각하는가? 그렇게 생각해서는 안 된다. 왜냐하면 내가 바로 그때 그곳의 국왕이었기 때문이다. 또 비구들이여, 그때 그곳의 성인이었던 이를 딴사람으로 생각해서도 안 된다. 이 데바닷타[103] 비구야말로 그때 그곳의 성인이었기 때문이다.

실로 비구들이여, 데바닷타 비구야말로 나의 선지식이며, 그의 덕분에 나는 육바라밀을 이루었으며, 자비희사(慈悲喜捨)[104]라는 보살의 사덕과 32상과 80종호,[105] 금색 피부, 불타의십력(十力),[106] 네 가지 두려움 없는 자신[四無畏],[107] 사람들을 포용하는 네 가지 사항[四攝事],[108] 열여덟 가지의 불타에 특유한 성질[十八不共法], 대신통력, 시방의 중생을 구제하는 것, 이 모든 것을 나는 그의 덕분에 이룰 수가 있었다.

비구들이여, 그대들에게 알리겠다. 이 데바닷타 비구는 미래세에 무량겁 뒤에 '천도(天道)'라는 세계에서 '천왕(天王)'이라고 불리는 여래로 나타날 것이다. 그는 지혜와 덕행을 두루 갖춘 선서이며, 세간을 잘 아는 더 이상 위없는 이이며, 사람들을 잘 인도하시는 분이며, 천신과 인간의 스승이며, 세존이다. 또 비구들이여, 이 천왕여래의 수명은 20중겁[109]일 것이다. 그리고 그는 자세하게 가르침을 설할 것이다. 또 갠지스 강의 모래알 수와 같은 중생들이 모든 번뇌를 끊고 아라한의 지위를 얻을 것이며, 많은 중생들이 독자적인 깨달음[110]을 얻기 위해 마음을 일으키며, 갠지스 강의 모래알 수와 같은 중생이 위없는 깨달음을 향해 발심해서 결코 물러서지 않는 확신을 얻을 것이다.

또 비구들이여, 이 천왕여래가 완전한 열반에 든 뒤에도, 그의 바른 가르침은 20중겁 동안 존속할 것이다. 그의 몸은 유골로서 나누어지지 않고 완전한 채로 칠보로 된 탑 속에 모셔질 것이다. 그 탑은 높이가 60요자나이고 한쪽이 40요자나일 것이다. 천신들이나 인간은 모두 그 탑을 향해 꽃, 훈향, 향수, 화만, 도향, 분향, 옷, 우산, 깃발로써 공양을 올리며, 시송과 찬가로 칭찬할 것이다. 또 그 탑 주위를 오른쪽으로 돌거나 경례하는 이들 중에 어떤 이는 아라한과를 얻을 것이며, 어떤 이는 벽지불에 이를 것이다. 헤아릴 수 없는 천신들이나 인간이 이 위없는 깨달음을 향해 발심해서 물러서는 일이 없을 것이다."

그때 세존께서는 다시 비구들에게 말씀하셨다.

"비구들이여, 선남자 선여인들이여, 누구든지 미래세에 '바른 가르침의 백련'이라는 경전을 펼쳐 의심하거나 주저하지 않고 청정한 마음으로 믿고 따른다면, 지옥과 축생, 야마의 삼악도(三惡道) 문은 닫혀서 그가 지옥으로 떨어지는 일은 없을 것이다. 시방의 불국토에서 생을 받아 태어날 때마다 같은 경전을 들으며, 천신들이나 인간세계에 태어나서는 훌륭한 지위를 얻을 것이다. 또 어떤 불국토에 태어나더라도 그는 여래 앞에서 자연히 나타난[化生] 칠보로 된 연꽃 속에서 태어날 것이다."

그러자 그때 다보여래의 불국토에서 온 '지적(智積)보살'이 다보여래께 이렇게 말씀드렸다.

"세존이시여, 우리들은 우리의 불국토로 돌아갑시다."

그러자 석가여래께서는 지적보살에게 이렇게 말씀하셨다.

"선남자들이여, 잠깐 기다리시오. 나의 보살인 문수사리와 함께 법에 대해 논의를 한 뒤 자신의 불국토로 돌아가시오."

그러자 그때 문수사리보살은 크기가 차바퀴 정도이며 잎이 천 개인 연꽃 속에 앉아, 많은 보살에 둘러싸여 존경받으며, 대해의 한가운데에 있는 사가라용왕의 궁전으로부터 하늘 위로 올라가 허공을 지나 기사굴산에 계신 세존께로 다가왔다. 문수사리보살은 연꽃에서 내려와 석가세존과 다보여래의 두 발에 머리를 대고 예배한 뒤, 지적보살에게로 다가갔다. 그리고는 지적보살과 다정하고 정중한 인사를 나누고 함께 자리에 앉았다.

그때 지적보살은 문수사리보살에게 이렇게 물었다.

"문수여, 대해의 한가운데 있는 용궁에서 당신은 얼마나 많은 중생을 교화하였습니까?"

문수사리가 대답했다.

"헤아릴 수 없이 많은 중생을 교화했습니다. 그것은 말로 나타낼 수도 마음으로 짐작할 수도 없을 정도로 무량하며 무수합니다. 선남자들이여, 그 증거를 보게 될 때까지 잠시 기다리십시오."

문수사리보살이 이 말을 하자마자 수천의 연꽃이 바다 한가운데에서 하늘 위로 올라왔는데, 그 속에는 수천의 보살이 앉아 있었다. 그 보살들은 마찬가지로 허공을 지나 기사굴산〔靈

鷲山의 상공에 멈추어 있는 것이 보였다. 그들은 모두 문수사리보살이 위없는 바른 깨달음으로 교화한 이들로, 그들 가운데 이전에 대승으로 뜻을 세운 보살들은 대승의 여러 공덕과 육바라밀을 칭찬했으며, 성문이었던 보살들은 성문의 길을 칭찬했는데, 그들 모두가 모든 것이 공(空)인 것과 대승의 여러 공덕을 잘 알고 있었다.

그때 문수사리보살은 지적보살에게 이렇게 말했다.

"선남자들이여, 이 중생들은 모두 내가 대해(大海) 한가운데에 있을 때 교화했습니다. 그 성과가 지금 나타난 것입니다."

그때 지적보살은 문수사리보살에게 이런 게송을 읊으며 질문했다.

아주 행복하신 분이여
지혜로 용자의 이름을 떨치는 분이여
여기 있는 무수한 중생을
당신은 어떤 위신력으로 교화하였습니까?
인간의 신이여, 거기에 대해 말해 주십시오.
그 말을 듣고 싶습니다.

도대체 당신은 어떤 가르침
어떤 깨달음의 길을 교시하는 경전을 설했기에
그것을 들은 중생들이
깨달음을 향해 마음을 일으켜
일체지자에 대한 확신을 얻었습니까?

제바달다품

문수사리가 답했다.

"내가 대해의 한가운데에서 설한 것은 다름 아닌 '바른 가르침의 백련'이라는 경전입니다."

지적보살이 말했다.

"그 경전은 대단히 심원하고 현묘해서 설명하기 어렵고, 이 경전과 대등한 다른 경전은 하나도 없습니다. 이 경전의 핵심을 회득하고 위없는 바른 깨달음을 얻을 수 있는 중생이 있습니까?"

문수사리가 답했다.

"선남자들이여, 있습니다. 사가라용왕의 딸로 여덟 살이지만 지혜가 뛰어나고 예민한 능력을 갖추었으며, 몸과 입과 마음의 움직임이 지혜에 의하고 모든 여래께서 설하신 말씀과 그 뜻을 이해하기 위해 다라니[111]를 얻고 있습니다. 또 그녀는 모든 사물이나 중생에게 정신을 집중하는 수천의 삼매를 한순간에 얻었으며, 깨달음에의 마음을 일으켜 물러서는 일이 없고, 광대한 서원을 지니며, 모든 중생을 자기 자신처럼 애정을 가지며, 공덕을 발휘하고, 나아가 그 공덕이 부족한 적이 없습니다. 얼굴에는 미소를 머금었으며 몸에는 가장 청정한 색을 띠었고, 자비심을 지녔으며 자애 깊은 말을 합니다. 그녀는 바른 깨달음을 얻을 수 있습니다."

지적보살이 말했다.

"석가세존께서 아직 보살로서 깨달음을 얻고자 정진하고 계실 때, 많은 복덕을 쌓고 수천 겁 동안 한 번도 정진을 소홀히 한 적이 없었습니다. 이 여래께서 중생의 행복을 위해 몸을 던

지지 않았던 곳은 삼천대천세계에 겨자씨만큼도 없습니다. 그런 뒤 비로소 깨달음을 얻으셨던 것입니다. 그런데 그 딸이 위없는 바른 깨달음을 한순간에 얻으리라는 것을 도대체 누가 믿겠습니까?"

그러자 그때 사가라용왕의 딸이 앞에 나타나는 것이 보였다. 그녀는 세존의 두 발에 머리를 대고 예배한 뒤, 한쪽에 섰다. 그리고는 이런 게송을 읊었다.

여래의 복덕, 그 심원한 복덕이
온 시방에 넘쳐흐르며
그 미묘한 신체는 32상으로 아름답게 장식되고

80종호를 갖추고
모든 중생으로부터 존경받으며
마치 마을의 시장처럼
모든 중생이 찾아가려고 한다.

그 여래야말로 내가 원하는 대로
깨달음을 얻는 증인이시다.
나는 사람들을 괴로움에서 해방하는
광대한 가르침을 설할 것이다.

그때 사리불 존자는 사가라용왕의 딸에게 이렇게 말했다.
"선여인이여, 당신이 깨달음을 향해 마음을 일으키고 물러감

이 없고 헤아릴 수 없는 지혜를 갖추고 있더라도, 그것만으로는 바른 깨달음을 얻을 수 없습니다. 여성의 경우, 정진노력을 소홀히 하지 않고, 수백 수천 겁 동안 많은 복덕을 쌓고, 육바라밀을 완성했다 하더라도 아직 부처님이 된 이는 없습니다. 왜 그런가 하면, 지금까지 여성은 다음의 다섯 경지에조차 도달하지 못했기 때문입니다. 그 다섯 가지란, 첫째 범천(梵天)의 경지, 둘째 제석(帝釋)의 경지, 셋째 대왕(大王)의 경지, 넷째 전륜왕의 경지, 다섯째 불퇴전의 보살의 경지입니다."

그때 사가라용왕의 딸은 삼천대천세계 전체와 맞먹을 가치가 있는 보석을 가지고 있었는데, 그 보석을 세존께 선물하자 세존께서는 자비로움을 보이시고 그 보석을 받으셨다.

그리고 사가라용왕의 딸은 지적보살과 사리불 존자에게 이렇게 질문했다.

"제가 세존께 선물한 보석을 세존께서는 바로 받으셨습니까, 받지 않으셨습니까?"

사리불이 대답했다.

"그대도 바로 선물했고 세존께서도 바로 받으셨소."

사가라용왕의 딸이 말했다.

"사리불이시여, 제가 바른 깨달음을 얻는 것은 더 빠릅니다. 만일 제가 대신통을 지녔다면 보석을 받으신 분보다 더 빠를 것입니다."

그때 사가라용왕의 딸은 모든 사람들과 사리불 존자 앞에서 여성 성기를 없애고 남성 성기를 나오게 해 자신이 보살인 것을 보이고 남쪽으로 갔다. 그리고는 남쪽의 '무구(無垢)'라는 세계에서 칠보로 된 보리수 아래에 앉아 깨달음을 얻고 32상과 80종호를 갖추어 광명으로 시방을 비추며 가르침을 설하고 있는 모습을 나타내 보였다. 또 천신들, 용, 야차, 건달바, 아수라, 가루다, 긴나라, 인간과 인간 이외의 모든 것들로부터 존경받으며 가르침을 설하고 있는 것을, 사바세계에 있는 중생들이 모두 보았다. 그 여래의 설법을 들은 중생들은 모두 위없는 바른 깨달음에서 물러서지 않게 되었으며, 무구세계와 사바세계가 여섯 가지로 진동했다. 석가세존의 법회에 모인 삼천의 생명 있는 것들은 '사물은 본래 생기는 것이 아닌 것을 아는 지혜〔無生法忍〕'를 얻었으며 위없는 바른 깨달음을 얻을 것이라는 수기를 받았다.

그때 지적보살과 사리불 존자는 침묵했다.

제13장 권지품(勸持品)

그때 '약왕(藥王)보살'과 '대요설(大樂說)보살'은 2백만 명의 보살들과 함께 여래 앞에 있었는데, 이런 맹세를 하였다.
"부디 세존께서는 가르침을 펴는 일 때문에 걱정하시지 마시옵소서. 여래께서 완전한 열반에 드신 뒤에는 저희들이 이 법문을 중생들에게 설하겠사옵니다. 세존이시여, 그 시대에는 중생들이 기만적이며 선근을 잘 쌓지도 않고 교만하며, 이익과 명예에 집착하며, 선하지 못한 행위를 하며, 교화하기 어렵고, 믿으려고도 하지 않고, 믿고 따르려는 마음도 강하지 못할 것이옵니다. 그러나 세존이시여, 저희들은 인내를 가지고 그런 시대에도 이 경전을 수지 독송하며 설명하고 가르치며 옮겨 쓰고 존중하며 공양하겠사옵니다. 또 저희들은 몸과 마음을 바쳐 이 경전을 설하겠사옵니다. 그러니 세존께서는 걱정하시지 마시옵소서."
그때 그 자리에 있던, 아직도 배울 것이 있는 비구와 더 배울 것이 없는 비구[112]들 가운데 꼭 5백 명의 비구들이 세존께 이렇게 말씀드렸다.

"세존이시여, 저희들은 이 법문을 널리 펴는 데 힘쓰겠사옵니다. 그러나 세존이시여, 이 사바세계 이외의 다른 세계에서도 그렇게 하겠사옵니다."

그러자 세존으로부터 위없는 바른 깨달음을 이룰 것이라고 수기를 받은 8천 명의 비구들은, 아직 더 배울 것이 있는 비구든 더 배울 것이 없는 비구든 모두 세존이 계신 곳을 향해 합장 경례하며 이렇게 말씀드렸다.

"부디 세존께서는 아무런 걱정도 마시옵소서. 여래께서 완전한 열반에 드신 뒤에도 저희들은 이 법문을 펴겠사옵니다. 그러나 그것은 다른 세계에서 펴게 될 것입니다. 왜냐하면 이 사바세계에 있는 중생들은 선근도 얕고 교만해서 언제나 나쁜 마음을 품으며, 기만적이고 본래의 마음이 뒤틀린 자들이기 때문이옵니다."

그때 세존의 이모인 마하파세파디 교담미(憍曇彌)[113]는 더 배울 것이 있는 비구니와 더 배울 것이 없는 비구니 6천 명과 함께 자리에서 일어나 세존이 계시는 곳을 향해 합장 경례하고, 세존을 우러러보면서 서 있었다.

그러자 세존께서 교담미에게 말씀하셨다.

"교담미여, 그대는 깨달음에 이를 것이라는 수기를 받지 못했다고 낙담하면서 선 채로 여래를 바라보고 있는 것은 무슨 까닭입니까? 그러나 교담미여, 그대는 이미 이 자리에 모인 이들에게 준 수기로 그대 역시 수기를 받은 것이오. 교담미여, 그대는 여래인 나를 비롯한 380만 억 나유타의 부처님 아래에서 공경, 공양하며 찬양했으므로, 설법자인 보살대사가 될 것이오. 또 아직 배울 것이 있는 비구니와 더 배울 것이 없는 6천 명의 비구니들도 그대와 함께 여래들 아래에서 설법자인 보살이 될 것이오. 그 뒤 그대는 보살의 수행을 완성해서 '일체중생희견(一切衆生喜見)이라고 하는 바른 깨달음을 얻어 존경받는 여래'가 되어 이 세상에 나타날 것이오. 그대는 지혜와 덕행을 갖춘 선서이며, 세간을 잘 아는 위없는 분이며, 사람들을 잘 인도하는 분이며, 천신들과 인간의 스승이며, 부처님이며, 세존이며, 여래가 될 것이오. 그리고 교담미여, 그 일체중생희견여래는 저 6천 명의 보살들 한 사람씩에게 위없는 깨달음에 이를 것이라고 수기할 것이오."

그때 라후라의 어머니인 야쇼다라[114] 비구니는 이런 생각이 들었다.

'세존께서는 나에게 수기해 주시지 않으셨다.'

세존께서는 마음으로 야쇼다라 비구니의 마음을 아시고, 이렇게 말씀하셨다.

"야쇼다라여, 그대에게 말하겠다. 그대도 또한 백천만 억의 부처님을 공경, 공양하며 찬양한 뒤 설법자인 보살이 될 것이다. 그리고 이윽고 보살의 수행을 완성해서 '선국(善國)'이라는 세계에서 '구족천만광상(具足千萬光相)이라고 하는 바른 깨달음을 얻어 존경받는 여래'가 되어 이 세상에 나타날 것이다. 그대는 지혜와 덕행을 갖춘 선서이며, 세간을 잘 아는 위없는 이이며, 사람들을 잘 인도하는 이이며, 천신들과 인간의 스승이며, 부처님인 세존이 될 것이다. 그 구족천만광상여래의 수명은 무량할 것이다."

그때 6천 명의 비구니를 거느린 교담미 비구니와 4천 명의 비구니를 거느린 야쇼다라 비구니는, 세존으로부터 친히 위없는 바른 깨달음을 얻을 것이라는 수기를 받고 기뻐하며 이런 게송을 읊었다.

세존이시여, 당신께서는
인도자나 지도자, 천신들을 포함한
세간의 스승으로 나타나시옵니다.

인간이나 천신들의 공양을 받아주시며
중생들을 격려해 주시옵니다.
보호자시여, 저희들도 이제 마음이 흡족하옵니다.

그때 그 비구니들은 이 게송을 읊은 뒤, 세존께 이렇게 말씀드렸다.
"세존이시여, 저희들도 후세에 이 법문을 널리 펴기 위해 애쓰겠사옵니다. 그러나 다른 세계가 될 것이옵니다."
그때 세존께서는 8십만 억 나유타의 보살들이 있는 곳으로 눈을 돌리셨다. 그 보살들은 모두 다라니를 얻었으며 불퇴전의 가르침의 법륜을 굴리는 이들이었는데 세존께서 보시자 그들은 자리에서 일어나 세존이 계시는 곳을 향해 합장 경례하며 이렇게 생각했다.
'세존께서는 우리들이 이 법문을 널리 펴기를 바라고 계신

다.'

그들은 그렇게 생각한 뒤 동요하며 서로 말했다.

"세존께서는 우리들이 미래세에 이 법문을 널리 펴기를 바라고 계신데, 어떻게 하면 좋겠는가?"

그때 그 선남자들은 세존에 대한 존경심과 자신들의 과거의 수행과 서원이 있었기 때문에 세존을 향해 맹세의 말씀을 드렸다.

"세존이시여, 여래께서 완전한 열반에 드신 뒤, 미래세에 저희들은 시방세계에서 세존의 위신력에 힘입어 이 법문을 모든 중생들에게 옮겨 적게 하고 독송하게 하고 고찰하게 해서 널리 펴겠사옵니다. 부디 세존께서는 다른 세계에 계시더라도 저희들을 지켜보아 주시옵소서."

그리고서 그 보살들은 일제히 이런 게송을 읊었다.
세존이시여, 아무런 걱정도 마시옵소서.
당신께서 완전한 열반에 드신 뒤
악세(惡世)에 저희들은 이 최고의 경전을
널리 펴겠사옵니다.

지도자시여, 저희들은 어리석은 자들이
욕을 하거나 위협하거나 몽둥이를 휘두르더라도
참고 견디겠나이다.

또 그 악세에 비구들은 악의를 품고

마음은 비뚤어지고 기만적이며
어리석고 우쭐대기 때문에
깨달음을 얻지 못했으면서도
얻었다고 생각할 것이옵니다.

지혜가 부족한 그들은
아란야(절)에서 생활을 하고
누더기를 걸치면서 스스로
'우리들은 청빈한 생활을 하고 있다'고 할 것이옵니다.

미각의 즐거움에 탐닉하고 있는 자가
재가사람들에게 가르침을 설하며
6신통을 갖춘 아라한처럼
존경받을 것이옵니다.

우리를 비방하는 그들의 마음은
흉폭함과 증오가 끓고 있고
가정이나 재산에 마음을 뺏기고 있으면서도
숲 속이라는 외딴 곳에 숨어

우리들에게 이렇게 말할 것이옵니다.
'이 비구들은 이교도로 이익과 명예에 빠져
자기 멋대로 가르침을 편다'고.

또 '이익과 명예를 구해서
자신이 경전을 편찬하여
모임의 한가운데서 설교한다'고
우리들을 욕하는 자들도 있을 것이옵니다.

국왕이나 왕자들, 대신들이나 바라문들, 가장들
나아가 다른 비구들도 우리들을 비난해서
'이교의 가르침을 펴는 자'라고 할 것이옵니다.
그러나 저희들은 위대한 성인들을 존경하므로
그 모든 것을 참고 견디겠사옵니다.

또 그 후세에 어리석은 자들이
저희들을 업신여기고
'이 사람들이 부처가 될 것이다'라고 비웃더라도
저희들은 그 모든 것을 감수하겠사옵니다.

세상이 무서운 시대에 큰 공포 속에서
야차의 형상을 한 많은 비구들이
저희들을 매도하더라도

저희들은 부처님에 대한 존경심을 가지고
이 세상에 머물며 극히 어려운 일을 하며
인내라는 허리띠를 두르고
이 경전을 널리 펴겠사옵니다.

지도자시여,
저희들은 몸도 마음도 아깝지 않사옵니다.
저희들은 오직 깨달음을 구하는 자이며
당신께 부여받은 일을 하는 자이옵니다.

후세에 이렇게 깊은 뜻이 담긴 말을 모르는
나쁜 비구들이 있으리라는 걸
세존께서는 아실 것이옵니다.

눈총을 받고 자리를 얻지 못하고
정사(사원)로부터 추방되고
온갖 욕설과 비아냥을 듣더라도
저희들은 그 모든 것을
참고 견디겠사옵니다.

저희들은 후세에 세간의 보호자이신
당신의 부촉을 떠올리고
두려움 없는 자신감을 가지고
모임의 한가운데서
이 경전을 설하겠사옵니다.

지도자시여, 이 세상에서
이 가르침을 구하는 이가 있다면
도성이든 마을이든 어디라도 찾아가서

권지품

당신에게서 받은 이 가르침을
그 사람에게 전하겠사옵니다.

세간의 왕이시여
저희들은 당신께서 주신 임무를 다하겠사옵니다.
위대하신 성인이시여
당신께서는 정적에 싸여 고요한 열반에 드시어
아무 걱정도 하지 마시옵소서.

시방에서 나오신 모든 세간의 광명이시여
저희들은 진실한 말만을 하겠사옵니다.
당신께서는 저희들의 타오르는 정열을
잘 아실 것이옵니다.

제14장 안락행품(安樂行品)

그때 문수사리보살은 세존께 이렇게 말씀드렸다.
"세존이시여, 저 보살들이 세존에 대한 존경심으로 이 법문을 널리 펴기 위해 한결같은 노력을 하는 것은 참으로 어려운 일이옵니다. 세존이시여, 저 보살들이 어떻게 하면 후세에 이 법문을 널리 펼 수 있겠사옵니까?"
그러자 세존께서는 문수사리보살에게 이렇게 말씀하셨다.
"문수사리여, 사법[115]으로 자신을 확립한다면, 보살은 후세에 이 법문을 널리 펼 수 있다. 문수사리여, 사법은 무엇인가. 첫째로 이 세상에서 보살이 선행(善行)과 바른 교제범위에 안주한다면 후세에 이 법문을 널리 펼 수 있다. 어떻게 하면 거기에 안주할 수 있는가. 보살이 인내심 깊고 온화하며 마음이 다스려진 경지에 이르러 부들부들 떨거나 분노를 나타내는 일이 없고 어떤 것에도 사로잡히지 않고 모든 모습〔相〕을 있는 그대로 관찰할 때, 비로소 모든 것에 대해 함부로 생각하지 않고 분별하지 않게 된다. 이것이 보살의 선행이라고 불리는 것이다.

문수사리여, 보살의 바른 교제범위란 어떤 것인가. 보살은 국왕이나 왕자, 대신, 그리고 그 시종들과 사귀거나 방문하거나 섬기거나 가까이하지 않는 것이다. 또 유행자, 아지바카 교도,[116] 니르그란타 교도 등의 이교도들이나 시서(詩書)나 세속의 논서에 탐닉하는 사람들이나 세상일에 관한 주문을 신봉하는 로카야타 교도[117]와도 사귀거나 방문하거나 섬기거나 가까이하지 않는 것이다. 그리고 찬달라,[118] 마우슈티카,[119] 돼지고기점, 새고기점, 사냥을 하는 자, 도살꾼, 배우, 요술쟁이, 사기꾼, 격투를 하는 자와도 가까이하지 않고, 오락이나 유흥장에도 가까이 가지 않으며, 그들이 다가오면 그때 그때에 어떤 것에도 사로잡히지 않고 가르침을 설할 뿐, 그들과 친하지 않는 것이다. 또 성문에 속하는 비구, 비구니, 신남, 신녀들과도 사귀거나 방문하거나 섬기거나 친하게 지내지 않으며, 그들이 다가오면 그때 그때에 어떤 것에도 사로잡히지 않고 가르침을 설할 뿐, 경행(經行)[120]의 장소든 정사 안이든 그들과 만나지 않는다면 이것이 보살대사의 교제범위이다.

문수사리여, 또 보살은 언제나 여성의 환심을 사려고 가르침을 설하지도 않으며, 여성을 만나고 싶다는 생각도 품지 않으며, 남의 집을 방문해서 젊은 부녀자와 말을 나누고 싶은 생각도 하지 않으며, 그녀들에게 인사도 하지 않는다. 또 거세당한 자에게 가르침을 설하지 않으며, 그들과 친하게 지내지도 않으며, 인사도 하지 않는다. 그리고 여래의 생각을 수습하고 있는 자를 제외하고는, 밥을 얻기 위해서도 혼자는 남의 집에 들어가는 일이 없다. 설사 여성에게 가르침을 설하게 되더라도, 그는 본래 가르침에 집착해서 설해서는 안 되며, 부인에게 집착해서 설해서도 안 되며, 설할 때 웃느라고 이빨을 보이는 일조차 없으므로 얼굴에 감정의 변화를 보이는 일도 없다. 또 그는 사미, 사미니, 비구, 비구니, 소년, 소녀에게 흥미를 보이지 않으며, 그들과 친하게 지내지 않고, 대화를 즐기는 일도 없다. 그는 가만히 앉아 선정을 닦는 데 전념하며, 항상 선정 속에 잠겨 생활한다. 문수사리여, 이것이 보살의 첫번째 교제범위라고 불린다.

문수사리여, 또 보살은 모든 것을 공(空)이라고 관찰한다. 즉 모든 것은 바르게 확립되어, 무도착(無倒錯)의 상태에 있으며, 있는 그대로의 상태를 유지하며, 자타에 의해서도 움직이지 않고 역전하지 않고 변화하지 않고 언제나 있는 그대로의 상태를 유지하며, 허공과 같은 본성으로 말의 해석이나 표현을 떠나 생기지 않으며, 만들어진 것도 아니며 만들어진 일이 없는 것도 아니며, 있는 것도 아니며 없는 것도 아닌, 말로 나타낼 수 없는 집착을 떠난 상태에 있는, 관념의 도착에 의해 나타내어진 것이라고 관찰한다.

문수사리여, 보살은 언제나 모든 것을 이처럼 관찰하며 생활한다. 이렇게 사는 보살은 바른 교제범위에 안주하고 있는 것이다. 문수사리여, 이것이 보살의 두번째 교제범위이다."

그때 세존께서는 이 뜻을 상세히 알리시려고 이런 게송을 설하셨다.

여래께서 열반에 드신 뒤 무서운 시대에

보살이 겁내지 않고 두려움 없는 자신감을 가지고
이 경전을 널리 펴려고 한다면

그는 선행과 바른 교제범위를 지키고
세속적인 교제를 끊고
몸을 청정하게 지켜야 할 것이다.

즉 언제나 국왕이나 권력자들과의 교제를 끊어야 할 것이다.
왕의 시종들, 찬달라, 마우슈티카, 주정뱅이
이교도들과도 사귀어서는 안 된다.

소승의 율이나 경전에 집착해
자신을 아라한이라고 생각하는
교만한 비구들과도 사귀지 말며
파계한 비구들도 피하는 것이 좋다.

마음이 들떠 웃거나 수다를 좋아하는
비구니들을 언제나 피하며
속악한 것에 빠진 재가의 여성도 피해야 한다.

현세의 안온한 상태를 구하는
재가의 여성들과의 교제도 끊어야 한다.
이것이 보살의 선행이라고 불린다.

그들 중 최고의 깨달음을 구해 보살을 찾아와
가르침을 구하는 자가 있다면
현자는 어떤 것에도 사로잡히지 않고
언제나 가르침을 설하는 것이 좋다.

부인이나 거세된 사람들과의 교제를 끊고
타인의 집에 있더라도
젊은 부녀자나 처녀들을 피해야 한다.

정중하게 안부를 물어야 하며
그녀들과 말을 나누어서도 안 된다.
돼지고기나 양고기를 파는 사람과의 교제도 끊어야 한다.

향락을 위해 여러 가지 산 것을 죽이거나
도살장에서 고기를 파는 자들과의 교제도 끊어야 한다.
포주, 요술쟁이, 사기꾼, 격투하는 자,
그와 유사한 자들과의 교제도 끊어야 한다.
유녀나 쾌락을 팔아서 생계로 삼는 자들과도
사귀어서는 안 되며
인사조차도 해서는 안 된다.

현자는 여성에게 가르침을 설할 때
혼자 그 방으로 들어가서는 안 되며
웃음을 띠어서도 안 된다.

탁발을 하려고 마을로 들어갈 때는
동반의 비구에게 동행을 부탁하거나
동반자가 없을 때는 부처님을 생각하라.

이와 같은 것이 첫째 선행과
바른 교제범위라고 나는 설한다.
이런 경전을 수지하는 지혜를 갖춘 사람들은
이것을 지키며 살아갈 것이다.

보살은 열등한 자, 뛰어난 자, 보통인 자
만들어진 것, 만들어지지 않은 것
진실한 것, 허망한 것에도
결코 집착하지 않아야 하며

침착한 사람은 상대방이 여자라고 해서
특별히 흔들리지 않으며
상대방이 남자라고 해서
분별하여 멀리 해서도 안 된다.

이 세상에 존재하는 모든 것은
본래 나는[生] 일이 없는 것을 본질로 삼는 까닭에
그것을 찾으면서도 보지 못하는 것이다.

이것이 보살들의 선행이라고 불리는 전부이다.

보살의 바른 교제범위란 어떤 것인가?
설명할 테니 그대들은 들으라.

이 모든 것은 실재가 아니며
나타난 것도 아니며 생긴 것도 아니며
공이며 움직이지 않는 것으로서
언제나 현존하고 있다고 설해졌다.
이런 것이 현자들의 바른 교제범위라고 불린다.

그런데 잘못된 생각을 지닌 자들은
이 모든 것이 실재하지 않는데도 실재로 여기며
허망한데도 진실이라고 여기며
생기지도 않는 것을 생겼다고 잘못 생각한다.

한편 보살은 언제나 마음을 한 점에 집중해서
선정에 들어 수미산처럼 부동으로 안주하며
모든 것을 허공처럼 관찰해야 한다.

이 모든 것은 언제나 허공과 같으며
내실이 없으며 움직이지 않으며
망상을 떠나면서도 언제나 현존해 있다고 관찰한다.
이것이 현자들의 바른 교제범위라고 불린다.

내가 열반에 든 뒤

나의 행동을 지키고 따르는 비구는
세간에서 이 경전을 설하라.
그러나 조금이라도 두려워해서는 안 된다.

현자는 경우에 따라서는 안으로 생각을 집중하고
집에 들어가 문을 잠그고 이 문의 근본을 관찰한 뒤
선정으로부터 깨어나 두려워하지 말고 가르침을 설하라.

그로부터 가르침을 듣는 국왕이나 왕자들은
이 세상에서 그를 비호할 것이며
다른 가장이나 바라문들도
항상 그를 섬길 것이다.

"문수사리여, 또 여래께서 완전한 열반에 드신 뒤 후 오백 년[121] 동안에 바른 가르침이 소멸하고 있을 때[末法],[122]이 가르침을 널리 펴려고 애쓰는 보살은 안락한 경지에 있을 것이다. 그는 안락한 경지에서 신체에 집착하지 않으며, 경전에 나타난 가르침을 설하며, 타인에 대해 말할 때에도 그들의 결점을 들추는 일이 없으며, 다른 설법자인 비구를 욕하거나 비난하는 일도 없으며, 책망하는 일도 없다. 또 다른 성문에 속하는 비구들의 이름을 들추어 비난하는 일도 없고, 책망하는 일도 없으며, 그들에 대해 적대심을 품는 일도 없다. 그것은 말할 필요도 없이 그는 안락한 경지에 안주해 있기 때문이다. 그는 법화(法話)를 듣고 싶어서 찾아오는 사람들에게 정중하고 친절한 태도로 가르침을 설한다. 말싸움을 하는 일도 없고, 질문 받더라도 성문의 길에 의해 답하는 일이 없으며, 어떻게 해서든 부처님의 지혜를 깨닫기를 바라면서 답한다."
 그때 세존께서는 이런 게송을 설하셨다.

현명한 이는 언제나 안락한 경지에 들어
깨끗하고 상쾌한 장소에 높은 자리를 마련해서
그 위에 편안히 앉아 평온한 가르침을 설한다.

그는 아주 좋은 염료로 잘 염색된 법의를 두르고
마찬가지로 검은 옷도 몸에 걸치고
또 헐거운 속옷도 입고

여러 색의 천을 아름답게 겹치고
발 디딤대가 붙은 자리에 앉아
발을 씻고 머리나 얼굴에도 기름을 바르고
자리에 올라가 법좌에 앉아
모인 사람들에게 여러 가지 이야기를 하는 것이 좋다.

비구들에게도, 비구니들에게도
신남, 신녀, 왕, 왕자들에게도
그 현자는 언제나 아주 친근한 태도로
여러 가지 뜻을 지닌 매력적인 이야기를
해 주는 것이 좋다.

그때 그들의 질문을 받더라도 그들에게
적절한 의미를 한 번 더 설명해 주어라.
그것도 그들이 들어서
깨달음을 얻을 수 있는 방법으로
그 의미를 모두 설해 주는 것이 좋다.

현자는 나태한 마음을 없애며
권태로운 생각을 하지 않으며
채울 수 없는 생각은 모두 끊으며
청중에게 자비로운 힘을 발휘해야 한다.

현자는 주야로 수많은 비유로써
최고의 가르침을 설해
청중을 기쁘게 하고 만족시켜라.
그러나 그는 그 일에 대해
결코 어떤 것도 바라서는 안 된다.

딱딱하거나 부드러운 식사, 의복, 침대, 자리, 법의
혹은 병을 낫게 하는 약에 신경 쓰지 말아라.
청중에게 아무것도 바라서는 안 된다.

뿐만 아니라 현명한 이는
'나와 같이 이 중생들도 함께 부처님이 될지어다.
내가 이 '바른 가르침의 백련'을

세간사람들의 행복을 위해 설하는 것은
나에 의해 모든 안락을 가져오는 도구가 된다'고
언제나 생각해야 할 것이다.

내가 열반에 든 뒤, 남을 원망하지 않고
오직 이 가르침을 설하는 비구는
괴로움도 장애도 근심도 망설임도
모두 없어질 것이다.

누구도 그를 두렵게 하거나 때릴 수도 없으며
비난하는 이도 없다.
그는 결코 추방당하는 일도 없다.
그는 확고한 인내력을 지녔기 때문이다.

언제나 내가 말한 대로 처신해서
안락한 경지에 든 현자에게는
수없이 많은 공덕이 있어서
수백 겁이 지나더라도
그것을 다 말할 수는 없을 것이다.

"문수사리여, 또 여래께서 완전한 열반에 드신 뒤 바른 가르침이 소멸할 최후의 시대에 이 경전을 수지하고 있는 보살은, 남을 원망하거나 속이거나 거짓말하지 않으며, 남을 비난하지 않고 욕하지 않고 경멸하지 않는다. 이 경전을 수지하는 자는 성문의 길에 속하는 이든 독각의 길에 속하는 이든 보살의 길에 속하는 이든, 그들은 다른 비구나 비구니, 신남, 신녀들에게 마음의 곤혹을 일으키게 하는 일이 없다.

'선남자들이여, 그대들은 위없는 바른 깨달음으로부터 멀리 떨어져 있어서, 그대들에게 깨달음이 나타나는 일은 없다. 그대들은 완전히 나태한 생활을 하고 있어서, 여래의 지혜를 깨달을 수는 없다'고 해서 보살의 길에 속하는 자에게도 마음의 곤혹을 일으키는 일은 없다. 또 가르침에 대한 논쟁을 좋아하지도 않고, 싸우려고 하지도 않고, 모든 중생들에 대한 자비로운 힘을 버리지 않는다. 모든 여래에 대해 아버지라는 생각을 품고, 모든 보살에 대해 스승이라는 생각을 품는다. 또 세간에 있는 모든 보살들을 깊은 뜻과 존경심으로 끊임없이 경례한다. 또 가르침을 설할 때도, 그는 가르침을 평등히 사랑하므로 가르침을 더하거나 빼지 않고 설한다. 또 그는 이 법문을 설할 때, 어느 누구에게도 편애를 하지 않는다.

문수사리여, 이상의 세번째 방법을 갖춘 보살이 여래께서 완전한 열반에 드신 뒤 바른 가르침이 소멸하려는 최후의 시대에 이 법문을 널리 편다면, 그는 기분 좋은 만남 속에서 살며 어떠한 해로움을 받지 않고 이 법문을 널리 펼 수가 있다. 그가 이 가르침을 읊을 때에는 함께 읊는 이가 생길 것이다. 또 그의 주위에는 가르침을 듣고자 하는 이들이 나타날 것이며, 그들은 그로부터 법문을 듣고 믿고 수지하며, 옮겨 적고 남에게도 옮겨 적게 해 책으로 만들어서 공경하며 공양할 것이다."

세존께서는 이처럼 설하신 뒤, 이렇게 게송을 읊으셨다.

이 경전을 널리 펴려고 하는 설법자는
기만과 교만한 마음과 나쁜 생각을 버려야 하며
질투심도 지녀서는 안 된다.

그는 결코 어떤 사람도 책망해서는 안 되며
견해를 세워서 논쟁해서도 안 된다.
또 '당신이 위없는 지혜를 얻는 일은 없겠지요'라고 해서
남의 마음을 곤혹하게 해서도 결코 안 된다.

그 여래의 아들은 언제나
올바르며 부드럽고 인내심이 강하다.
이 가르침을 계속해서 몇 번이나 설하여라.
그렇다고 해서 그가 권태를 느끼는 일은 전혀 없다.

'중생을 자비롭게 여겨 시방세계에 있는 보살들은
모두 나의 스승이다'라고 생각해서
이 현자는 그들에게 스승에 대한
존경심을 품어야 한다.

인간의 최고자이신 부처님을 마음에 간직해서
그 승리자들을 언제나 아버지로 생각해야 할 것이다.
또 교만한 마음을 모두 끊는다면
그때 그에게는 장애는 없다.

이러한 방법을 듣고
현자는 그때 그 방법을 지켜야 한다.
안락한 경지를 얻는 데 마음을 집중한 이는
수많은 생명 있는 것으로부터 충분히 보호받는다.

"문수사리여, 또 여래께서 완전한 열반에 드신 뒤 바른 가르침이 소멸할 최후의 시대에 이 법문을 수지하는 비구는, 재가의 사람들이나 출가한 사람들로부터 멀리 떨어져서 자비로운 삶을 살아야 할 것이다. 그리고 아직 깨달음을 향해 뜻을 세우지 않은 모든 중생들에 대해 자애를 품고 이렇게 발심해야 한다.

'아아, 이 중생들은 참으로 지혜가 떨어지는 이들이다. 그들은 여래의 절묘한 방편인 깊은 뜻이 담긴 말을 듣지 못하고 알지 못하고 묻지 아니하고 믿지 아니하고 따르지 아니한다. 더욱이 이 중생들은 이 법문에 들어가지도 아니하고 깨닫지도 못한다. 그러나 나는 이 위없는 바른 깨달음을 얻은 뒤, 어느 곳에 중생이 있든 그곳에서 그들을 신통력으로 회심시켜, 믿게 하고 깨달음으로 들어가게 하고 성숙시킬 것이다.'

문수사리여, 이상의 네번째 방법을 갖춘 보살은 여래께서 완전한 열반에 드신 뒤 이 법문을 널리 펴고 있을 때, 남을 상처 입히는 일이 없으며, 비구, 비구니, 신남, 신녀, 국왕, 왕자, 대신, 고관들이나 마을사람들, 바라문, 가장들에게도 공경받고 공양받을 것이다. 공중에 사는 천신들은 청정한 믿음으로 가르침을 듣기 위해 그의 뒤를 따를 것이며, 천자들도 호위하며 따르고 있을 것이다. 마을에 있든 정사에 있든 가르침에 대해 질문하기 위해 밤낮으로 그를 방문할 것인데, 그들도 그의 설법을 듣고 만족해서 기뻐할 것이다. 왜냐하면 문수사리여, 이 법문은 모든 부처님의 가호를 받고 있으며, 과거, 미래, 현재의 여래들로부터 언제나 가호받고 있기 때문이다. 문수사리여, 많은 세계에서는 이 법문을 설하는 소리나 곡조, 그 이름을 듣는 일도 드물다.

예를 들면 문수사리여, 군대를 통솔하는 전륜왕이 있어 무력으로 자신의 왕국을 평정한다면, 그와 대적하는 왕들도 그와 싸우게 된다. 그때 전륜왕에게는 많은 전사가 있어서 적과 싸운다. 그러면 전륜왕은 전사들이 분전하고 있는 것을 보고 기뻐한다. 그는 즐거이 전사들에게 여러 가지 상을 준다. 예를 들면 마을이나 마을의 토지를 주거나 도성이나 도성의 토지를 주거나 의복을 주거나 허리띠, 팔찌, 목걸이, 귀고리, 황금, 진주목걸이, 금괴, 보석구슬, 진주, 유리, 나패, 수정, 산호를 주거나 코끼리, 말, 전차, 보병, 노비를 주거나 탈것이나 가마를 준다. 그러나 상투에 붙인 보석구슬은 누구도 받지 못한다. 왕의 머리를 장식하는 상투에 달린 보석구슬은 단 하나밖에 없기 때문이다. 문수사리여, 만일 왕이 상투에 달린 그 보석구슬마저 준다면, 왕의 군대는 모두 놀라서 감명받을 것이다.

그와 마찬가지로 문수사리여, 법의 소유주이며 법의 왕이신 바른 깨달음을 얻어 존경받는 여래께서도 복덕의 힘이라는 군대로 얻은 법에 의해 삼계에서 법의 왕국을 통치하고 계시는 것이다. 한편 마왕 파순이 그의 세계에 침입할 때, 여래의 성스러운 전사들도 마군과 싸운다. 문수사리여, 그때 여래께서는 성스러운 전사가 싸우는 것을 보시고 사중들을 기쁘게 하시기 위해 백천 가지 경전을 설하시며, 열반의 도성이라는 위대한 법의 도성을 주시며, 열반의 안락함을 주시어 그들을 깨달음으로 이끄신다. 그러나 묘법연화경과 같은 법문은 설하시지 않으셨다.

문수사리여, 군대를 통솔하는 전륜왕은 분전하고 있는 전사들의 영웅적 행위에 놀라 자신이 가지고 있는 최고의 것을 모두 주는데, 이는 세간사람들에게는 쉽게 믿어지지 않는 일이다. 왕의 상투를 장식했던 보석구슬은 오랫동안 왕이 지녔던 것이어서 더 그렇다. 문수사리여, 그와 마찬가지로 여래께서는 삼계의 법의 왕이시며 법으로써 왕국을 통치하고 계시므로, 성문이나 보살들이 오온과 번뇌라는 마(魔)[123]와 싸우고 있으며, 또 애착이나 증오, 미혹의 삼독(三毒)[124]을 멸하고, 삼계의 모든 것으로부터 떠났으며, 모든 마를 물리치는 위대한 영웅적인 행위를 했을 때, 여래께서도 전륜왕처럼 만족하셔서 그 전사들에게 이 세간에서 쉽게 받아들여지기 어렵고 믿기 어렵고 지금까지 설한 적이 없는 법문을 설하시는 것이다. 모든 중생들에게 일체지자인 것을 보이는 큰 보주와 같은 이 법문을, 여래께서는 제자들에게 선물하신 것이다. 문수사리여, 이것이야말로 여래들의 최고의 설법이며 최후의 법문이다. 이 법문은 모든 법문 중에서 가장 심원하며, 모든 세간에서 쉽게 받아들여지기 어려운 것이다. 문수사리여, 지금 여래께서는 마치 전륜왕이 오랫동안 지녔던 보석구슬을 전사에게 주는 것처럼, 오랫동안 비장되어 온 이 법의 깊은 뜻을 모든 법문의 최고위에 놓으시며, 여래에 의해서만 알려진 이 법문을 설하신 것이다."

그때 세존께서는 이 뜻을 상세히 알리시려고 이런 게송을 설하셨다.

언제나 자비로운 힘을 발휘하고
언제나 모든 중생을 불쌍히 여겨
최후의 말세의 보살은 선서들께서 찬탄하신
훌륭한 경전인 이 가르침을 설해야 할 것이다.

후세에 재가든 출가든 깨달음을 구하지 않는 이든
모든 이들에게 자비로운 힘을
발휘하는 것이 좋다.
그들이 가르침을 듣고 비방하는 일은
결코 있어서는 안 되니까.

'내가 깨달음을 얻어 여래의 경지에 도달했을 때
절묘한 방편으로 중생들을 지도하며
최고의 깨달음을 설해 주겠다'고 생각해서

예를 들면 전륜왕은 전사들의 무훈에 만족해서
그들에게 여러 가지 황금으로 된 장식이나
코끼리, 말, 전차, 보병, 도성, 마을을 줄 것이다.

전륜왕은 어떤 이에게는 팔찌, 은, 황금실, 진주
보석구슬, 나패, 산호, 노예를 줄 것이다.
그러나 어떤 전사가 최고로 공훈을 세우면
왕은 거기에 경탄해서 왕관을 풀어 보석구슬을 줄 것이다.

그와 마찬가지로 부처님인 나는 법의 왕으로
인내심을 갖추며 많은 지혜를 지녔으며
세간의 행복을 원해 자애 깊게 자비심을 품으며
이 세간을 모두 법으로 다스린다.

나는 고뇌하는 중생들을 보고
수많은 경전을 설한다.
이 세상에서 번뇌를 끊은 청정한 중생들이
용맹 정진하는 것을 알고

그때 위대한 의사이며 법의 왕인 나도 또한
수많은 법문을 설하며
중생들 역시 능력도 있고 지혜도 갖춘 것을 알아
왕의 상투에 달린 보석구슬과 같은 이 경전을 설한다.

나는 최후의 이 경전을 이 세상에서 설한다.
이것은 나의 모든 경전 가운데에서 최고의 것으로
내가 비장하고 있었으나
아직까지 설한 적이 없는 것이다.

그것을 지금 설할 테니 그대들은 들어라.

내가 열반에 든 뒤
가장 훌륭한 최고의 깨달음을 구해
나를 위해 일을 하는 이들은
앞에서 말한 네 가지 방법으로
실행해야 할 것이다.

그것을 실행하는 이는
걱정하거나 방해받는 일도 없고
추해지지도 않고 병에도 걸리지 않는다.
피부가 검어지는 일도 없으며
비천한 마을에 사는 일도 없다.

그 위대한 성인은
언제 보아도 기쁜 모습을 하고
여래처럼 공양을 받는다.
그에게는 언제나 귀여운 천자들의 시종이 있을 것이다.

칼이나 독약, 몽둥이, 흙덩이가
어느 때에도 그의 몸을 상하게 하는 일이 없다.
그에게 심한 욕설을 하는 자는
입이 막히게 될 것이다.

내가 열반에 든 뒤 이 경전을 수지하는 이는
이 세상에서 생명 있는 것의 친족이다.
그는 광명으로 가득 차 수많은 사람들의
어둠을 제거하면서 지상을 돌아다닌다.

그는 꿈 속에서 상서로운 환영을 본다.
즉 비구나 비구니를 보며 자신의 신체가
사자좌에 올라 그들에게 여러 가지 가르침을
설하고 있는 것을 본다.

또 그는 꿈 속에서 갠지스 강의 모래알처럼 많은
천신들, 야차, 아수라, 용을 보며
합장하고 있는 그들에게 최고의 가르침을
설하고 있는 것을 본다.

또 그는 꿈 속에서 여래를 본다.
즉 수많은 생명 있는 것들에게 가르침을 설하며
수천의 광명을 뿜으며 감미로운 소리를 내시는
금색의 신체인 보호자를 본다.

또 꿈 속에서 그는 합장하여
인간의 최고자이신 현자를 칭찬하며
한편 그 위대한 의사이신 승리자는
사중에게 최고의 가르침을 설하신다.

그는 그 가르침을 듣고 기쁨으로 가득 차 여래께 공양한다.
또 꿈 속에서 불퇴전의 지혜를 신속히 얻고
다라니를 얻는다.
세간의 보호자는 그의 뜻을 아시고
그에게 부처님의 경지에 이르리라고 수기하신다.

'선남자여, 그대도 또한 이 미래세에
위없는 훌륭한 지혜를 얻을 것이다.
그대의 불국토는 광대할 것이다.
그리고 사중은 나의 경우처럼
참으로 경건하게 합장하며
광대하고 깨끗한 가르침을 들을 것이다'라고.

또 그는 꿈 속에서 자기 자신을 본다.
즉 동굴 속에서 법을 닦아
본래의 모습에 이르러 삼매를 얻고
그 속에서 승리자를 뵙고 있는 자신을 본다.

꿈 속에서 몸은 금색이며
백 가지 상서로운 복덕의 상을 갖춘
부처님을 뵙고 가르침을 들은 뒤
그것을 법회에서 설한다.
실로 그의 꿈은 이런 것이다.

꿈 속에서조차도 그는 왕의 지위도
후궁도 친족도 모두 버리고
모든 애욕을 끊고 출가해서
깨달음의 자리로 다가간다.

보리수의 밑동에 있는 사자좌에 앉아
깨달음을 구하는 그는
이렇게 해서 7일 간을 보낸 뒤
여래의 지혜를 얻을 것이다.

깨달음을 얻은 뒤 그 자리에서 일어나
더러움이 없는 가르침의 바퀴를 굴리고
생각을 초월한 수많은 겁 동안
사중들에게 가르침을 설한다.

더러움 없는 가르침을 설해
수많은 생명 있는 것들을 제도시킨 뒤
기름이 다한 등잔불처럼 열반에 든다.
그가 꾸는 꿈은 이런 것이다.

문수사리여, 내가 절묘하게 설한
최고의 가르침인 이 경전을
후세에 설하는 이에게는
언제나 무한한 공덕이 있을 것이다.

제15장 종지용출품(從地踊出品)

그때 다른 세계로부터 온 보살 중에 갠지스 강의 모래알 수와 같은 보살들이 대중 가운데에서 일어났다. 그들은 세존을 향해 합장 경례하면서 이렇게 말씀드렸다.

"세존께서 허락하신다면, 저희들은 여래께서 완전한 열반에 드신 뒤 이 사바세계에서 이 법문을 설하고 독송하며, 옮겨 적게 해서 공양하는 등 이 법문을 위해 애쓰려고 하옵니다. 그러하오니 세존께서는 저희들이 이 법문을 설하는 것을 허락해 주시옵소서."

세존께서는 그 보살들에게 다음과 같이 말씀하셨다.

"선남자들이여, 그만두어라. 그대들이 그 일을 한다 해서 무엇 하겠는가. 나의 이 사바세계에는 6만의 갠지스 강의 모래알 수와 같은 보살들이 있다. 또 그 보살 하나하나에 6만의 갠지스 강의 모래알 수와 같은 시종인 보살들이 있으며, 그 각각의 보살들에게도 마찬가지의 시종들이 있다. 그들 모두가 내가 완전한 열반에 든 후세에, 이 법문을 수지해서 독송하며 설할 것이다."

세존께서 이렇게 말씀하시자마자, 이 사바세계는 곳곳이 갈라지고, 그 틈새에서 천만 억의 많은 보살들이 나타났다. 그들은 몸은 금색이고 위대한 인물이 지니는 32상을 갖추었으며, 이 사바세계를 주처로 하여 대지 아래에 있는 허공계에 머물러 있었는데, 세존의 말씀을 듣고 지하로부터 나타난 것이었다. 그 보살들은 각각 육십의 갠지스 강의 모래알 수와 같은 시종을 거느리고 통솔하는 스승이었다.

　그런 수천만 억의 보살들이 이 사바세계의 대지의 틈새에서 나타났으므로, 오십의 갠지스 강의 모래알 수와 같은 보살들을 데리고 나타난 보살들에 대해서는 말할 필요도 없다. 마찬가지로 사십이나 삼십, 이십, 십, 오, 사, 삼, 이, 일의 갠지스 강의 모래알 수와 같은 보살들을 시종으로 하는 보살에 대해서도 말할 필요가 없다. 또 갠지스 강의 모래알 수의 반, 사분의 일, 육분의 일, 팔분의 일, 십분의 일, 이십분의 일, 삼십분의 일, 사십분의 일, 오십분의 일, 백분의 일, 천분의 일, 백천분의 일의 많은 보살들을 시종으로 하는 보살에 대해서도 말할 필요가 없다.

　또 천만 억 나유타의 보살을 시종으로 거느린 보살 억만, 천만 내지 백천의 시종, 천의 시종, 오백, 사백, 삼백, 이백, 백, 오십, 사십, 삼십, 이십, 십, 오, 사, 삼, 이, 일의 보살을 시종으로 거느린 보살들에 대해서도 말할 필요가 없다. 하물며 시종 없이 홀로인 보살들에 대해서는 더 말할 필요가 없다. 또 이 사바세계의 대지의 틈새에서 나타난 보살들에 대해서는 숫자와 계산은 물론, 비유되거나 비교될 만한 것도 알 수 없다.

　그리고 그들은 계속해서 나타나서는, 하늘 높이 정지하고 있는 거대한 보석탑 속의 사자좌에 앉아 완전한 열반에 들어 계신 다보여래와 석가여래 앞으로 다가갔다. 그리고는 두 분 여래의 발에 머리를 대고 예배했다. 또 석가세존께서 분신으로 만드신 모든 여래에게도 예배했다. 그리고 그 여래들의 주위를 오른쪽으로 수백 수천 번 돌며 온갖 찬양의 말을 올린 뒤 한편에 멈춰 섰다. 그리고는 합장해서 석가여래와 다보여래를 우러러보면서 경례했다.

이 보살들이 대지의 틈새에서 나타나 여래들을 예배하며 찬탄하고 있는 동안 50중겁이 지났고 250중겁 동안 석가여래께서는 침묵하셨다. 사중도 모두 침묵한 채 있었는데 세존의 신통력 때문에 사중은 50중겁을 오후의 짧은 시간으로 생각했으며, 백천의 허공으로 둘러싸인 이 사바세계가 보살로 가득한 것을 보았다.

또 그 대집단의 보살들 중에는 다음과 같은 지도자로서 '상행(上行)' '무변행(無邊行)' '정행(淨行)' '안립행(安立行)'[125]이라는 네 보살이 있었다. 이 네 보살은 여러 보살들의 앞에 서서, 세존을 우러러 합장하며 세존께 이렇게 말씀드렸다.

"세존이시여, 무병무재하게 지내시고 계시옵니까? 세존의 중생들은 마음씨가 곱고 인도하기 쉬우며 교화해서 청정하게 하기가 쉬우므로 세존께 걱정을 끼치는 일은 없겠지요."

그리고 이 네 보살은 세존께 다음의 두 게송을 읊었다.

세간의 보호자시여
광명을 비추시는 분이시여

편안하게 지내시옵니까?
완전하신 분이시여
심신이 상쾌하시며 걱정은 없으시옵니까?

세존의 중생들은 마음씨 곱고
쉽게 교화해서 청정하게 할 수 있으므로
세간의 지도자이신 당신께서 설법을 하실 때
걱정을 끼치는 일은 없겠지요?

세존께서는 보살들의 지도자인 네 보살에게 이렇게 말씀하셨다.

"그렇다. 선남자들이여, 나는 기분 좋게 지내며 무병무재하다. 또 나의 중생들은 마음씨 곱고 인도하기 쉬우며, 쉽게 교화해서 청정하게 할 수가 있어 나에게 걱정을 끼치는 일은 없다. 나의 중생들은 과거에 부처님 아래에서 자기를 닦은 이들이어서, 나를 보거나 내 가르침을 듣기만 해도 나를 믿고 부처님의 지혜를 이해해서 깨달음으로 들어가기 때문이다. 단 성문이나 독각의 경지에서 수습하고 있는 이들은 다르다. 그러나 나는 그들에게도 이 부처님의 지혜를 이해시키고 최고의 진리를 들려줄 것이다."

네 보살들은 다시 두 게송을 읊었다.

훌륭하시옵니다. 참으로 훌륭하시옵니다.
위대한 용자시여, 저희들도 당신의 중생들이

마음씨 곱고 쉽게 교화되어
청정하게 됨을 기뻐하옵니다.

또 지도자시여
그들이 당신의 심원한 지혜를 듣고 믿어
깨달음으로 들어감을 기뻐하옵니다.

 그러자 세존께서는 모든 보살의 상수(上首)인 네 보살을 칭찬하셨다.
 "훌륭하도다, 그대들이 여래의 일을 기뻐하는 것은 참으로 훌륭한 일이다."
 그때 미륵보살과 다른 세계에서 온 여덟 갠지스 강의 모래알 수와 같은 백천만 억 나유타의 보살들은 이렇게 생각했다.
 '이렇게 많은 보살들이 대지의 틈새에서 나와 세존 앞에 서서 세존을 공경하고 공양하며 세존의 안부를 묻고 있지만, 우리들은 여태껏 그들을 보지도 듣지도 못했다. 도대체 이 보살들은 어디서 나타난 것일까?'
 미륵보살은 자신도 궁금하거니와 백천만 억 나유타의 보살들도 의문을 품고 있는 것을 알고는 합장해서 다음의 게송으로 세존께 그 까닭을 여쭈었다.

이 수천만 억 나유타의 수많은 보살들은
여태껏 본 적이 없는 이들이온데
최고자시여, 설명해 주시옵소서.

종지용출품

이 위대한 신통을 지닌 이들은
어디에서 어떤 이유로 온 것이옵니까?
체구가 큰 이 보살들은
어디에서 어떻게 온 것이옵니까?

신심 견고하며 사려 깊고
용모도 단정한 이 위대한 성인들은
도대체 어디에서 온 것이옵니까?

세간의 왕이시여, 이 현명한 보살들은
각각 갠지스 강의 모래알 수와 같은
헤아릴 수 없이 많은 시종들을
거느리고 있사옵니다.

이 훌륭한 보살들이 거느린 시종들의 수는
꼭 육십 갠지스 강의 모래알 수와 같으며
모두가 깨달음을 향해 뜻을 세웠사옵니다.
사중을 거느린 이런 여실(如實)한 용자들은
그 수가 육십의 갠지스 강의 모래알 수와 같사옵니다.

다른 보살들은 그보다 훨씬 많으며
그들도 헤아릴 수 없는 많은 시종들을
거느리고 있사옵니다.

묘법연화경

즉 오십의 갠지스 강의 모래알 수와 같은
시종을 거느리며 사십이나 삼십의 경우는
더욱 많사옵니다.

이십의 갠지스 강의 모래알 수와 같은
시종을 거느린 보살은 곳곳에 빠짐없이 나타나며
십이나 오의 갠지스 강의 모래알 수와 같은
시종을 거느린 보살은 그보다 많사옵니다.

지도자시여, 부처님의 아들인
여실한 이들 각각의 시종이 이와 같사온데
이런 이들이 오늘 어디서 나타난 것이옵니까?

또 각각 사, 삼, 이(二)의 갠지스 강의 모래알 수와 같은
시종을 거느린 보살은 더욱 많사옵니다.
그 시종들은 그 보살을 보고 배우는 친구들이옵니다.

하나의 갠지스 강의 모래알 수와 같은
시종을 거느린 보살들은
그보다 더 많을 것이오며
수천만 억 겁이 걸리더라도
헤아릴 수가 없을 것이옵니다.

또 용자이며 여실한 보살들은

종지용출품

갠지스 강의 모래알 수의 반, 삼분의 일,
십분의 일, 이십분의 일과 같은
시종을 거느리고 있사옵니다.

이들보다 더 적은 시종을 거느린 보살은
그보다 훨씬 더 많아 하나하나 헤아린다면
수백 억 겁이 지나도 알 수가 없사옵니다.

적어도 시종을 거느리지 않은 보살들은
그보다도 많을 것이옵니다.
그들은 2분의 1억만 억 시종을
거느리고 있사옵니다.

그 밖의 위대한 성인들은
훨씬 더 많아 계산할 수가 없는데
그 보살들은 모두 위대한 지혜를 갖추었으며
정중하게 서 있사옵니다.

천의 시종을 거느리거나
백, 오십의 시종을 거느린 보살들은
백천만 억 겁이 지나더라도
다 헤아릴 수가 없사옵니다.

또 어떤 용자들은 이십, 십, 오, 사, 삼, 이인의

시종을 거느리고 있는데
그들 역시 헤아릴 수가 없사옵니다.

홀로 다니거나 홀로 정적을 누리는 이로서
지금 여기에 모인 용자의 수 또한
헤아릴 수가 없사옵니다.

설령 손에 자를 쥐고
갠지스 강의 모래알 수와 같은 겁을 헤아리더라도
다 헤아릴 수가 없사옵니다.

모두 위대한 덕성을 갖추었으며
정진노력하며 여실한 이이며 용자인
이 보살들은 도대체 어디에서 온 것이옵니까?

누가 이 보살들에게 가르침을 설하며
누가 깨달음을 향해 뜻을 세우게 하며
또 그들은 누구의 가르침을 기쁨으로 하며
누구의 가르침을 수지하옵니까?

위대한 지혜와 신통을 갖춘 현명한 그들은
이 대지를 가르고 널리 사방에 나타나옵니다.
현자시여, 이 세계는 두려움 없고
자신감을 가진 보살들에 의해

종지용출품

남김없이 갈가리 갈라졌사옵니다.

저희들은 이 보살들을 언제 어디서도
아직껏 한 번도 본 적이 없사옵니다.
지도자시여, 그들이 있었던 세계의 이름을
저희들에게 가르쳐 주시옵소서.

저희들은 시방을 두루 돌아다녔으나
한 번도 이 보살들을 보지 못했사옵니다.

저희들은 당신의 아들로서
한 사람도 만난 적이 없사온데
오늘 갑자기 이 보살들이 나타난 것이옵니다.
현자시여, 그러하오니 그들의 과거의 수행에 대해
말씀해 주시옵소서.

저희들 수백 수천만 억 나유타의 보살들은
모두 말씀을 듣고자
인간의 최고자이신 당신을
우러러보고 있사옵니다.

위대한 용자시며
헤아릴 수 없고 번뇌가 없는 분이시여
설명해 주시옵소서.

용자이며 두려움 없고 자신감을 가진 이 보살들이
어디에서 어떻게 왔는지를 설명해 주시옵소서.

다른 백천만 억 나유타의 세계에서 중생들에게 가르침을 설하고 있던 석가여래의 분신인 여래들이 그 세계에서 와서 석가여래의 주위를 팔방으로 둘러싸고 보리수 아래에 있는 거대한 보석의 사자좌에 앉아 있었는데, 이 여래의 시종들도 많은 보살 대중들이 대지의 틈새에서 나와 허공계에 머물러 있는 것을 보고 놀라서 자신의 여래에게 이렇게 말씀드렸다.

"세존이시여, 이 무량하고 무수한 보살들은 도대체 어디서 온 것이옵니까?"

이 같은 질문을 받은 여래들은 각자 자신의 시종들에게 이렇게 말했다.

"선남자들이여, 잠깐 기다리거라. 석가세존에 이어 곧 위없는 바른 깨달음을 얻는다는 수기를 받은 미륵보살이 세존께 그 까닭을 여쭙고 있으니 세존께서 분명히 설명해 주실 것이다. 그대들은 그 설명을 잘 듣도록 하여라."

세존께서는 미륵보살에게 말씀하셨다.

"훌륭하도다. 참으로 훌륭하도다. 미륵이여, 그대가 나에게 한 질문은 참으로 중요하다."

그리고서 세존께서는 보살들을 향해 말씀하셨다.

"선남자들이여, 잘 듣도록 하여라. 그대 보살들은 모두 튼튼한 갑옷을 입고 불굴의 의지를 가지도록 하여라. 바른 깨달음을 얻어 존경받는 여래는 지금 여래의 지견, 위엄, 유희, 신통,

종지용출품

용맹심을 설명하겠다."
　세존께서는 이렇게 말씀하시고 게송을 읊으셨다.

　선남자들이여, 내가 바르게 설명할 것이니
　세심한 주의를 쏟도록 하여라.
　현자들이여, 그대들은 그 말을 듣고
　기력을 잃어서는 안 된다.
　여래의 지혜는 생각을 초월한 것이다.

　그대들은 모두 견고한 믿음을 가지고
　생각을 바르게 하고 정신을 집중해서
　흔들림 없는 생활을 하여라.
　지금이야말로 여태껏 설해진 적이 없는
　여래들의 경탄할 만한 가르침을
　들어야 할 때이다.

　나는 그대들이 최고의 깨달음을 향해
　뜻을 세우게 하겠다.
　그러니 그대들은 결코
　의혹을 품어서는 안 될 것이다.
　나는 지도자이며 진실을 말하는 이이다.
　나의 지혜는 제한이 없다.

　선서(여래)가 깨달은 심원한 법은

생각을 초월해 있으며 헤아릴 수가 없다.
그런 법을 지금 설하겠다.
그대들은 그 법이 어떤 것인지 들도록 하여라.

세존께서는 이 게송을 읊으신 뒤 미륵보살에게 말씀하셨다.
"미륵이여, 그대에게 말하겠노라. 지금 대지의 틈새에서 나타난, 여태껏 그대가 본 적이 없는 헤아릴 수도 생각할 수도 비교할 수도 없는 보살들은 모두 내가 이 사바세계에서 깨달음을 얻은 뒤, 깨달음으로 이끌고 정열을 품게 하고 기쁘게 하고 돌본 이들이다. 나는 이들을 깨달음의 가르침으로 성숙시키고 확립시키고 침착하게 하고 안주시키고 깨달음으로 들어가 깨닫게 해서 청정하게 했다. 또 미륵이여, 이 보살은 사바세계의 지하의 허공계에 살고 있는데, 경전을 독송하고 해설하며, 사색하고 근원적인 사유에 전심수행하며, 사교를 즐기지 않고 교제를 즐기지 않고 무거운 짐을 내리지 않고 정진노력하고 있는 이들이다. 미륵이여, 이들 선남자는 고독을 즐기고 기뻐하며 천신들이나 인간 가까이에는 살지 않으며 번잡함을 떠난 수행과 법열을 기쁨으로 하며 부처님의 지혜를 구해 전념하고 있다."
그리고는 이런 게송을 설하셨다.

이 헤아릴 수 없고 생각도 미치지 않는 보살들은
신통, 지혜, 학식을 갖추었으며 오랜 겁 동안
부처님의 지혜를 구해 수행해 온 이들이다.

내가 깨달음을 향해 성숙시킨
이들은 모두 나의 불국토에 살고 있다.
이들 모두를 성숙시킨 것은 나이며
이 보살들은 나의 아들이다.

그들은 모두 숲 속에 사는 두타행[126]에 힘쓰며
사람들과 부딪치는 장소는 언제나 피한다.
나의 아들들은 나의 최고의 수행을 본받아
번잡함을 떠나 수행을 한다.

이 용자들은 허공의 주처에 살거나
이 국토의 지하에서 삶을 누리고 있으며
최고의 깨달음을 완성하기 위해
밤낮으로 쉬지 않고 힘쓰고 있다.

그들은 모두 정진노력에 힘쓰며 사려 깊은 이들로
헤아릴 수 없는 지혜의 힘을 지니고 있으며
두려움 없는 자신감을 가지고 가르침을 설한다.
눈부시게 빛나는 그들은 모두 나의 아들들이다.

나는 가야[127]의 도성 근처에 있는
보리수 아래에서 깨달음을 얻은 뒤
위없는 법륜을 굴려 모두를
최고의 깨달음을 향해 성숙시켰다.

나의 청정한 진실의 말을 듣고
그대들은 모두 나를 믿으라.
내가 최고의 깨달음을 얻은 것은 먼 과거의 일이며
이 모두를 최고의 깨달음으로 성숙시킨 것도 나이다.

미륵보살과 백천만 억 나유타의 보살들은 놀라움과 불가사의함을 느끼며 이렇게 생각했다. '도대체 세존께서는 이 짧은 기간 동안에 어떻게 저 많은 보살들을 깨달음의 길로 이끄시어 성숙시키신 것일까?'
그리하여 미륵보살은 세존께 이렇게 말씀드렸다.
"도대체 어떻게 하신 것이옵니까? 세존이시여, 여래께서는 태자였을 때 석가족의 수도 카필라바스투[128]를 떠나 가야 도성에서 그리 멀지 않은 곳에 있는 보리좌(菩提座)에서 깨달음을 얻으셨는데, 그때부터 오늘까지 사십 년밖에 지나지 않았사옵니다. 그런데 세존이시여, 그 짧은 동안에 어떻게 그 헤아릴 수 없는 일을 하시고, 여래의 위엄과 용맹심을 보이시고 이 수없이 많은 보살들을 깨달음으로 향하게 하시고, 성숙시키셨사옵니까? 세존이시여, 이 무수한 보살들은 수천만 억 나유타의 겁 동안 헤아리더라도 이루 다 헤아릴 수 없으며, 오랫동안 순결한 생활을 보냈고 수백 수천의 부처님 밑에서 선근을 심었으며, 수백 수천 겁 동안 완성된 이들이옵니다.
세존이시여, 가령 머리가 검고 아주 젊은 25세의 청년이 백 세가 된 사람을 가리키며, '이는 내 아들이다' 하고, 또 백 세가 된 사람도 '이 사람은 내 친아버지이다'라고 한다고 하면 세존이시여, 그 청년의 말을 세상사람들은 쉽게 믿지 못할 것이옵니다.

세존이시여, 그와 마찬가지로 세존께서는 깨달음을 얻으신 지 얼마 되지 않았으며, 이 많은 보살들은 수백 수천만 억 나유타의 겁 동안 순결한 생활을 해온 이들로, 오랜 시간이 걸려 부처님의 지혜를 얻게 되었습니다. 이들은 백천의 삼매의 문으로 들어가고 나오는 것이 절묘하며, 위대한 신통의 덕을 닦아 완성에 달한 이들이며, 부처님의 경지에 밝고 여래의 가르침을 널리 펴는 데 절묘하며, 세간의 경탄을 불러일으키며, 보기 드물고 위대한 정진노력과 힘과 위력을 가지고 있사옵니다. 그런데 세존께서는 이들에 대해 '내가 이들을 처음부터 보살의 경지로 이끌어 격려하고 성숙시키고 돌보았다'고 말씀하시며, 또 '위없는 깨달음을 얻은 뒤, 나는 이상의 여러 정진노력의 용맹심을 보였다'고도 하십니다. 그러나 세존이시여, 설령 저희들이 '여래께서는 틀림없는 말씀을 하시는 분이므로, 여래께서만은 그 까닭을 아실 것이다'라고 생각해 여래의 말씀을 믿으려 해도 새롭게 대승에 뜻을 둔 보살들은 의혹을 품을 것이오며, 여래께서 완전한 열반에 드신 뒤, 이 법문을 들어도 믿지 않고 따르지도 않을 것이옵니다. 세존이시여, 그 때문에 그들은 법을 파괴하는 행동을 할 것이옵니다. 그러하오니 저희들이 의혹을 품지 않도록, 또 보살의 길에 속하는 선남자, 선여인들이 미래세에 들어도 의혹이 없도록 그 까닭을 말씀해 주시옵소서."

그리고 미륵보살은 그때 세존께 이런 게송을 읊었다.

세간의 보호자시여, 당신께서는
카필라라는 석가족의 나라에 태어나시어
출가해서 가야라는 도성 근처에서
깨달음을 얻으셨는데 그때가 지금으로부터
오래지 않사옵니다.

그런데 당신께서 교화하신
두려움 없는 자신감을 가진 많은 성자들은
수많은 겁 동안 수행하고
많은 제자들을 거느리고 신통을 부리며
동요하는 일 없이 충분히 학습을 끝냈으며
지혜의 힘을 지니고 있사옵니다.

마치 연꽃이 물에서도 더러워지지 않는 것처럼
그들도 더러움을 띠지 않고
대지를 가르며 오늘 이곳에 나타난 것이옵니다.
이 진리의 왕의 아들들은 모두
생각을 바르게 하고 합장해서
정중하게 서 있사옵니다.

당신께서 보이신 이 기적을
여기 있는 이 보살들이 어떻게 믿겠사옵니까?
의혹이 풀리도록 그 까닭을 말씀해 주시옵소서.
그 뜻을 있는 그대로 설해 주시옵소서.

예를 들면 여기 검은머리의 젊은 청년이 있는데
나이는 스물 혹은 조금 위라고 하고
그런 청년에게 백 살 되는 아들이 있다고 했을 때

또 머리는 희고 주름살투성이인 노인도
'이 청년이 나의 친아버지요'라고 한다면
세간의 보호자시여, 젊은이의 아들이 노인이라니
참으로 믿기 어려운 일이옵니다.

그와 마찬가지로 여래께서는 아직 젊으시며
이 많은 현명한 보살들은
사려 깊고 지혜에 자신을 가지며
수천만 억 겁 동안 가르침을 잘 받아온 이들이옵니다.

그들은 모두 견고한 믿음을 가진 이이며
지혜에 통달해 있으며 기품이 있고 아름다우며
자신감 있게 가르침을 해석하며
세간의 지도자들의 칭찬을 받은 이들이옵니다.

허공계에서 마치 바람처럼
어떤 것에도 집착하지 않는 수행을 하며
언제나 어떤 것도 의지처로 하지 않는
이 선서의 아들들은 부처님의 경지를 구해
정진노력하고 있사옵니다.

저희들은 세간의 보호자로부터 친히 들었으므로
아무런 의문도 없사오나
세간의 지도자께서 완전한 열반에 드신 뒤는
어떻게 믿음을 가지겠사옵니까?

보살들이 이 도리에 의문을 품어
악도에 빠지지 않도록
세존께서는 어떻게 이 보살들을 성숙시키셨는지
부디 설해 주시옵소서.

제16장 여래수량품(如來壽量品)

그때 세존께서 모든 보살들에게 말씀하셨다.
"선남자들이여, 나를 믿으라. 진실을 말하는 여래를 믿으라."
다시 세존께서는 모든 보살들에게 말씀하셨다.
"선남자들이여 나를 믿으라. 진실을 말하는 여래를 믿으라."
세번째로 다시 보살들에게 말씀하셨다.
"선남자들이여 나를 믿으라. 진실을 말하는 여래를 믿으라."
모든 보살들은 미륵보살을 선두로, 서서 합장하며 세존께 이렇게 말씀드렸다.
"세존께서는 그 까닭을 말씀해 주십시오. 저희들은 여래의 말씀을 믿사옵니다."
이렇게 미륵보살이 세 번 아뢰자, 세존께서는 보살들의 간청을 들어주시어 이렇게 말씀하셨다.
"그 까닭을 말할 테니 그대들은 들으라. 내가 신통한 힘을 지니고 있는 것에 대해 천신들이나 인간, 아수라 그리고 세간에 있는 모든 중생들은 '석가여래는 석가족의 궁을 나와 출가 후

가야성의 보리수 아래에서 처음 깨달음을 얻었다'고 생각하고 있지만, 그렇게 생각해서는 안 된다. 내가 위없는 바른 깨달음을 얻은 지는 벌써 수백 수천만 억 나유타의 겁이 지났다.

선남자들이여, 예를 들면 여기 어떤 남자가 오백천만 억 나유타의 많은 세계에 있는 흙 속에서 한 개의 흙알갱이를 집어 들고 동쪽으로 오백만의 무수한 세계를 지난 뒤, 그 흙알갱이를 내려놓는다고 하자. 이런 식으로 해서 수백 수천만 억 나유타의 겁이 걸려 모든 세계의 흙을 다 없앴다고 하자. 그대들은 그 일을 어떻게 생각하는가? 누가 그 세계의 수를 생각하거나 헤아려보거나 짐작할 수가 있겠는가?"

미륵보살과 다른 모든 보살들은 세존께 이렇게 답했다.

"세존이시여, 그 세계들은 헤아릴 수도 없으며, 생각도 미치지 않사옵니다. 성스러운 지혜를 갖춘 성문이나 독각들조차 그것을 생각하거나 헤아리거나 짐작할 수 없사옵니다. 세존이시여, 저희들처럼 불퇴전의 경지에 있는 보살들도 헤아릴 수가 없사옵니다."

이 대답을 들으시고 세존께서는 그 보살들에게 다음과 같이 말씀하셨다.

"선남자들이여, 그대들에게 진실을 알리겠다. 그 남자가 흙알갱이를 둔 세계 혹은 두지 않았던 세계, 그 수백 수천만 억 나유타의 모든 세계 속에 있는 흙알갱이일지라도 내가 깨닫고 난 뒤의 수백 수천만 억 나유타의 겁 정도로 많지는 않다. 그때부터 나는 이 사바세계와 다른 수백 수천만 억 나유타의 세계에서 중생들에게 가르침을 설해 왔다.

선남자들이여, 그러는 동안 나는 연등(燃燈)여래를 비롯한 여러 여래들을 찬탄하며 설했고, 그 여래들이 완전한 열반에 드시는 것을 설했지만, 그것은 내가 절묘한 방편으로 설한 것이다. 여래께서는 계속해서 나타나는 중생들에게 능력과 정진노력에 우열의 다름이 있는 것을 아시고, 각각의 세계에서 각각 다르게 자기 이름을 말하며, 각각의 세계에서 자신이 완전한 열반에 드는 것을 알리고, 여러 법문과 여러 방법으로 중생들을 만족시킨다.

그 가운데에서 선근이 부족하고 번뇌가 많고 서로 다르게 믿고 따르는 중생들에게는, '비구들이여, 태어나서 얼마 되지 않았지만 나는 출가하였다. 비구들이여, 나는 위없는 바른 깨달음을 얻은 지 얼마 되지 않는다'고 한다. 여래가 훨씬 이전에 깨달았지만 '나는 얼마 전에 깨달음을 얻었다'고 하는 법문은, 중생들을 성숙시켜 깨달음으로 이끌기 위해서다. 그 모든 법문은 중생을 교화하기 위해 방편으로 설해진 것이다. 여래는 중생들을 교화하기 위해 자신의 모습을 보이기도 하고 타인의 모습을 보이기도 한다. 또 여래는 자신을 비유하여 설하기도 하고 혹은 타인의 예를 들어 설하기도 한다. 여래가 그 동안 무엇을 설하더라도 여래가 설한 모든 법문은 진리이며 거짓은 없다.

여래는 삼계를, 태어나지 않고 죽지 않고, 사라지지 않고 나타나지 않고, 윤회하지 않고 열반하지 않고, 진실도 아니며 허망도 아니며, 있는 것도 아니며 없는 것도 아니며, 이런 방법도 아니며 다른 방법도 아니며, 허위도 아니며 진리도 아닌 있는 그대로 보기 때문이다. 여래는 어리석은 범부들이 보는 대로 삼계를 보지 않는다. 여래는 이런 도리에 대해 있는 그대로 말하므로, 여래가 어떤 말로 설하더라도 그것은 모두 진리이지 허위가 아니다. 그러나 온갖 행위와 갖가지 생각을 하고 잘못된 행동이나 관념, 망상에 싸여 있는 중생들에게 선근이 생기도록 여러 가지 법문을 설한다.

선남자들이여, 여래는 여래가 해야 할 일을 한다. 여래는 먼 과거에 깨달음을 얻어 헤아릴 수 없는 수명을 지니고 언제나 현존해서 완전한 열반에 든 적은 없으나, 중생을 교화하기 위해 완전한 열반을 나타내 보이는 것이다. 그러나 선남자들이여, 나의 과거의 보살로서의 수행은 아직도 완성되어 있지 않으며, 수명의 길이도 다하지는 않았다. 그뿐 아니라 내 수명이 다할 때까지는 지금까지의 두 배에 해당하는 수백 수천만 억 나유타의 겁이 걸릴 것이다.

또 나는 아직 완전한 열반에 들지 않았는데도, 나는 늘 '완전한 열반에 든다'고 알린다. 그것은 중생들을 교화하기 위한 방편이다. 즉 금방 열반에 들지 않고 아주 오랫동안 이 세상에 있다면 중생들은 나를 언제나 만날 수 있으므로 선근을 심지도 않고 복덕을 쌓지도 않고 빈궁해지거나 애욕에 빠지고, 장님이 되거나 잘못된 견해의 그물에 덮여, '여래는 언제나 계신다'고 생각하거나 또 언제든지 여래를 쉽게 만날 수 있다고 생각하거나, '우리들은 여래의 근처에 있다'고 생각해서 삼계를 벗어나기 위한 정진노력을 하지 않는 일이 없도록 하기 위해서이다. 이런 까닭에 여래는 절묘한 방편으로 각각의 중생들에게 '비구들이여, 여래가 출현하는 것은 참으로 드문 일이다'라고 설한다. 왜냐하면 그 중생들은 수백 수천만 억 나유타의 겁이 지나더라도 여래를 만날 수 있을지 어떨지 모르기 때문이다.

선남자들이여, 그래서 나는 그것을 근거로 해서 여래의 출현이 드문 일이라고 설한다. 그러면 중생들은 여래의 출현에 대해 경이로운 마음과 비탄의 마음을 품을 것이며, 여래를 보지 않았기 때문에 여래를 만나기를 갈망할 것이다. 그래서 생긴 선근은 그들에게 오랫동안 이익과 행복과 안락을 가져다 줄 것이다. 이런 것을 고려해서 여래는 완전한 열반에 들지 않은 채, 중생들을 교화할 목적으로 '완전한 열반에 들어간다'고 알리는 것이다. 선남자들이여, 그렇게 설하는 것이 여래의 법문이며, 그것은 거짓말이 아니다.

선남자들이여, 예를 들면 학문도 있고 머리도 좋고 현명하며 모든 병을 낫게 하는 명의가 한 사람 있다고 하자. 그 의사에게는 십, 이십, 삼십, 사십, 오십 혹은 백 명의 많은 아들들이 있다고 하자. 그런데 그 의사는 외국에 있고, 그의 아들들은 독약에 중독되어 괴로워하며 몸부림친다고 하자. 그때 아버지인 의사가 외국에서 돌아왔다고 하자. 어떤 아들은 독약 때문에 괴로워하다 정신착란을 일으키고, 또 어떤 아들은 아직 정상이라고 하자. 그들은 모두 고통에 시달릴 대로 시달렸으므로 아버지를 보고 기뻐 이렇게 말한다고 하자.

'아버지께서 무사히 돌아오셨다. 저희들을 이 독약으로부터 구해 주세요. 아버지, 저희들의 목숨을 구해 주세요'라고. 의사는 아들들이 고통 속에서 괴로워 몸부림치는 것을 보고 색과 향과 맛이 좋은 약을 만들어 돌절구에 넣어 부순 다음, 아들들에게 주며 이렇게 말했다고 하자. '아들들이여, 색과 향과 맛이 좋은 이 약을 먹어라. 이 약을 먹으면 당장 해독이 되고 기분이 좋아져 건강을 되찾게 될 것이다'라고.

그의 아들들 중 정상인 아들은 약의 색을 보고 냄새를 맡고 맛을 조금 본 다음 바로 먹을 것이며, 그로 인해 고통에서 완전히 해방될 것이다. 그러나 그의 아들들 중 정신착란을 일으킨 아들은 아버지가 무사히 돌아왔다고 기쁘게 맞이하겠지만 약을 먹지는 않을 것이다. 왜냐하면 그는 정신착란 때문에 약의 색은 물론 향기나 맛도 좋지 않게 느끼기 때문이다. 의사는 이렇게 생각할 것이다. '이 아이는 독약 때문에 정신착란이 되었다. 약은 먹지 않으려 하지만, 나를 기쁘게 맞이해 주었다. 나는 절묘한 방편으로 이 아이가 약을 먹게 하자'라고.

그래서 그 의사는 이렇게 말했다고 하자. '아들들이여, 나는 나이를 먹어 죽을 때가 얼마 남지 않았다. 그러나 너희들은 슬퍼하거나 낙담해서는 안 된다. 너희들에게 약을 줄테니 먹고 싶을 때 먹도록 하여라.' 이렇게 말하고는 여행을 떠나서 그곳에서 아들들에게 자신의 죽음을 알린다고 하자. 그러면 아들들은 슬픈 나머지 통곡할 것이다. '아버지이며 우리를 보호하고 자애를 베풀어준 유일한 분이셨는데 돌아가시고 말았다. 이제 우리를 보호해 줄 사람은 아무도 없다.' 그들은 의지할 곳 없는 자신을 돌이켜보고 아주 슬퍼할 것이다. 그로 인해 정신을 되찾고 좋은 색과 향과 맛을 갖춘 약을 제 맛 그대로 먹을 것이다. 약을 먹고 아들들의 병이 나은 것을 알고 그 의사는 다시 아들들 앞에 나타날 것이다. 이것을 그대들은 어떻게 생각하는

가? 선남자들이여, 그 의사가 절묘한 방편으로 거짓말을 했다고 해서 비난을 하겠는가?"

보살들이 답했다.

"세존이시여, 그런 일은 없을 것이옵니다."

세존께서 말씀하셨다.

"선남자들이여, 그와 마찬가지로 나 역시 위없는 바른 깨달음을 깨닫고 난 뒤 수백 수천만 억 나유타의 헤아릴 수 없는 겁이 지났으나, 중생들을 교화하기 위하여 절묘한 방편을 보인 것이다. 그것을 거짓말이라고 할 수 있겠는가?"

세존께서는 이 뜻을 상세히 알리시려고 다시 게송을 설하셨다.

생각을 초월한, 헤아릴 수 없는
수천만 억 겁 전에
이미 최고의 깨달음을 얻은 이래로
나는 줄곧 가르침을 설하고 있다.

많은 보살들을 격려해서 부처님의 지혜로 이끌고
많은 겁 동안 수많은 중생들을
최고의 깨달음으로 이끌어 성숙시켰다.

중생들을 교화하기 위해 절묘한 방편을 설해
열반의 경지를 나타내 보였다.
그러나 실제로 그때 열반한 것이 아니라

이곳에서 가르침을 설하고 있는 것이다.

나는 내가 가진
신비로운 힘에 의해 이곳에 있는데
정신이 착란된 어리석은 사람들은
내가 여기 있는데도 나를 보지 못한다.

내 몸이 완전히 사멸한 것을 보고
그들은 유골에 온갖 공양을 올리지만
나를 볼 수 없으므로 갈망하며
그로 인해 그들의 마음은 정상이 된다.

그 중생들이 정상으로 돌아와
부드럽고 온화해져 애욕을 떠났을 때
나는 성문들을 데리고 이곳
기사굴산〔靈鷲山〕에 나타난다.
그때 나는 그들에게 이렇게 설한다.
'그때도 그곳에서 나는 열반에 든 것이 아니었다.

비구들이여,
열반에 들어 소멸한 것처럼 보이는 것은
나의 절묘한 방편이 있기에
나는 이 세상에 몇 번이고 다시 나타난다.

가르침을 들으려는
다른 훌륭한 중생들의 존경을 받으며
나는 그들에게 최고의 깨달음을 설했다.

그러나 이미 세간의 보호자는
열반에 들어버렸다고 생각하지 않는 한
너희들은 내 말이 귀로 들어오지는 않을 것이다.'

나는 중생들이 괴로워하고 있는 것을 보지만
금세 나타나지는 않는다.
먼저 그들에게 나의 모습을 갈망하게 하고
그 뒤 바른 가르침을 설해 준다.

나의 신비로운 힘은 언제나 이러하다.
수천만 억의 사고를 초월한 겁 동안
수많은 좌석을 떠난 것을 빼면
이 기사굴산[靈鷲山]에서 움직이는 일이 없다.

또 중생들이 이 세계가 겁화(劫火)에 의해
타오르고 있는 것을 보거나 망상하고 있을 때도
나의 불국토는 천신들이나 인간으로 가득하다.

그들 천신이나 인간은
여러 가지 놀이를 즐기며

나의 국토에는 유원과 누각, 궁전이 수없이 많다.

그것들은 모두 보석으로 된 산이나
꽃, 과실이 열린 수목으로
아름답게 장식되어 있다.

하늘에서는 천신들이 악기를 울리면서
만다라 꽃비를 내려
나와 성문들, 깨달음을 향해
뜻을 세운 현자들에게 뿌리고 있다.

나의 국토는 언제나 이러한데
다른 중생들은 이 국토가
겁화에 타오르고 있다고 망상하고
이 세계가 아주 무섭고 고난과 온갖 걱정에
가득 차 있다고 생각해서

그들은 많은 겁 동안
여래나 가르침, 승단이라는 말조차 듣지 못한다.
악행의 결과는 이런 것이다.

그러나 부드럽고 온화한 중생들은 선행의 결과로
이 세상에 태어나자마자
내가 가르침을 설하고 있는 것을 본다.

그러나 나는 여태껏 그들에게
'부처님의 수명은 무한하다'라는 사실을 설한 적이 없다.
가까스로 오랜만에 나를 보는 이에게는
'승리자는 참으로 만나기 어렵다'고 설한다.

내 지혜의 힘은 이러하며
밝게 빛나며 한계가 없다.
또 나의 수명은 무한 겁이며
나는 그것을 오랜 옛날부터의 수행으로 얻었다.

현자들이여, 그대들은 이 말에
의문을 품어서는 안 된다.
의혹을 남김없이 끊으라.
나는 진실을 말한다.
내 말은 언제 어떤 때에도 결코 거짓이 아니다.

그것은 방편에 정통한 의사가
정신 착란을 일으킨 아들들에게
살아 있으면서 자기가 죽었다고 하더라도
현명한 이는 의사에게
거짓말한 죄를 묻지 않는 것과 같다.

그와 마찬가지로 나는 세간의 아버지이며
보호자이며 의사이며

모든 생명 있는 것들의 보호자로서
범부들이 착란된 생각을 품고 어리석은 것을 알고
열반에 들지 않으면서 열반에 드신 것으로 보인 것이다.

왜냐하면 어리석고 무지한 이들은
언제나 나를 만나므로 신심이 부족하고
내가 있는 것을 믿고 애욕에 빠지거나
사려를 잃고 악도에 빠지기 때문이다.

나는 언제나 중생들 각자의 수행을 알고
'어떻게 하면 깨달음으로 이끌 수 있을까
어떻게 하면 그들이 부처님의 덕성을
얻을 수 있을까' 생각해서
각자에게 맞는 방법으로 가르침을 설한다.

제17장 분별공덕품(分別功德品)

 이처럼 '여래의 긴 수명에 대한 법문'이 설해지는 동안, 헤아릴 수 없는 중생들이 이익을 얻었다.
 그때 세존께서는 미륵보살을 향해 말씀하셨다.
 "미륵이여, '여래의 긴 수명에 대한 법문'이 설해지는 동안 68의 갠지스 강의 모래알 수와 같은 수천만 억 나유타의 보살들이 사물이 본래 생하는 것이 아님을 아는 지혜〔無生法忍〕를 얻었다.
 그 천 배의 보살들이 다라니를 얻었다.
 또 일천세계의 티끌의 수와도 같은 다른 보살들이 이 법문을 듣고 거리낌이 없는 웅변력〔樂說無碍弁才〕을 얻었다.
 이 밖에 이천세계의 티끌의 수와도 같은 다른 보살들이 수천만 억 나유타나 회전하는 다라니[129]를 얻었다.
 삼천세계의 티끌의 수와도 같은 다른 보살들이 이 법문을 듣고 불퇴전의 가르침의 바퀴를 굴렸다.
 또 중천세계의 티끌의 수와도 같은 다른 보살들이 이 법문을 듣고 청정한 가르침의 바퀴를 굴렸다.

또 소천세계의 티끌의 수와도 같은 다른 보살들이 이 법문을 듣고 여덟 번 바뀌어 태어난 뒤, 꼭 이 위없는 바른 깨달음을 얻는 이가 되었다.

또 네 가지 사대주[130]로 된 세계의 티끌의 수와도 같은 다른 보살들이 이 법문을 듣고 네 번 바뀌어 태어난 뒤, 꼭 이 위없는 바른 깨달음을 얻는 이가 되었다.

또 세 가지 사대주로 된 세계의 티끌의 수와도 같은 다른 보살들이 이 법문을 듣고 세 번 바뀌어 태어난 뒤, 꼭 이 위없는 바른 깨달음을 얻는 이가 되었다.

또 두 가지 사대주로 된 세계의 티끌의 수와도 같은 다른 보살들이 이 법문을 듣고 두 번 바뀌어 태어난 뒤, 꼭 이 위없는 바른 깨달음을 얻는 이가 되었다.

또 한 가지 사대주로 된 세계의 티끌의 수와도 같은 다른 보살들이 이 법문을 듣고 한 번 바뀌어 태어난 뒤, 꼭 이 위없는 바른 깨달음을 얻는 이가 되었다.

또 여덟 가지 삼천대천세계의 티끌의 수와도 같은 보살들이 이 법문을 듣고 위없는 바른 깨달음을 향해 발심했다.

세존께서 이 보살들을 위하여 가르침을 이해할 수 있는 기초를 설하시자마자, 하늘에서는 만다라바와 대만다라바의 꽃비가 내렸다. 그리고 수천만 억 나유타의 세계에서 보석나무의 밑동에 있는 사자좌에 앉아 있던 수많은 부처님에게도 꽃비가 내렸다. 또 석가여래와 다보여래께서 앉아 계시는 사자좌 위에도 꽃비가 내렸다. 또 모든 보살들과 사중들 위에도 꽃비가 내렸다. 이 밖에 하늘의 전단과 침향의 가루가 뿌려졌으며 하늘 높은 데서 두드리지도 않았는데 기분 좋고 감미롭고 심원한 큰북소리가 울렸다. 또 수천의 천의(天衣)가 하늘에서 비오듯 내렸으며, 보석 목걸이와 진주 목걸이, 마니 보석구슬과 훌륭한 보석구슬이 하늘에서 여러 방향으로 떠다녔다. 또 수천의 보석구슬로 된 향로가 저절로 움직여 돌았다. 또 하늘에서는 보살들이 한 분 한 분의 여래께 보석구슬로 된 우산을 떠받치며 범천의 세계에 이르기까지 줄을 섰다.

　이렇게 해서 그 보살들은 수천만 억 나유타의 헤아릴 수 없는 모든 부처님들을 위해 하늘에서 보옥으로 된 우산을 떠받치며 줄을 섰다. 그들은 각자 진정으로 부처님을 찬탄하는 게송을 준비해서 여래들을 찬미했다."

　그때 미륵보살은 이런 게송을 읊었다.

보기 드문 가르침을 선서께서는 설하셨다.
부처님들이 얼마나 위대하시며
그 수명이 얼마나 무한한지
우리들은 여태껏 들은 적이 없다.

지금 선서로부터 직접 가르침을 듣고
수천만 억의 보살들은 기쁨으로 가득 차 있다.
어떤 이들은 불퇴전의 최고의 깨달음에 안주하며
어떤 이들은 훌륭한 다라니에 안주한다.

어떤 이들은 거리낌없는 웅변력에 안주하며
또 어떤 이들은 수천만 억이나 회전하는
다라니에 안주한다.

또 국토의 티끌의 수만큼이나 되는 다른 이들은
지고한 부처님의 지혜를 향해 뜻을 세우며
어떤 이들은 여덟 번 바뀌어 태어난 뒤
무한을 보는 승리자가 될 것이다.

한편 지도자로부터 이 가르침을 듣고
어떤 이들은 네 번 생애를 바꾸어 태어난 뒤
어떤 이들은 세 번 혹은 두 번 바뀌어 태어난 뒤
최고의 진리를 보는 깨달음을 얻게 될 것이다.

또 어떤 이들은 한 생애를 지나서
다시 태어나서는 일체지자가 될 것이다.
지도자의 수명이 얼마나 긴지 듣고는
더러움이 없는 과보를 얻을 것이다.

이 가르침을 듣고
훌륭한 깨달음을 향해 발심한 중생들의 수는
여덟 국토의 티끌처럼 무한할 것이다.

부처님의 깨달음을 설하시는 위대한 성인은

분별공덕품

훌륭한 일을 하셨다.
그것은 끝도 한계도 없어 허공계처럼
헤아릴 수 없는 일이다.

수천만 억의 많은 천자들은
만다라바의 꽃비를 내렸다.
갠지스 강의 모래알처럼 많은 제석천이나 범천들은
수천만 억의 국토로부터 왔다.

그들은 전단의 향기로운 가루와 침향 가루를
승리자에게 알맞도록 뿌리면서
공중을 새처럼 돌아다닌다.

또 그들은 공중에서 큰북을 두드리지 않고도
감미로운 소리를 내게 하며
수천만 억의 천의를
지도자들에게 던져 나부끼게 한다.

그리고 값을 정할 수 없을 정도로 비싼 보석향로가
진리의 통치자인 부처님을 공양하기 위해
공중을 저절로 돌아다녔다.

또 현명한 보살들은
무한하며 높고 큰 보석으로 된 우산을

범천의 세계에 이르기까지 무수히 받쳐들고 있다.

선서의 아들인 보살들은 기쁨에 넘쳐
지도자들을 위해 깃발이 달린
아름다운 승리의 깃발을 세워
수천의 게송으로 그들을 찬탄한다.

세상의 지도자들이여
여태껏 없었으며 드물고 훌륭한 일이
지금 여러 가지로 드러났고
수명이 무한인 것이 설해져서
모든 중생들은 기쁨을 얻었다.

지금 지도자들의 음성은 시방에 들리고
그 이익은 광대하다.
수천 겁의 생명 있는 것들은 만족해서
깨달음을 위한 선근을 갖추었다.

그때 세존께서는 미륵보살을 향해 말씀하셨다.
"미륵이여, '여래의 수명에 대한 법문'이 설해지고 있는 동안, 중생들은 단 한 번 깨달음을 구하는 마음을 일으키거나 신앙심을 일으켰다고 하자. 그 선남자, 선여인들은 어느 정도의 복덕을 쌓겠느냐? 이것을 바르게 듣고 마음 속으로 깊이 생각하여라. 그들이 어느 정도의 복덕을 쌓는지 들려주겠다.

미륵이여, 그것은 이와 같다. 어떤 선남자, 선여인이 위없는 바른 깨달음을 구해 팔십만 억 나유타의 겁 동안 지혜의 완성을 제외한 보시, 계율, 인내, 정진노력, 선정의 완성이라는 다섯 가지 완성으로 수행한다고 하자.

또 미륵이여, 선남자, 선여인이 '여래의 수명에 대한 법문'을 듣고, 단 한 번이라도 깨달음을 구하는 마음을 일으키거나 신앙심을 일으켰다고 하자. 이 경우 다섯 가지 완성으로 인한 복덕과 선근은 후자인 발심의 복덕과 선근에 비교하면 백분의 일은 물론, 천분의 일, 백천분의 일에도 미치지 못한다. 양자의 차이는 헤아릴 수도 나눌 수도 계산할 수도 비유하거나 비교할 수도 없다. 미륵이여, 이런 복덕을 쌓은 선남자, 선여인은 위없는 바른 깨달음으로부터 물러서는 일이 없다."

그때 세존께서는 이와 같은 게송을 설하셨다.

지혜, 즉 최고의 부처님의 지혜를 구해
어떤 이가 이 세상에서 다섯 가지의 완성을
굳게 지키며 산다고 하자.

팔천 겁 동안 수행하며
부처님이나 성문들에게 몇 번씩 되풀이 보시하고
수많은 독각과 보살들에게 딱딱하거나
부드러운 음식물, 옷이나 침대, 좌구로 만족시키며

전단으로 된 집과 정사(精舍),

또는 산책을 할 수 있는 아름다운 숲을
이 세상에 만들게 한다고 하자.
이렇게 온갖 훌륭한 보시를
수천 겁 동안 한 뒤
깨달음을 향해 보시의 공덕을 돌린다고 하자.

또 부처님의 지혜를 얻기 위해
완전한 부처님이 설하시고
현자들이 찬탄한 청정한 계율을 지킨다고 하자.
또 인내하며 마음이 다스려진 경지에 몸을 두고
침착하며 사려 깊고 온갖 치욕을 견딘다고 하자.

또 부처님의 지혜를 얻기 위해
진리를 체득했다고 하는 교만한 중생들의
비난과 경멸을 참는다고 하자.

또 언제나 정진노력에 힘쓰며
열심이고 뜻이 굳으며
수겁 동안 따로 미혹되는 일이 없다고 하자.
또 숲에서 살며 산책으로 무기력과 졸음을 쫓고
오랜 겁 동안 수행한다고 하자.

또 선정을 행하는 대명상가로서 선정을 즐기며
마음을 한 점에 집중해서

팔천 겁 동안 선정을 행한다고 하자.

한 사람의 굳센 사람이 있어
'나는 일체지자가 될 것이다'라고 말하고
좌선의 실천에 전념하여
삼매에 의해서 최상의 깨달음을 희망한다고 하자.

지금까지 열거한 찬탄받는 사람들이
수천만 억 겁 동안 그 행한 바를 실행한다면
그와 같은 복덕이 있을 것이다.
그러나 여자든 남자든
나의 수명을 듣고 한순간이라도 믿는다면
그 복덕은 앞의 공덕보다도 무한할 것이다.

의혹과 동요와 망신(妄信)을 버리고
얼마 동안만이라도 깨달음을 지향한다면
그 사람에게는 위와 같은 결과가 있을 것이다.

또 수겁 동안 수행한 보살들은
생각도 미치지 않는
나의 수명을 들어도 놀라지 않는다.

그리고 그들은 머리 숙여 예배하고
'미래세에는 나도 이렇게 되어

수많은 생명 있는 것들을 구제하자.

마치 석가족의 사자(獅子)로
위대한 현자이며 보호자인 석가세존이
보리좌에 앉아 사자후를 외치는 것처럼

미래세에 나도 모든 육체를 가진 자로부터
존경을 받으며 보리좌에 앉아
이런 수명에 대해 설하자'라고 생각할 것이다.

부처님으로부터 들은 말을 정성껏 수지하며
깊은 뜻이 담긴 말을 이해하는 사람들은
의심을 품지 않는다.

"또 미륵이여, '여래의 수명의 구원(久遠)함에 대한 법문'을 듣고 이해하여 믿고 따르며 통찰해서 깨닫는 이는 부처님의 지혜를 얻는 데 도움이 되는 복덕을 쌓아 헤아릴 수 없을 정도로 얻을 것이다. 그러니 이런 법문을 듣고, 들려주거나 독송하거나 수지하거나 옮겨 적거나 옮겨 적게 하거나 그것을 책으로 해서 꽃, 훈향, 향수, 화만, 도향, 분향, 옷, 우산, 기, 깃발, 식물성 기름의 등(燈), 동물성 기름의 등, 향유의 등과 함께 공양하거나 공경하게 하는 이가 부처님의 지혜로 이끄는 보다 많은 복덕을 쌓을 것은 말할 필요도 없다.

그리고 미륵이여, 선남자, 선여인이여, '여래의 수명의 구원성

분별공덕품

(久遠性)에 대한 법문'을 듣고, 깊은 정성으로 믿고 따른다면 그 깊은 정성의 특징은 다음과 같다고 생각해야 한다. 즉 그러한 사람은 내가 기사굴산[靈鷲山]에서 보살들에게 둘러싸여 존경 받으며 성문들 가운데에서 가르침을 설하고 있는 것을 볼 것이다. 또 유리로 되었고 표면이 평탄하며, 금실로 바둑판 무늬처럼 장식되고, 보석나무로 아름답게 장식된 사바세계인 나의 불국토를 볼 것이다. 또 거기서 보살들이 누각의 향락 속에서 생활하고 있는 것을 볼 것이다. 미륵이여, 이것이 깊은 정성으로 믿고 따르는 선남자, 선여인이 지니는 깊은 뜻의 특징이다.

또 미륵이여, 여래인 내가 완전한 열반에 든 뒤, 이 법문을 듣고 비방하지 않고 오히려 환희하는 사람들을 나는 깊은 정성으로 믿고 따르는 선남자, 선여인이라고 부른다. 그러니 이 법문을 수지 독송하는 사람들은 말할 필요도 없다. 따라서 이 법문을 책으로 해서 가지고 다니는 이는 여래를 모시는 이가 될 것이다. 미륵이여, 그런 선남자, 선여인은 나를 위해 탑을 세우거나 정사를 세울 필요도 없고 비구들의 병을 고치는 약과 같은 생활필수품을 보시할 필요도 없다.

왜냐하면 미륵이여, 이 법문을 수지 독송하는 선남자, 선여인은 이미 나의 사리에 공양을 한 것이 되며, 높이가 범천의 세계에 이르며, 주위가 점점 좁아지며, 우산이 둘러쳐지고 승리의 깃발이 세워지고 방울이 맑은 소리를 내는 칠보로 된 탑을 세운 것이 되기 때문이다. 또 그 사리를 안치한 탑에 대해 천계나 인간계의 온갖 꽃, 훈향, 향수, 화만, 도향, 분향, 옷, 우산, 기, 깃발, 승리의 깃발로 여러 가지 공양을 올리며 감미롭고 상쾌하고 맑은 소리를 내는 크고 작은 북, 또는 치거나 울리는 악기 소리, 음성, 헤아릴 수 없는 노래와 춤으로 수백 수천 겁 동안 공경을 한 것이 되기 때문이다.

내가 완전한 열반에 든 뒤, 이 법문을 수지 독송하며 옮겨 적어 설명한다면, 그는 크고 높고 넓으며 붉은 전단으로 된 정사를 세운 것이 된다. 그 정사들은 각각 서른두 개의 높은 누각이 있으며 팔층 건물로 수천 명의 비구를 수용하며, 숲과 화단은 아름다우며 산책할 수 있는 숲이 있고, 침대와 좌구를 갖추었으며, 딱딱하거나 부드러운 음식물, 병을 고치는 약 등의 생활필수품이 많이 있으며, 모두가 안락한 물건으로 장식되어 있다. 그리고 그 정사의 수는 너무 많아서 헤아릴 수 없을 정도이다. 즉 백천만 억 나유타이다. 그것들은 내 앞에서 성문들에게 제공되고 나에 의해 누리는 것이라고 보아야 한다.

미륵이여, 이런 까닭에 내가 열반에 든 뒤, 이 법문을 수지 독송하거나 가르치거나 옮겨 적거나 옮겨 적게 하거나 하는 이는 사리를 안치하는 탑을 세우거나 승단에 공양을 올릴 필요가 없다고 하는 것이다. 그러니 이 법문을 수지해서 보시로 완전하게 하거나, 계율, 인내, 정진노력, 선정 혹은 지혜로 완전하게 하는 선남자, 선여인은 헤아릴 수 없는 부처님의 지혜로 이끄는 복덕을 쌓게 될 것이다.

미륵이여, 선남자, 선여인이 이 법문을 수지 독송하거나 옮겨 적거나 옮겨 적게 하는 이는 마치 허공계가 동, 서, 남, 북, 상, 하의 각 방향과 그 중간의 방향에서 무한인 것처럼 헤아릴 수 없는 부처님의 지혜로 이끄는 복덕을 쌓게 될 것이다. 그는 여래의 탑(佛塔)을 공경하기 위해 전심하며, 여래의 성문들을 칭찬하고 보살대사들이 가진 수많은 덕성을 찬미하며 다른 사람들에게 설할 것이다. 또 이와 같은 일을 인내해 가며 완성하고 계율을 지키며 선량하고 친근한 이가 될 것이다. 인내심 깊고 마음이 다스려졌으며 질투하지 않고 화내지 않으며 적의를 품지 않는 이가 될 것이다. 또 사려 깊고 기력이 있으며 정진 노력하며 부처님의 가르침을 구하는 데 언제나 전심하는 이가 될 것이다. 선정에 들어 홀로 명상에 잠기는 이가 될 것이다. 질문에 답하는 데 뛰어나며 수많은 질문에 답하는 이가 될 것이다.

미륵이여, 어떤 보살대사가 내가 완전한 열반에 든 뒤, 이 법문을 수지한다면 내가 지금 찬미한 것과 같은 공덕이 있을 것이다. 미륵이여, 선남자, 선여인은 깨달음의 자리를 향해 뜻을 세운 이들이며, 깨달음을 얻기 위해 보리수로 향하는 이들이다. 또 미륵이여, 선남자, 선여인이 서거나 앉거나 산책하는 곳에는 여래를 위한 탑을 세워야 한다. 그리고 천신들과 세간의 사람들은 '이것이 여래의 탑이다'고 말해야 한다."

그때 세존께서는 이와 같은 게송을 설하셨다.

'사람들의 지도자인 부처님이 열반에 드신 뒤
이 경전을 수지하는 이가 있다면
그의 복덕은 무한할 것'이라고 나는 되풀이 설했다.
그는 나를 공양한 것이 되며
사리를 안치한 많은 탑을 세운 것이 된다.

그 탑들은 보석으로 되었고
다채롭고 아름답게 빛나며
높이는 범천의 세계와 같고
우산이 늘어서서 광대하고 호화로우며
승리의 깃발이 서 있고
아름다운 실로 장식되고 맑은 방울 소리가 난다.

또 방울은 바람에 흔들리는
승리자의 사리를 안치한 탑 위에서 빛나고 있다.
그 탑들에 꽃, 향수, 도향, 악기, 옷, 큰북으로
커다란 공양이 되풀이 올려진다.

그 탑에서는 악기가 감미롭게 연주되며
향유의 등도 많이 헌상되어 있다.
바른 가르침이 소멸할 때
이 경전을 수지해서 설하는 이가 있다면
그는 나에게 이러한 무한한 공양을 한 것이 된다.
전단으로 된 수천만의 높은 정사를 세운 것이 된다.

그 정사들에는 각각 서른두 개의
높은 누각이 있으며 높이는 팔층 건물이며
침대와 좌구가 갖추어져 있고
딱딱하거나 부드러운 음식물이 준비되어 있으며
깔개가 깨끗하게 깔려 있으며

수천의 비구들을 위한 거실이 있다.

꽃밭이 아름다움을 더하는 숲과 산책길
온갖 형태의 색색으로 훌륭한 것들이 보시되어 있다.
부처님께서 열반에 드신 뒤
이 경전을 수지하는 이가 있다면 그는 내 앞에서
승단에 여러 가지 공양을 한 것이 된다.

그런 이보다 더 믿음이 굳고
이 경전을 독송하거나 옮겨 적거나 하는 이는
보다 많은 복덕을 얻을 것이다.

또 어떤 이가 잘 설해진 이 가르침을 책으로 해서
꽃, 화만, 도향과 함께 공양한다고 하자.
또 훌륭한 연꽃이나 아티무크타카꽃
온갖 참파카꽃[131]과 함께
향유의 등을 언제나 공양한다고 하자.

책에 대해 이와 같은 공양을 한 이는
무한히 많은 복덕을 쌓을 것이다.
마치 허공계가 시방에서 언제나 한이 없는 것처럼
이 복덕도 마찬가지이다.

그러니 인내심 깊고 마음을 다스려서 제어하고

계율을 지키며 선정에 들어 홀로 명상하며
화내거나 적의를 품지 않으며
여래의 탑에 대해 존경심을 지니고

비구들에게 언제나 머리를 숙이며
교만하거나 게으르지 않고
지혜가 뛰어나며 의지가 굳고
질문에 화내지 않으며 자비로운 마음으로
각각의 생명 있는 것들에 대해
가르침을 설하는 이에 대해서는 말할 필요도 없다.

어떤 이가 이 경전을 수지한다면
그의 복덕은 무한할 것이다.
만일 어떤 이가 이 경전을 수지하는
위와 같은 설법자를 만났다면
그는 그 설법자를 공경해야 할 것이다.

그는 하늘의 꽃을 뿌리고
천의로 설법자를 싸야 할 것이다.
설법자의 두 발에 머리를 대고 경례하며
'이 분이 여래이다'라고 생각해야 할 것이다.

그 설법자를 보고
'이 분은 보리수 아래에서 천신들을 비롯한

세간사람들의 행복을 위해 위없는 깨달음을
얻으실 것이다'라고 생각해야 할 것이다.

이 경전의 한 게송이라도 읊으면서
그런 현자가 산책하는 곳,
서거나 앉는 곳, 잠자리에 드는 곳에는
지도자인 부처님을 위해
훌륭하고 아름다운 여래의 탑을 세워야 하며
거기서 훌륭한 공양을 올려야 한다.

부처님의 아들이 있는 그곳에서
나는 그 공양을 받을 것이며
그곳에 산책하며 머물 것이다.

제18장 수희공덕품(隨喜功德品)

그때 미륵보살은 세존께 이와 같이 말씀드렸다.
"세존이시여, 선남자, 선여인이 이 법문을 듣고 기뻐한다면, 어느 정도의 복덕을 쌓는 것이 되옵니까?"
이어 미륵보살은 이와 같은 게송을 읊었다.

위대한 용자이신 부처님께서 열반에 드신 뒤
이 같은 경전을 듣고 기뻐하는 이가 있다면
그에게는 얼마만한 미덕이 있는 것이옵니까?

그때 세존께서는 미륵보살에게 이와 같이 말씀하셨다.
"미륵이여, 선남자, 선여인이 여래인 내가 완전한 열반에 든 뒤, 이 법문을 듣는다고 하자. 비구와 비구니, 신남과 신녀, 분별 있는 어른과 소년, 소녀가 이 법문을 듣고 기뻐한다고 하자. 그리고는 이 법회에서 일어나 이 법을 전하기 위해 나서서 정사나 가정, 숲이나 거리, 마을이나 시골의 어딘가로 가서 이 법문이 설해진 원인이나 이유, 또는 가르침을 듣고 이해한 대로 자기 능력에 맞게 다른 사람들에게 전한다고 하자. 그들이 부모 혹은 친구, 인연 있는 이들에게 전한다고 하자. 이 법문을 들은 이가 기뻐하며 다시 다른 이에게 전하고, 그것을 들은 이가 또 다른 이에게 전하는 식으로 오십 명에게 이 법문이 전해지고 그 오십번째로 들은 이가 기뻐할 때, 그 복덕이 어떤지 설하겠으니 바르게 듣고 마음 속으로 깊이 생각하여라.

미륵이여, 그것은 마치 이와 같다. 사백만 억 아상캐야[132)]의 세계에 살며, 여섯 가지 경계에 태어난 중생들 그러니까 난생이나 태생, 습생이나 화생, 혹은 형태가 있거나 없거나, 의식이 있거나 없거나, 그 어떤 것도 아닌 것, 발이 없거나 두 개거나 네 개 혹은 많은 것 등의 모든 중생들이 중생계에 함께 모여 있다고 하자. 그때 어떤 이가 나타나 중생들의 복덕과 행복을 원하며, 중생들에게 모든 종류의 쾌락과 놀이, 즐거움과 향락을 준다고 하자. 각각의 중생에게 염부제(閻浮提)에 가득한 황금, 은, 진주, 유리, 나패, 산호, 말 수레, 소 수레, 코끼리 수레, 높은 집, 누각을 준다고 하자. 미륵이여, 이렇게 해서 대시주(大施主)인 그가 꼭 팔십 년 동안 보시를 한다고 하자. 그때 대시주인 그가 이런 생각을 한다고 하자.

'나는 모든 중생들이 즐겁고 안락하게 살도록 해왔다. 이제 중생들은 주름이 지고 백발이며, 늙고 쇠약해져 팔십 세가 되었다. 죽음이 가까웠으니 나는 여래께서 설하신 가르침에 의한 규율로 그들을 깨달음으로 들어가도록 가르쳐야겠다.'

미륵이여, 그가 모든 중생들을 여래의 가르침에 의한 규율로 이끌어 이해시키고 깨닫게 한다고 하자. 중생들은 그의 가르침을 들을 것이며, 들은 뒤에는 한순간에 수다원[133)]이 되어 사다함과 아나함의 결과를 얻으며, 나아가서는 더러움이 다하고 선정을 닦는 대명상가이며 여덟 가지 해탈을 명상하는 아라한이 될 것이다. 미륵이여, 그대는 이 일을 어떻게 생각하는가? 대시주인 그가 그 때문에 헤아릴 수 없을 정도의 복덕을 쌓겠느냐?"

질문을 받자 미륵보살은 세존께 이와 같이 말씀드렸다.

"세존이시여, 말씀대로이옵니다. 그런 까닭에 대시주인 그는 많은 복덕을 쌓을 것이옵니다. 그는 그만큼 많은 중생들에게 온갖 안락을 주었으며, 더욱이 아라한의 경지로까지 이끌었으니 더 말할 필요가 없을 것이옵니다."

이렇게 답했을 때, 세존께서는 미륵보살에게 말씀하셨다.

"미륵이여, 그대에게 알려주겠다. 대시주인 그가 사백만 억 아상캐야의 세계에서 모든 중생들을 여러 가지로 안락하게 하며, 아라한의 경지로 이끌어 복덕을 쌓았다고 하자. 한편 순서대로 이 법문을 듣고 전한 오십번째의 사람이 그 중 한 게송, 한 구절이라도 듣고 기뻐한다고 하자. 이 경우 후자의 환희의 복덕과 전자의 보시와 아라한으로 이끄는 복덕을 비교할 때, 후자의 복덕이 훨씬 더 클 것이다. 미륵이여, 법문을 듣고 환희하는 데 따르는 복덕과 선근은 앞에서 행한, 보시나 아라한으로 이끄는 복덕은 그 백분의 일은커녕 천분의 일, 백천만 억분의 일에도 미치지 않는다. 양자의 차이는 셀 수도 나눌 수도 계산할 수도 비유하거나 비교할 수도 없다. 미륵이여, 오십번째의 사람이 이 법문 중 한 게송이라도 듣고 기뻐할 때 한량없는 복덕을 쌓는 것인데 하물며 내 앞에서 이 법문을 듣고 기뻐하는 이는 말할 필요도 없을 것이다. 그 복덕은 더더욱 헤아릴 수 없을 것이다.

미륵이여, 선남자, 선여인이 이 법문을 듣기 위해 집을 나와 정사로 간다고 하자. 그는 거기에 서서 혹은 앉아서 잠깐 법문을 듣는다고 하자. 그런 이는 그 복덕으로 말미암아 현재의 생이 끝나 다음 생에서 소 수레, 말 수레, 코끼리 수레, 가마, 황소가 끄는 탈것, 암소가 끄는 탈것, 하늘의 탈것을 얻을 것이다. 또 만일 가르침을 듣는 자리에서 잠시라도 앉아 이 법문을 듣거나 남에게 자리를 나눠준다면, 그 복덕에 의해 제석천의 자리, 범천의 자리, 전륜왕의 사자좌를 얻을 것이다.

미륵이여, 또 만일 선남자, 선여인이 '친구여, 바른 가르침의 백련이라는 법문을 들어보라'고 남에게 권유해서 그가 조금이라도 이 법문을 듣는다고 하자. 권유한 이는 그 선근으로 인해 다라니를 얻은 보살들을 만날 수 있을 것이며, 우둔하지 않고 근기가 뛰어나며 지혜 있는 이가 될 것이다. 또한 수백 수천으로 생존할 때도 결코 구취나 악취가 없고, 혀나 입에 병이 없으며, 이가 검게 변하거나 고르지 못하거나 누렇게 되거나 구부러지거나 빠지거나 하는 일이 없다. 또 입술이 축 처지거나 안으로 굽거나 밖으로 불거지거나 갈라지거나 비틀리거나 검어지거나 추해지는 일이 없으며, 코가 납작해지거나 굽어지는 일이 없다. 뿐만 아니라 얼굴이 길어지거나 굽거나 검어지거나 보기 흉해지는 일이 없다.

미륵이여, 오히려 그의 혀나 이, 입술은 섬세하고 아름다우며, 코는 높고 얼굴은 훌륭하며, 눈썹은 보기 좋으며, 이마도 넓다. 사람으로서 완전한 모습〔相〕을 갖추었다. 또 그에게는 훈계와 충고를 해 주시는 여래가 계실 것이며, 빨리 부처님들을 뵐 수가 있다. 미륵이여, 보아라. 단 한 사람에게 권유해도 이같은 복덕을 쌓게 되는데, 이 법문을 공경해서 듣고 독송하며 설하는 이에 대해서는 더 말할 필요도 없을 것이다."

그리고 세존께서는 이와 같은 게송을 설하셨다.

차례로 이 법문을 전해 오십번째 사람이
이 경전의 한 게송을 듣고
기뻐하며 맑은 마음을 가진다면
그 복덕이 어느 정도인지 들어라.

어떤 이가 언제나 수많은 나유타의 중생에게
팔십 년 동안 보시를 하여 만족시켰다고 하자.

중생들이 나이 들어 주름이 잡히고
머리털이 세거나 빠진 것을 보고
그가 '아, 착각 속에 사는 중생들을 부처님의
가르침으로 훈계해야겠다'라고 생각한다고 하자.

중생들에게 가르침을 설하고
'모든 존재는 물거품이나 아지랑이와 같다.

어서 모든 존재의 속박에서 벗어나라'고 하며
열반의 경지를 밝힌다고 하자.

모든 중생들이 그 시주의 가르침을 듣고
한꺼번에 더러움이 다하고
윤회의 마지막 몸인 아라한이 된다고 하자.

그 보시자는 차례로 이 법문을 전해
한 게송이라도 듣고 기뻐한 이에게는
더 큰 복덕이 있을 것이다.
후자에 비해 전자의 복덕은
불과 한 부분에도 미치지 못한다.

차례로 설해진 이 법문을
한 게송이라도 전해 듣는 데
이처럼 헤아릴 수 없는 많은 복덕이 있을진대
하물며 내 앞에서 듣는다면
더 말할 필요도 없을 것이다.

또 누군가가 '이 경전은 수천 겁이 지나도
얻기 어려우니 어서 가서
가르침을 들으시오'라고 권유한다고 하자.

그래서 권유받은 이가

얼마 동안 이 경전을 듣는다고 하자.
그 권유한 행위의 결과로 인해
권유한 이는 결코 입병에 걸리는 일이 없을 것이며

혀가 아플 일도 없고
이가 빠지거나 검거나 누렇거나
혹은 고르지 못하게 되는 일도 없을 것이며
입술이 추해지는 일도 없을 것이다.

얼굴이 비틀리거나 홀쭉해지거나 길어지거나
하는 일도 없을 것이며
코가 평평해지는 일도 없고
이마나 이, 입술, 얼굴 생김새 모두가
바르고 단정할 것이다.

따라서 언제나 사람들의 눈을 기쁘게 할 것이다.
입에서는 입냄새는커녕
마치 연꽃의 향기 같은 향내가 날 것이다.

이 경전을 듣기 위해 뜻을 굳게 세운 이가
집을 떠나 정사로 간다고 하자.
거기서 얼마 동안 이 경전을 들어
마음이 맑아진 이의 결과를 말해 주겠다.

수희공덕품

뜻을 굳게 세운 이의 몸은 아주 청정할 것이며
마차로 여기저기를 돌거나
보석으로 장식된 코끼리 수레를 타고 다닐 것이다.

그는 여러 사람이 메는
장식이 된 가마를 얻게 될 것이다.
가르침을 듣기 위해 정사로 간 이에게는
이런 훌륭한 결과가 있을 것이다.

그는 자신이 행한 선행으로 인해
법회에서 제석천의 자리, 범천의 자리,
전륜왕의 자리를 얻을 것이다.

제19장 법사공덕품(法師功德品)

그때 세존께서는 '상정진(常精進)보살'을 향해 말씀하셨다.
"어떤 선남자, 선여인이 이 법문을 수지 독송하거나 가르치거나 옮겨 적거나 한다고 하자. 그들은 8백의 눈의 덕성, 천 2백의 귀의 덕성, 8백의 코의 덕성, 천 2백의 혀의 덕성, 8백의 몸의 덕성, 천 2백의 뜻의 덕성을 얻을 것이다. 이 수많은 덕성으로 말미암아 그의 여섯 기관은 청정해질 것이다. 이와 같은 청정한 안근(眼根)은 부모로부터 받은 육안으로 그는 삼천대천세계의 안팎을, 말하자면 산과 숲은 물론 아래로 아비지옥[134]에서 위로는 최고의 존재계인 유정천(有頂天)에 이르기까지 두루 볼 것이다. 또 거기에 태어난 모든 중생들을 본래 타고난 육안으로 볼 것이며, 중생들의 행위의 과보도 알 것이다."
그때 세존께서는 이와 같은 게송을 설하셨다.

법회에서 두려움 없이 또 기가 꺾이지 않고
이 경전을 설하는 이의 덕성에 대해 설하겠다.

그의 눈은 8백의 덕성으로 빛나고 있어
더러움 없이 청정하고 탁하지 않다.

그는 부모로부터 받은 육안으로
산이나 숲이 있는 세계를 본다.
수미산, 세상을 둘러싼 차크라바다 산[鐵圍山]은 물론
다른 산들을 보며 대해도 본다.

아래로는 아비지옥에서
위로는 최고의 존재계에 이르기까지
용자는 모든 것을 본다.
그의 육안은 이와 같은 것이다.

그에게 천안(天眼)[135]은 없으며
아직 생기지도 않았지만
그의 육안이 미치는 영역은 이와 같다.

"상정진이여, 또 선남자, 선여인이 이 법문을 다른 이에게 들려준다면, 천 2백의 귀의 덕성을 갖추어 삼천대천세계의 아래로는 아비지옥에서부터 위로는 유정천(有頂天)에 이르기까지 안팎의 모든 소리를 듣게 될 것이다. 말하자면 코끼리·말·낙타·소·산양의 우는 소리, 사람들이 말하는 소리, 수레 소리, 우는 소리, 흐느끼는 소리, 두려워하는 소리이다. 또 소라고동·방울·큰북·작은북의 소리, 놀이 소리, 노래 소리, 춤추는 소리, 악기 소리, 음악의 가락, 또 남녀·소년·소녀의 소리, 바르거나 그른 소리, 즐겁고 괴로운 소리, 범부나 성인의 소리, 기분 좋거나 나쁜 소리, 천신들·용·야차·나찰·건달바·아수라·가루다·긴나라·마후라가·인간이나 인간 이외 것들의 소리이며 불·바람·물의 소리, 마을의 소음, 비구·성문·독각·보살·여래의 소리이다. 그는 어떤 소리라도 삼천대천세계 안팎에서 생기는 소리를 청정해진 타고난 이근(耳根)으로 들을 것이다. 또 천이[136)]를 얻지는 않았지만, 각 중생들의 음성을 알고 이해해서 식별한다. 그리고 중생들의 음성을 들을 때, 그 소리 때문에 그의 이근이 압도당하는 일은 없다. 상정진이여, 이 보살은 이와 같은 이근을 얻겠지만 아직 천이를 얻은 것은 아니다."

세존께서는 이렇게 말씀하셨다. 그리고 다시 다음과 같은 게송을 설하셨다.

그의 이근은 청정해서 더러움이 없지만
아직 타고난 것에 지나지 않는다.
그런 이근으로 그는
이 세계의 온갖 음성을 남김없이 듣는다.

그는 코끼리, 말, 수레, 소,
산양, 양의 음성을 들으며
북이나 허리북, 바라, 비파, 대나무 피리
밧라키[137)]의 음색을 듣는다.

법사공덕품

그는 기분 좋고 감미로운 노랫소리를 듣지만
거기에 집착하지 않는 뜻이 굳은 이이다.
수많은 사람들이 어디에서 어떤 이야기를 하든
그는 그 소리를 들을 수 있다.

언제나 신들의 소리, 남녀의 소리,
소년 소녀의 소리를 듣는다.
산 속 동굴에 사는 칼라빈카,[138] 뻐꾸기, 공작, 꿩 등의
아름다운 새소리도 듣는다.

지옥에서 괴로워하는 이들이 내는 무서운 외침
먹을 것을 구할 수 없어
괴로워하는 아귀들의 소리
대해 한가운데 사는 아수라들이 내는
온갖 소리도 듣는다.

그 설법자는 이 세상에 있으면서
모든 소리를 듣지만
거기에 압도되는 일은 없다.
축생도에서 축생들이 서로 이야기하는 소리
그런 온갖 소리를 그는 이 세상에서 듣는다.

범천의 세계에 사는 천신들이나
색구경천(色究竟天)이나 광음천(光音天)[139]의

천신들이 서로 나누는 소리
그는 이 모두를 남김없이 듣는다.

이 세상에서 선서들의 가르침 아래 출가해서
경전을 독송하거나 법회에서 가르침을 설하는
비구들의 음성도 그는 언제나 듣는다.
이 세상에서 서로 독송하며 가르침을 널리 펴는
보살들의 온갖 소리도 듣는다.

이 경전을 수지하는 보살은
가르침을 받아야 할 사람들을 잘 이끄시는 분으로
부처님께서 법회에서 설하신
최고의 가르침도 듣는다.

아래로는 아비지옥에서 위로는
최고의 존재계에 이르는 삼천국토의 안팎에서
중생들이 많은 소리를 내지만
그 모든 소리를 들어도 그의 귀는 끄덕도 없다.

그는 명료한 이근으로
그 소리들의 출처를 밝혀내지만
그의 이근은 아직 타고난 것에 지나지 않는다.

아직 그는 천이(天耳)를 얻기 위해

노력하지 않고 있으며
그의 귀는 타고난 그대로이다.
두려움 없이 이 경전을 수지하는 이에게는
이와 같은 덕성이 있을 것이다.

"또 상정진이여, 이 법문을 수지 독송하고 설명하며 옮겨 적은 보살의 비근(鼻根)은 8백의 덕성을 갖추며 청정하다. 그는 그 청정한 비근으로 삼천대천세계의 안팎에 있는 온갖 냄새, 말하자면 악취나 기분 좋은 향기, 여러 가지 꽃향기, 자티카, 맛리카, 참파카, 파타라[140)]와 같은 온갖 종류의 꽃 향기를 맡는다. 또 청련, 홍련, 수련, 백련과 같은 수생 식물의 꽃 향기와 전단, 타말라나무의 잎, 타가라,[141)] 침향과 같은 온갖 나무의 꽃과 열매의 향기도 맡는다. 그는 한 곳에 있지만 수백 수천 종류의 혼합된 냄새를 맡는다. 그는 수많은 중생들의 여러 가지 냄새도 맡고 코끼리, 말, 소, 양과 같은 축생도에 속하는 것들의 냄새도 맡는다. 남녀, 소년, 소녀의 체취는 물론 멀리 있는 풀, 관목, 약초, 수목의 냄새도 맡는다. 있는 그대로의 냄새를 맡지만 그 냄새 때문에 코의 감각을 잃거나 마비되는 일이 없다.

그는 이 지상에 있으면서도 신들의 냄새, 그러니까 파리자타카, 코비다라,[142)] 만다라바, 대만다라바, 만주샤카,[143)] 대만주샤카라는 하늘의 꽃 냄새와 침향과 전단 가루의 냄새를 맡는다. 더욱이 그는 그 꽃들의 이름도 알고 있다. 그는 천자들, 즉 천신들의 왕인 제석천의 몸 향기도 맡는다. 제석천이 바이자얀타 궁전에서 놀이의 즐거움에 빠져 있든, 수다르마 신전 [妙法堂][144)]에서 삼십삼천의 신들에게 가르침을 설하고 있든, 유원에 놀러 가 있든 향기로 그것을 안다. 또 그는 다른 천자들의 향기는 물론 신들의 딸이나 아내들, 천신들의 소년이나 소녀들의 향기도 맡는다. 그러나 그 향기 때문에 그가 코의 감각을 잃는 일은 없다.

이렇게 해서 이윽고 최고의 존재계에 태어난 중생들에 이르기까지 몸의 향기를 맡는다. 범천에 속하는 천자들이나 대범천들의 향기는 물론 성문, 독각, 보살, 여래들의 향기도 맡는다. 그래서 바른 깨달음을 얻어 존경받는 여래들이 어디 계시는지 알고 있다. 그러나 그의 비근은 이런 여러 향기로 인해 방해받거나 상하거나 고민하는 일이 없다. 그는 다른 이들에게 각각의 향기에 대해 설명하므로 기억력을 잃는 일은 없다."

그때 세존께서는 이와 같은 게송을 설하셨다.

그의 비근은 청정하며
그는 이 세상에 있는 온갖 냄새를 맡는다.
그 냄새가 좋은 향이든 악취든

자티카나 맛리카의 꽃 향기,
타말라나무의 잎, 전단, 타가라, 침향의 향기
또 온갖 꽃과 열매의 향기를 맡는다.

그는 멀리 있지만,
남녀, 소년, 소녀들의 냄새를 알며
그로 인해 그들이 어디 있는지를 안다.

또 그는 사주(四洲)를 지배하는 전륜왕
군대를 통솔하는 전륜왕
지방 왕후들의 냄새도 알며
왕자나 대신, 후궁들도 냄새로 안다.

그들이 애용하는 많은 보석과
땅 속에 묻혀 있는 금속류
또 전륜왕의 칠보 중의 하나인 여성들도
그 보살은 냄새로 안다.

또 그 보살은 그들이 몸에 단 여러 장식품,
옷과 화만, 도향을 냄새로 안다.
가장 훌륭한 경전을 수지하는 뜻이 굳은 이 보살은
그들이 서 있는지 앉아 있는지
누워 있는지 혹은 놀고 있는지
신통력을 가지고 있는지를 코의 힘으로 안다.

또 좋은 향이 나는 기름 냄새와
온갖 꽃과 열매의 냄새를
그는 한 번 맡고 가려낸다.

산골짜기에서 꽃피는 많은
전단과 거기 사는 중생들,
그 모두를 그는 냄새로 식별한다.

세계를 둘러싼 차크라바다 산록
대해의 한가운데와 대지의 한가운데에 사는 중생들 모두를
그 현자는 냄새로 식별한다.

천신들과 아수라는 물론
아수라의 딸들도 식별하며
아수라들이 놀고 있는 것도 안다.
그의 코의 힘은 이와 같다.

사자, 호랑이, 코끼리, 물소, 소, 들소 등
숲에 사는 네 발 짐승이라도
그는 서식처를 냄새로 안다.

또 그는 냄새로
임신한 여성의 태내에
남자아이가 들었는지
여자아이가 들었는지를 안다.

그는 사람들의 의도를 식별하며
의도의 냄새를 맡는다.
탐욕한 이, 악한 이, 위선적인 이
마음이 적정한 이의 냄새를 맡는다.

땅 속의 보물, 재보, 황금, 금, 은

또는 꽉 찬 동그릇을 그 보살은 냄새로 가려낸다.
목걸이, 구슬, 진주, 눈부신 값비싼 보석구슬을
이 모두를 그는 냄새로 가려낸다.

또 하늘에서 신들 곁에 있는
만다라바, 만주샤카, 파리자타카 꽃들을
뜻이 굳은 그는 지상에 있으면서 냄새로 가려낸다.

하늘의 탈것이 어떤 것이며 누구 것인지
큰지 작은지 중간 정도인지
아름답게 장식되었는지 어떤지
그는 지상에서 코의 힘으로 가려낸다.

또 그는 신들의 동산을 알며
수다르마 신전이나 훌륭한 바이자얀타 궁전에서
신들이 즐겁게 지내고 있는 것을 안다.

이 지상에 있으면서 그는 냄새로
천자들 중 누가 어디서 활동하며
서거나 눕거나 어디로 가는가를 안다.

많은 꽃으로 장식되었으며
화만이나 장식품을 단
천신들의 딸들이 어디서 놀며 어디로 가는지

그는 냄새로 안다.

하늘의 탈것을 타는 천신들, 범천, 대범천들이
선정에 들어 있는지 깨어 있는지를
위로는 최고의 존재계에 이르기까지
그는 지상에 있으면서 냄새로 안다.

천자들이 처음으로 광음천에 와서
거기서 죽거나 태어나는 것을 안다.
이 경전을 수지하는 보살의 비근은 이와 같다.

선서의 가르침 아래에서 정진노력하고
강설(講說)하며 독송을 즐기는 비구들에 대해서
그가 어떤 비구인지 그 보살은 모든 것을 안다.

승리자의 아들인 성문들이
수목의 밑동에서 거처한다면
그 현자는 '어디어디에는 이런이런 비구가 있다'고
모든 것을 냄새로 안다.

사려 깊고 선정을 하며
언제나 강설이나 독송을 즐기는 보살들이
법회에서 가르침을 설하는 것을
그는 냄새로 안다.

세간의 행복을 바라며
자비 깊은 위대한 현자인 선서가
어떤 방향에서 성문들의 존경을 받으며
가르침을 설하고 계신가를 그는 냄새로 안다.

또 그 세간의 지도자의 가르침을 듣고
기뻐하는 모든 청중들을
그 보살은 여기 있으면서 안다.

그의 코의 힘은 이와 같다.
아직 그의 코는 천계의 것은 아니지만
더러움 없는 천계의 코에 선행하는 것이다.

"또 상정진이여, 선남자, 선여인이 이 법문을 수지해서 가르치며 설명하고 옮겨 적는다면, 천 2백의 덕성을 갖춘 혀를 얻게 될 것이다. 그 혀〔舌根〕때문에 그가 어떤 맛을 보더라도 모두 천계의 뛰어난 풍미를 느낄 것이며 불쾌한 맛은 아닐 것이다. 그리고 그는 법회에서 가르침을 설해 중생들의 여러 감관(感官)을 기쁘게 하고 만족시킬 것이다. 그의 달콤하고 아름답고 깊으며 상쾌한 소리는 중생들의 마음에 즐겁게 울릴 것이다. 중생들은 그 소리에 만족하며 기뻐할 것이다.

그가 가르침을 설하면 달콤하고 아름답고 상쾌하여 그 소리를 듣고 신들조차도 그를 만나 경례하고 섬기며 가르침을 듣기 위해 가까이 가야겠다고 생각할 것이다. 또 천자들이나 천신들의 딸들, 제석천과 범천들, 범천에 속하는 천자들, 용과 용의 딸들, 아수라와 아수라의 딸들, 가루다와 가루다의 딸들, 긴나라와 긴나라의 딸들, 마후라가와 마후라가의 딸들, 야차와 야차의 딸들, 악귀와 악귀의 딸들도 그를 만나 경례하고 섬기며 가르침을 듣기 위해 가까이 가야겠다고 생각할 것이다. 그리고 그들은 그를 공경해서 공양할 것이며 찬양하고 존숭할 것이다. 비구, 비구니, 신남, 신녀들도 그를 만나기를 원할 것이다. 왕들도 왕자들도 왕의 대신들도 왕의 고관들도 그를 만나기를 원할 것이며, 군대를 통솔하는 전륜왕들도 칠보를 갖춘 전륜왕들과 왕자, 대신, 후궁과 시녀들을 거느리고 그를 공경하기 위해 만나기를 원할 것이다.

　그 설법자는 그 정도로 훌륭하게 여래께서 설하신 가르침을 그대로 설할 것이다. 다른 바라문이나 가장들, 도시나 시골 사람들도 수명이 다할 때까지 언제나 그 설법자를 따를 것이다. 여래의 성문들이나 독각들, 세존들도 그를 만나기를 원할 것이다. 선남자와 선여인은 어느 방향에 있든 거기서 여래를 뵙고 여래의 면전에서 가르침을 설하는 이가 될 것이며, 부처님의 가르침을 담는 그릇이 될 것이다. 이와 같이 그의 깊고도 상쾌한 가르침의 소리가 울릴 것이다."

　그때 세존께서는 이와 같은 게송을 설하셨다.

　그의 혀는 훌륭해서
　결코 형편없는 맛을 보는 일은 없을 것이다.
　어떤 맛이라도 그의 혀에 닿자마자 천계의 것이 되어

천계의 풍미를 갖춘 것이 될 것이다.

그는 아름다운 소리로 달콤하고 듣기 쉬우며
원하던 기쁜 말을 한다.
법회에서 언제나 좋고 깊은 소리로 말한다.

또 수많은 비유로 설하는
그의 가르침을 들은 이는
누구라도 최고의 환희가 생겨
그에게 헤아릴 수 없는 공양을 올린다.

천신, 용, 아수라, 야차들도
언제나 그를 만나기를 원하며
경의로써 가르침을 듣는다.
그에게는 이 모든 덕성이 있다.

원한다면 그는 이 세계 모든 곳에
그의 소리가 울리게 할 것이다.
그의 소리는 부드럽고 달콤하며
깊고 아름다우며 아주 좋다.

대지의 주인인 전륜왕들은 자식이나 부인과 함께
공양하기 위해 그에게 가까이 가 합장하며
언제나 그의 가르침을 듣는다.

그는 야차로부터 언제나 존경받으며
용이나 건달바의 무리, 악귀의 남녀로부터도
존경과 공양을 받는다.

범천들조차도 그의 지배 아래에 있으며
마헤슈바라, 이슈바라[145]라는 천자들도
제석천과 다른 천자들도
많은 신들의 딸들도 그에게 가까이 가며

세간의 행복을 바라는 자애 깊은 부처님들도
성문들과 함께 그의 소리를 듣고 모습을 드러내어
그를 보호하며 그의 가르침에 만족한다.

"상정진이여, 이 법문을 수지 독송하거나 설하거나 옮겨 적는 보살은 8백의 몸〔身根〕의 덕성을 얻을 것이다. 그의 몸은 완전히 청정하며, 피부는 유리처럼 청정해서 중생들의 눈을 즐겁게 할 것이다. 그는 완전히 청정한 몸 위에서 삼천대천세계의 모든 것을 볼 것이다.

삼천대천세계에서 죽거나 태어나며, 뛰어나거나 그렇지 못하며, 좋은 색을 하거나 추한 색을 하며, 선한 경계에 있거나 악한 경계에 있는 중생들, 철위산(鐵圍山)과 대철위산(大鐵圍山), 산들의 왕인 수미산에 사는 중생들, 또 아래로는 아비지옥으로부터 위로는 최고의 존재계에 이르기까지 그곳에 사는 중생들, 이 모두를 자신의 몸 위에서 볼 것이다.

또 삼천대천세계에 사는 성문이나 보살, 독각, 여래의 누구든지 볼 것이며, 그 여래들이 설한 가르침을 모두 볼 것이다. 또 여래들을 섬기는 중생들이 몸을 얻는 것을 그는 자신의 몸 위에서 볼 것이다. 왜냐하면 그의 몸이 완전히 청정하기 때문이다."

그때 세존께서는 이와 같은 게송을 설하셨다.

이 위대한 경전을 수지하는 이는
몸이 완전히 청정하며
마치 유리로 된 것처럼 청정할 것이며
언제나 중생들의 눈을 즐겁게 할 것이다.

거울에 모습이 비치는 것처럼
그의 몸에 이 세계가 보일 것이다.
그는 스스로 이것을 보지만
다른 중생들이 보는 일은 없다.
그의 몸의 완전한 청정성은 이와 같다.

이 세계에 있는 모든 중생들, 인간, 천신, 아수라,
야차, 지옥이나 아귀, 축생에 있는 것들의 모습이
그의 몸에 보인다.

최고의 존재계에 이르기까지 천신들의 탈것,
바위산, 차크라바다 산, 히말라야 산, 수미산들은

온갖 모습으로 그의 몸에 보인다.

또 그는 몸 위에 성문들을 거느린 부처님들과
홀로 살거나 무리에게 가르침을 설하는 보살인
다른 부처님의 아들들을 본다.

그의 몸의 청정성은 이와 같으며
거기에는 모든 세계가 보인다.
그러나 그는 아직 천계의 몸을 얻지 못했다.
그의 타고난 몸은 이와 같다.

"또 상정진이여, 여래인 내가 완전한 열반에 든 뒤, 이 법문을 수지 독송하고 가르치며 옮겨 적는 보살의 뜻[意根]은 천 2백의 마음작용의 덕성을 갖추어 완전히 청정해질 것이다. 그가 그 청정한 뜻으로 비록 한 게송이라도 듣는다면, 그 게송의 많은 의미를 알게 될 것이다. 그 게송을 이해한 뒤, 그는 1개월은 물론 4개월, 1년도 가르침을 설할 수 있을 것이다. 또 어떤 가르침을 설하더라도 그것을 잊어버리는 일이 없을 것이다. 통속적인 세간의 일이든 주문이든 어떤 것을 설하더라도 모두 법의 도리와 일치시킬 것이다. 삼천대천세계에서 육도에 윤회하는 어떤 중생이든 있는 그대로 그들의 마음의 움직임을 알 것이다. 흔들림, 잘못된 믿음, 망상을 알고 분별할 것이며, 아직 성자의 지혜를 얻지는 못했으나 그의 뜻은 이처럼 완전히 청정할 것이다. 이런저런 가르침과 그 해석을 깊이 생각한 뒤 바른 것을 설할 것이며, 모든 여래께서 설하시고 모두 예전에 승리자의 경전에 설해진 것을 그는 말할 것이다."
　그때 세존께서는 이와 같은 게송을 설하셨다.

그의 뜻은 맑고 빛나며 청정해서 탁하지 않다.
그 뜻으로 그는 훌륭하거나 중간 정도거나
낮은 여러 가지 가르침을 이해한다.

비록 한 게송을 듣더라도 뜻이 견고한 이는
거기서 많은 의미를 안다.
사 개월이든 일 년이든
언제나 이치에 맞게 바른 가르침을 설한다.

또 이 세계의 안팎에 사는 중생들
천신, 인간, 아수라, 야차, 용, 축생도에 있는 것들
육도에 사는 중생들 그들이 무슨 생각을 하든
현자는 한순간에 전부 이해한다.

이 경전을 수지하는 이에게는 이러한 이익이 있다.
백 가지 복덕의 상서로운 상[146]을 갖추신 부처님께서
모든 세간사람들에게 가르침을 설하실 때
그 맑은 소리를 듣고 그는 그 뜻을 이해한다.

그는 최고의 가르침을 깊이 생각하며

언제나 많은 가르침을 설하나
결코 혼미하는 일이 없다.
이 경전을 수지하는 이에게는 이러한 이익이 있다.

그는 모든 존재의 관계와 인연을 이해하며
그 개개의 특징과 의미, 해석을 알고 있다.
그리고 아는 대로 말한다.

예전에 세간의 스승들에 의해
오랫동안 여기서 설해진 경전
그 가르침을 그는 법회에서
언제나 두려움 없이 설한다.

이 경전을 수지 독송하는 이는
이와 같은 뜻을 얻을 것이다.
아직 그는 집착이 없는 지혜를 얻지 못했지만
그의 뜻은 거기에 선행하는 것이다.

선서의 이 경전을 수지하는 이는
스승의 경지에서
모든 중생들에게 가르침을 설하며
수만 억의 해석에 숙달한 이이다.

제20장 상불경보살품(常不輕菩薩品)

그때 세존께서는 득대세(得大勢)보살에게 말씀하셨다.

"득대세여, 이와 같이 알아야 한다. 장래 이 법문을 비방하거나, 이 경전을 수지하는 비구, 비구니, 신남, 신녀들을 비난하거나 모욕하며, 거짓되고 조잡한 말로 말을 거는 이들은 좋지 않은 과보를 받게 될 것이다. 그것은 말로 나타낼 수 없을 정도이다. 그러나 장래 이 경전을 수지 독송하며 가르치며 이해해서 남에게 상세히 설하는 이들에게는 앞에서 설한 것과 같은 좋은 결과가 생길 것이며, 눈, 귀, 코, 혀, 몸, 뜻의 육근이 완전히 청정하게 될 것이다.

득대세여, 예전에 그러니까 이루 다 헤아릴 수 없이 광대하며 생각도 미치지 않는 과거세에, 아니 그보다 훨씬 먼 이전에 바른 깨달음을 얻어 존경받는 위음왕(威音王)이라는 여래께서 세간에 출현하셨다. 그것은 이쇠(離衰)라고 하는 겁이며, 대성(大成)이라고 하는 세계였다. 그 여래께서는 지혜와 덕행을 갖춘 선서였으며, 세간을 잘 아는 위없는 분이셨으며, 사람들을 잘 이끄시는 분이었으며, 천신들과 인간의 스승이었으며 부처님이셨다.

득대세여, 이 위음왕여래께서는 대성세계에서 천신들과 인간, 아수라를 포함한 세간사람들을 앞에 놓고 가르침을 설하셨다. 성문들을 위해서는 생로병사와 근심, 비탄, 고뇌, 미혹을 넘어서는 열반을 목표로 하는 사성제와 관련된 연기의 과정[147]을 설하셨다. 또한 보살들을 위해서는 위없는 깨달음에 관해 여섯 가지의 완성과 관계된 여래의 지견(知見)에 이르는 가르침을 설하셨다.

그런데 득대세여, 위음왕여래의 수명은 사십 갠지스 강의 모래알 수와 같은 수천만 억 겁이었다. 그 여래께서 완전한 열반에 드신 뒤, 염부제 미진수 티끌 수와도 같은 수천만 억 겁 동안 바른 가르침[正法]이 존속했으며, 사대주(四大洲)의 티끌 수와 같은 수천만 억 겁 동안 바른 가르침과 비슷한 가르침[像法]이 존속했다.

또 득대세여, 대성세계에서 위음왕여래께서 완전한 열반에 드신 뒤, 바른 가르침과 비슷한 가르침이 소멸했을 때 또 다른 위음왕여래께서 세간에 출현하셨다. 그 여래께서는 지혜와 덕행을 갖춘 선서였으며 세간을 잘 아는 위없는 분이셨으며 사람을 잘 이끄는 분이시며 천신과 인간 스승이며 부처님이셨다. 이렇게 차례로 2백만 억 나유타의 위음왕여래들이 이 대성세계에 출현하셨는데, 거기에는 이 모든 여래들 앞에 출현하신 최초의 위음왕여래께서 계셨다. 이 여래께서 완전한 열반에 드신 뒤, 바른 가르침은 물론 바른 가르침과 비슷한 가르침도 소멸하고 있었다. 그 가르침은 교만한 비구들에게 공격받고 있었다. 그때 상불경(常不輕)이라는 비구 보살이 있었다. 득대세여, 왜 이 보살이 상불경이라고 불리는가 하면, 그 이유는 이러하다. 이 보살은 비구, 비구니, 신남, 신녀 누구를 만나도 다가가 이렇게 말한다.

'존자시여, 저는 당신을 깔보지 않사옵니다. 당신이 보살의 수행을 하면 장래 바른 깨달음을 얻어 존경받는 여래가 될 것이기 때문입니다.'

득대세여, 이처럼 보살은 비구이면서 설법도 독송도 하지 않고, 멀리 있는 이건 가까이 있는 이건 누구를 보더라도 이렇게 말한다. 비구, 비구니, 신남, 신녀 누구에게나 다가가 이렇게 말한다.

'부인이시여, 저는 당신을 깔보지 않사옵니다. 당신이 보살의 수행을 하면 장래 바른 깨달음을 얻어 존경받는 여래가 될 것이기 때문이옵니다.'

이 소리를 들은 이는 거의 대부분 그에게 화를 내며, 악의와 불신에 찬 말로 비난하고 모욕한다.

'이 비구는 묻지도 않았는데 왜 깔보지 않는다는 말을 하는 걸까. 또 위없는 바른 깨달음을 얻을 것이라고 바라지도 않는 예언을 하는 것은 우리 스스로 자신을 깔보도록 하는 것이다.'

득대세여, 이 보살이 이렇게 비난과 모욕을 받는 동안 많은 세월이 흘렀다. 그는 누구에게도 화를 내지 않고 악의를 품지 않는다. 그리고 그가 그렇게 말했을 때 흙덩이나 몽둥이를 휘두르는 이에 대해서도, 그는 멀리서 큰소리로 '저는 당신을 깔보지 않습니다'라고 한다. 상불경이라는 이름은 그가 언제나 이렇게 말하던 교만한 비구, 비구니, 신남, 신녀들이 그에게 붙인 것이다.

그런데 득대세여, 그 상불경보살은 죽음이 가까워왔을 때, '바른 가르침의 백련'이라는 법문을 들었다. 이 법문은 위음왕여래께서 2백만 억의 이십 배나 되는 게송으로 설하신 것이다. 상불경보살은 죽음이 가까워왔을 때, 아무도 설하지 않았는데도 공중에서 들려오는 이 법문을 듣고 알았다. 그래서 그는 눈의 청정, 귀의 청정, 코의 청정, 혀의 청정, 몸의 청정, 뜻의 청정을 얻었다. 그는 육근의 청정을 얻자마자 다시 2백만 억 년 동안 자신의 생명을 신통력으로 지속시켜 이 '바른 가르침의 백련'이라는 법문을 설했다. 그래서 상불경이라는 이름을 붙인 교만한 비구, 비구니, 신남, 신녀들 모두가 그의 광대한 신통의 위력, 설득하는 웅변력, 지혜의 위력을 보고 가르침을 듣기 위해 따르게 되었다. 그는 다시 다른 백천만 억 나유타의 생명 있는 것들 모두를 위없는 바른 깨달음으로 이끌었다.

득대세여, 이 보살은 대성세계에서 죽은 뒤, 월음왕(月音王)이라는 같은 이름을 가진 이천 억의 많은 여래들을 기쁘게 했으며 항상 이 법문을 설했다. 그는 이어서 마찬가지로 과거의 선근에 의해 태고음왕(太鼓音王)이라는 같은 이름을 가진 이백만 억의 많은 여래들을 기쁘게 했으며, 항상 이 '바른 가르침의 백련'의 법문을 사중에게 설했다. 운음왕(雲音王)도 마찬가지였다. 이 모든 경우에 그는 눈, 귀, 코, 혀, 몸, 뜻의 완전한 청정성을 갖추고 있었다.

득대세여, 이 상불경보살은 이렇게 많은 수백 수천만 억 나유타의 여래들을 공경 공양하고, 찬양 존숭한 뒤, 다시 다른 수백 수천만 억 나유타의 많은 부처님들을 공경 공양하고 찬양 존숭했는데, 그때마다 '바른 가르침의 백련'이라는 법문을 얻었다. 그 뒤 그는 과거의 선근이 완전히 성숙했기 때문에 위없는 바른 깨달음을 얻었다.

득대세여, 그때 그곳의 상불경이라고 불리는 보살은 내가 모르는 이라고 생각해서는 안 된다. 득대세여, 내가 바로 그 상불경보살이었기 때문이다. 만일 내가 이전에 이 법문을 이해하고 수지하지 않았더라면, 이처럼 빨리 위없는 깨달음을 얻을 수는 없었을 것이다. 득대세여, 나는 과거의 여래들로부터 직접 배운 이 법문을 수지 독송하며 설했기 때문에 이렇게 빨리 위없는 바른 깨달음을 얻은 것이다.

또 득대세여, 저 상불경보살에게 악의를 품은 이들은 2백만 억 겁 동안 결코 여래를 보지 못했으며, 가르침이나 승단이라는 말도 들어보지 못했다. 그리고 1만 억 겁 동안 아비대지옥에서 심한 고통을 받았으나, 상불경보살은 그들 모두를 위없는 바른 깨달음으로 이끌었다.

득대세여, 그때 그곳에 상불경보살을 매도하고 조롱한 중생들을 나는 알고 있다. 이 모임에 온 이들은 발타바라(跋陀婆羅)를 비롯한 5백 명의 보살들과 사자월(師子月)을 비롯한 5백 명의 비구니들, 사불(思佛)을 비롯한 5백 명의 신녀들이었기 때문이다. 그러나 모두 위없는 바른 깨달음을 얻어 불퇴전의 자리에 있다. 득대세여, 이처럼 커다란 이익이 있는 법문을 수지 독송하며 가르치면 보살들에게 위없는 바른 깨달음을 가져다줄 수 있다. 그러니 득대세여, 여래인 내가 완전한 열반에 든 뒤, 보살들은 이 법문을 언제나 수지 독송하고 가르치며 설해야 할 것이다."

이어 세존께서는 이와 같은 게송을 설하셨다.

과거세의 생각이 난다.
그때 위음왕이라는 승리자가 계셨는데
인간, 천신, 야차의 지도자시며
대위신력을 지니셨고
인간과 신들의 공양을 받으셨다.

그 승리자께서 완전한 열반을 드신 뒤
바른 가르침이 혼란에 빠졌을 때
비구로서 상불경이라고 불리는 보살이 있었다.

그때 그는 나는 진리를 체득했다고 생각하는
다른 비구나 비구니들에게 가서
'나는 당신들을 깔보지 않습니다.
최고의 깨달음을 위해 수행하십시오'라고
언제나 말했다.

그들의 비난과 모욕을 참는 사이
죽음이 가까워졌으며

그는 이 경전을 들었다.

그래서 그는 죽지 않고
신통력으로 아주 긴 수명을 얻어
지도자의 가르침 아래에서 이 경전을 설했다.

그리고 스스로 진리를 체득했다고 생각하는
이들을 모두 깨달음에 이르도록 성숙시켰다.
그래서 죽은 뒤에는 수많은 부처님들을 기쁘게 했다.

계속해서 쌓은 복덕으로
언제나 이 경전을 설한 뒤
그 승리자의 아들은 깨달음을 얻었다.
그가 바로 석가모니인 나이다.

그때 스스로 진리를 체득했다고 생각한
비구, 비구니, 신남, 신녀들은
그로부터 깨달음을 얻을 것이라는 말을 듣고
많은 부처님들을 뵌 뒤 깨달음을 얻었다.

그들은 내 앞에 있는
5백 명의 보살들과 비구, 비구니, 신녀들이다.
나는 모두에게 최고의 가르침을 들려주었으며
그들 모두를 성숙시켰다.

내가 열반에 든 뒤는 의지가 굳은 그들이
이 최고의 경전을 수지할 것이다.

생각도 미치지 않는 수천만 억 겁 동안
이 같은 가르침은 단 한 번도 들을 수 없었으며
수백만 억의 부처님이 계셨지만
이 경전을 설하신 적은 없다.

그러니 부처님께서 스스로 설하신
이 같은 가르침을 들어서
계속해서 부처님들을 기쁘게 해드리며
내가 열반에 든 뒤는 이 경전을
이 세상에서 내 대신 설해야 할 것이다.

상불경보살품

제21장 여래신력품(如來神力品)

그때 대지의 틈새에서 나온 소천세계의 티끌 수와도 같은 수천만 억 나유타의 보살들은 모두 세존을 향해 합장하며 이와 같이 세존께 말씀드렸다.

"세존이시여, 세존께서 열반에 드신 뒤 어떤 불국토든 모든 국토에서 저희들은 이 법문을 널리 펴겠사옵니다. 세존이시여, 저희들은 이처럼 위대한 법문을 수지하거나 독송하거나 가르치거나 옮겨 적기 위해 찾았던 것이옵니다."

그때 문수사리를 비롯한 사바세계에 사는 수천만 억 나유타의 많은 보살들, 그리고 비구, 비구니, 신남, 신녀, 천신들, 용, 야차, 건달바, 아수라, 가루다, 긴나라, 마후라가, 인간과 인간 이외의 것들, 또 갠지스 강의 모래알 수와도 같은 많은 보살들이 다음과 같이 세존께 말씀드렸다.

"세존이시여, 저희들 또한 여래께서 완전한 열반에 드신 뒤, 이 법문을 널리 펴겠사옵니다. 눈에 보이지 않는 모습으로 공중에 서서, 소리를 낼 것이며 아직 선근을 심지 않은 중생들에게 선근을 심게 하겠사옵니다."

그때 세존께서는 위대한 지도자이고 스승이며, 대지의 틈새에서 나온 보살들의 우두머리의 한 사람인 상행(上行)이라는 보살에게 이와 같이 말씀하셨다.

"상행이여, 좋은 일이다. 그렇게 하도록 하여라. 이 법문을 위해서 여래께서는 그대들을 이끄신 것이다."

그때 석가여래와 다보여래께서는 탑 중앙에 있는 사자좌에 앉아 계셨다. 두 분 다 미소를 띠시며, 입을 열고 혀를 내셨는데, 그 혀는 범천의 세계에까지 이르렀으며, 수천만 억 나유타의 빛을 발했다. 그 빛 한 줄기 한 줄기마다 수천만 억 나유타의 많은 보살들이 나타났다. 몸은 금색이며, 위대한 인물의 32상을 갖춘 그들은 연꽃 속에 있는 사자좌에 앉았다. 그리고는 사방팔방에 있는 수천의 세계로 가서, 공중에 선 채 가르침을 설했다. 석가여래와 다보여래께서 혀로 신통력의 기적을 보이신 것처럼 수천만 억 나유타의 다른 세계로부터 와서 보석나무 아래 사자좌에 앉은 여래들은 모두 혀로 신통력의 기적을 보였다.

그때 석가여래와 그 여래들은 꼭 백천 년 동안 신통력을 발휘했다. 백천 년이 지나자 그 여래들은 혀를 원래대로 넣고, 모두 한순간에 그리고 동시에 사자처럼 큰소리를 냈으며, 또 한순간에 손가락 퉁기는 소리를 냈다. 그 소리 때문에 시방의 모든 불국토는 진동했다. 그 모든 불국토에 있는 중생들, 천신들, 용, 야차, 건달바, 아수라, 가루다, 긴나라, 마후라가, 인간과 인간 이외의 것들도 부처님의 위신력 덕분에 거기에 있으면서 사바세계를 이와 같이 보았다. 말하자면 수백 수천만 억 나유타

여래신력품

의 여래들께서 보석나무 아래에 있는 사자좌에 앉아 계시는 것을 보았으며, 다보여래께서 보석으로 된 거대한 탑 속에 있는 사자좌에 석가여래와 함께 앉아 계시는 것과 사중이 모여 있는 것을 보았다. 그것을 보고 그들은 경이롭고 드문 일이라고 생각해 큰 기쁨을 느꼈는데, 공중에서 이와 같은 소리가 들렸다.

"벗이여, 헤아릴 수 없고 셀 수 없는 수백 수천만 억의 세계를 지난 저편에 '사바'라고 불리는 세계가 있는데, 그곳에 석가여래가 계신다. 그분은 지금 모든 부처님께서 가지신 광대한 경전이며 보살을 위한 가르침인 '바른 가르침의 백련'이라는 법문을 보살들을 위해 설하고 계신다. 그대들은 그 법문을 깊이 바라므로 기뻐할 것이며, 석가여래와 다보여래께 경례하여라."

그때 모든 중생들은 공중으로부터 이와 같은 소리를 듣고 그곳에서 "석가여래께 경례하옵나이다"라고 하며 합장했다. 또 석가여래와 다보여래께 공양했으며, '바른 가르침의 백련'이라는 법문을 공양하기 위해 온갖 꽃, 훈향, 향수, 화만, 도향, 분향, 옷, 우산, 기, 깃발, 승리의 깃발과 여러 장식품, 목걸이, 마니구슬을 사바세계를 향해 던졌다. 그것들은 사바세계와 융통무애(融通無礙) 하여 일체가 된 다른 수천만억 세계에 앉아 계신 여래들의 머리 위 공중에서 하나의 커다란 꽃 휘장이 되었다.

그때 세존께서는 상행보살을 비롯한 보살들에게 말씀하셨다.

"선남자들이여, 바른 깨달음을 얻어 존경받는 여래들께서는 생각할 수도 없는 위력을 지니고 계신다. 이 법문을 위촉하기 위해서 수백 수천만 억 겁 동안, 나는 여러 가르침으로 이 법문의 많은 공덕을 설했다. 그 공덕은 이루 다 헤아릴 수 없다. 선남자들이여, 나는 이 법문 속에서 부처님의 모든 가르침, 모든 존엄, 모든 비밀, 모든 심원한 입장을 간결히 설했다. 그러니 그대들은 내가 완전한 열반에 든 뒤, 이 법문을 공경 수지해서 가르치고 옮겨 적거나 독송하며 수습해서 공양해야 할 것이다.

선남자들이여, 지상의 어떤 곳에서 이 법문이 독송되거나 설해지거나 옮겨 적거나 책이 된다고 하자. 숲이든 정사든 집이든 마을이든 나무 아래든 높은 건물이든 방이든 동굴이든, 지상의 그곳에는 여래를 위한 탑이 세워져야 할 것이다. 왜냐하면 그곳은 모든 여래들의 보리좌이며 위없는 바른 깨달음을 얻은 곳임을 알아야 하기 때문이다. 또 그곳에서 모든 여래들께서 가르침의 법륜을 굴리셨고 열반에 드셨음을 알아야 하기 때문이다."

이어 세존께서는 이와 같은 게송을 설하셨다.

신통의 지혜를 지니시고
세간의 행복을 원하시는
부처님들께서 설하신 법의 본성은
생각으로도 미치지 않는다.

무한을 꿰뚫어보는 눈을 지니신 부처님들께서는
이 세상의 중생들 모두를 기쁘게 하려고
신통력을 보이신다.

수천의 광명을 놓으시며

범천의 세계에까지 혀를 뻗치신다.
최고의 깨달음을 향해 뜻을 세운 이들을 위해
놀랄 만한 신통력을 보이신다.

부처님들께서는 기침을 하시며
동시에 손가락 퉁기는 소리를 내신다.
시방에 있는 모든 세계에 그 소리가 들린다.

세간의 행복을 원하시는 자애 깊으신
부처님들께서는 선서가 열반에 드신 뒤
'어떻게 하면 중생들이 그때 기쁘게 이 경전을
수지할까' 하고 생각하시어
다른 기적과 공덕을 보이신다.

세간의 지도자께서 완전한 열반에 드신 뒤
이 최고의 경전을 수지하는 선서의 아들들에 대해
수천 겁 동안 내가 칭찬한다고 하자.

그들의 공덕은
마치 시방의 허공계처럼 한이 없을 것이다.
이 빛나는 경전을 언제나 수지하는 이들의 공덕은
생각도 미치지 않을 정도이다.

석가여래인 나와 모든 세간의 지도자들과

이미 열반에 든 다보여래를
이 경전의 수지자들은 본다.
또 많은 보살들과 사중들을 본다.

그는 지금 여기서 나를 기쁘게 하며
모든 지도자들과 열반에 드신 다보여래와
시방에 계신 다른 부처님들도 기쁘게 한다.

이 경전을 수지하는 이는
미래나 과거의 부처님들과
지금 시방에 계신 부처님을 보며
그분들께 잘 공양할 것이다.

진실의 가르침인 이 경전을 수지하는 이는
보리좌에서 깨달으신 인간의 최고자이신
부처님의 비밀스런 지혜를 빨리 생각해 낼 것이다.

이 훌륭한 경전을 수지하는 이는
어디서든 걸림없는 바람처럼
무한한 웅변력을 지닌 이가 되어
가르침과 의미와 해석을 알 것이다.

그는 지도자들께서 깊은 뜻을 담아 설하신
여러 경전들의 관계를 이해할 것이며

여래신력품

내가 열반에 든 뒤에도
여러 경전의 진실된 의미를 알 것이다.
그는 달에 비유되며 태양처럼 빛날 것이며
그는 대지를 활보하면서 여기저기서
많은 보살들을 격려할 것이다.

따라서 현명한 보살들은
이 세상에서 이런 이익을 듣고
내가 열반에 든 뒤 이 경전을 수지할 것이다.
그들이 깨달음을 얻는 것은
의심의 여지가 없을 것이다.

제22장 촉루품(囑累品)

　바른 깨달음을 얻어 존경받는 세존이신 석가여래께서는 법좌에서 일어나 모든 보살들을 모이게 한 다음 신통력으로 얻은 무수한 오른손으로 보살들의 오른손을 잡고 이렇게 말씀하셨다.
　"선남자들이여, 나는 헤아릴 수 없는 수백 수천만 억 나유타 겁이 걸려 성취한 이 위없는 바른 깨달음을 그대들의 손에 맡기겠다. 선남자들이여, 그대들은 이 깨달음이 널리 퍼지고 끊임없이 전해지도록 하여라."
　석가여래께서는 세 번이나 되풀이해서 보살들의 오른손을 잡은 채 이렇게 말씀하셨다.
　"선남자들이여, 나는 헤아릴 수 없는 수백 수천만 억 나유타 겁이 걸려 성취한 이 위없는 바른 깨달음을 그대들에게 맡기겠다. 선남자들이여, 그대들은 그것을 파악하고 수지하며 독송하고 이해하고 가르치고 모든 중생들에게 설해 주어라. 나는 아무것도 아까워하지 않으며 집착하지 않고 두려움 없는 자신을 가지고 부처님의 지혜를 건네주는 이다. 선남자들이여, 나는 위대한 시주이다. 그대들도 나를 보고 배워 아무것도 아끼지 않고, 여래의 지견과 위대하고 절묘한 방편을 구해 찾아온 선남자, 선여인들에게 이 법문을 설해 주어라. 또 청정한 믿음이 없는 중생들을 이 법문으로 인도하여라. 이것이 그대들이 여래의 은혜를 갚는 길이다."

바른 깨달음을 얻어 존경받는 세존이신 석가여래께서 이렇게 말씀하시자, 보살들은 큰 기쁨과 깊은 존경심으로 석가여래를 향해 머리 숙여 합장하며 일제히 이렇게 말씀드렸다.

"세존이시여, 여래의 말씀대로 하겠사옵니다. 또 저희들은 모든 여래의 말씀을 실행해서 완수하겠사옵니다. 부디 세존이시여, 걱정 마시고 편히 지내십시오."

보살들은 세 번이나 되풀이해서 말씀드렸다.

"세존이시여, 걱정 마시고 편히 지내십시오. 저희들은 세존의 말씀대로 하겠사옵니다. 또 저희들은 모든 여래들의 말씀을 완수하겠사옵니다."

그러자 석가여래께서는 다른 세계에서 모인 분신인 여래들에게 돌아가서 편안히 지내라고 말씀하셨다. 그리고 다보여래의 보석탑을 지하의 본래의 장소에 안치시키고, 다보여래께도 편안히 지내시라고 하셨다.

세존께서 이렇게 말씀하시자, 다른 세계로부터 온 보석나무 아래의 사자좌에 앉아 있던 무수한 여래들과 다보여래, 보살들 그리고 대지의 틈새에서 나타난 상행보살을 비롯한 무수한 보살들, 위대한 성문들, 사중, 천신들, 인간, 아수라, 건달바를 비롯한 온 세간이 기뻐했으며 여래의 설법을 찬탄했다.

제23장 약왕보살본사품
(藥王菩薩本事品)

그때 수왕화(宿王華)보살이 다음과 같이 세존께 말씀드렸다.

"세존이시여, 약왕보살은 왜 이 사바세계를 편력하는 것이옵니까? 더욱이 그에게는 수백 수천만 억의 많은 어려운 일이 있사옵니다. 부디 여래께서는 약왕보살의 수행 중 한 부분이라도 설해 주시옵소서. 그것을 들으면 천신, 용, 야차, 건달바, 아수라, 가루다, 긴나라, 마후라가, 인간과 인간 이외의 것들, 다른 세계에서 온 보살대사들, 또 위대한 성문들 모두가 듣고 기뻐 만족할 것이옵니다."

세존께서는 수왕화보살의 간청을 들으시고 이렇게 말씀하셨다.

"선남자여, 옛날 갠지스 강의 모래알 수와도 같은 겁의 과거세에 일월정명덕(日月淨明德)여래께서 세간에 출현하셨다. 이 여래께서는 지혜와 덕행을 갖춘 선서시고, 세간을 잘 아시는 위없는 분이셨으며, 사람들을 잘 이끄시는 분이며 천신들과 인간의 스승이며 세존이셨다. 이 일월정명덕여래에게는 80억의 많은 보살들과 72 갠지스 강의 모래알 수와도 같은 성문들이 속해 있었다. 그가 설법하는 자리에는 여성은 없었으며, 지옥, 축생도, 아귀, 아수라와 같은 악한 환경에 있는 무리도 없었다. 그 불국토는 손바닥처럼 평탄하고 시원했으며, 땅은 하늘의 유리로 되었고 보석나무와 전단나무로 장식되어 있었으며, 보석구슬로 된 그물이 흔들거렸으며, 나무에는 장식용 끈이 걸려있었고, 보석으로 된 향로가 향기로 가득 차 있었다. 또 모든 보석나무 밑동이에는 하늘에도 닿을 듯한 보석으로 된 높은 건물이 세워져 있었으며, 그 꼭대기에서는 수백 억 천자들이 일월정명덕여래를 공양하기 위해, 현악기와 타악기, 합창으로 소리를 내고 있었다. 그리고 그 세존께서는 특히 일체중생희견(一切衆生喜見)보살과 위대한 성문들, 보살들을 위해 이 '바른 가르침의 백련'이라는 법문을 상세히 설하셨다.

　수왕화여, 그 일월정명덕여래의 수명은 4만2천 겁이며, 그 보살과 위대한 성문들의 수명도 그와 같았다. 일체중생희견보살은 그 세존의 설법을 들으며 어려운 수행에 전념했다. 그는 1만2천 년 동안 경행(經行)의 장소에서 대단한 정진노력을 하며 명상에 전념했다. 1만2천 년 뒤, 그는 현일체색신(現一切色身)삼매를 얻었다. 그 삼매를 얻자마자 일체중생희견보살은 만족해서 기뻐하며 이렇게 생각했다. 이 '바른 가르침의 백련이라는 법문 덕분에, 나는 현일체색신삼매를 얻었다. 그러니 일월정명덕여래와 바른 가르침의 백련이라는 법문에 공양을 올리도록

하자.'

그때 그는 그 삼매에 들었는데 들자마자 머리 위 공중에서 만다라바와 대만다라바의 많은 꽃비가 내렸다. 또 칼라 아누사린 전단(栴壇)의 구름이 형성되고, 우라가 사라[148] 전단의 비가 내렸다. 수왕화여, 그런 향의 종류는 1카르샤[149]가 이 사바세계와 맞먹을 정도로 비싸다.

수왕화여, 그때 일체중생희견보살은 새로운 마음으로 삼매에서 깨어나 이렇게 생각했다.

'신통력의 기적을 보여 세존께 공양한다 하더라도 자기 몸을 바치는 것보다는 못하다.'

수왕화여, 일체중생희견보살은 그때부터 침향이나 투루슈카, 쿤두루카[150]의 향을 먹고, 참파카 기름을 먹었다. 항상 이렇게 하는 사이에 12년이 지났다.

수왕화여, 일체중생희견보살은 12년이 지난 뒤, 자기 몸에 천을 두르고 향유에 적신 뒤, 여래와 '바른 가르침의 백련'이라는 법문을 공양하기 위해 굳은 결심으로 자신의 몸에 불을 붙였다.

그때 일체중생희견보살의 몸에서 나오는 빛과 불꽃은 80 갠지스 강의 모래알 수와도 같은 여러 세계를 비추었으며, 그 세계에서는 80 갠지스 강의 모래알 수와도 같은 부처님들께서 그에게 찬사를 보내셨다.

'훌륭하구나, 선남자여. 이것이야말로 보살대사들의 참된 정진노력의 행위이며, 이것이야말로 여래에 대한 참된 공양이며, 가르침에 대한 참된 공양이다. 꽃, 훈향, 향수, 화만, 도향, 분향,

약왕보살본사품

옷, 우산, 기, 깃발에 의한 공양도 생활품에 의한 공양도, 또 우라가 사라〔海此岸〕 전단에 의한 공양도 여기에는 미치지 못한다. 선남자여, 이것이야말로 최고의 보시로, 왕위를 버리고 하는 보시도, 사랑스런 자식이나 아내를 버리고 하는 보시도 여기에는 미치지 못한다. 선남자여, 자신의 몸을 희사하는 일은 가르침에 대한 최고이며 최선의 공양이다.'

　수왕화여, 그때 부처님들께서는 이렇게 말씀하신 뒤 침묵하셨다. 그런데 일체중생희견보살의 몸에서 나오는 빛은 천 2백 년 동안이나 계속되다가 꺼졌다. 일체중생희견보살은 이렇게 여래와 가르침에 공양한 뒤, 죽어서 일월정명덕여래께서 계시는 나라인 정덕(淨德)왕의 집에 태어나 양친의 무릎 위에 결가부좌하여 나타났다. 다시 태어나자마자 일체중생희견보살은 자신의 양친에게 다음과 같이 게송을 읊었다.

　가장 훌륭하신 왕이시여
　여기는 나의 경행의 장소입니다.
　여기 서서 나는 삼매를 얻었습니다.
　사랑스런 내 몸을 희사해서
　확고한 정진노력을 했고 계율을 지켰습니다.

　수왕화여, 그때 일체중생희견보살은 이 게송을 읊고는, 자신의 양친에게 이와 같이 말했다.
　'어머님, 아버님, 일월정명덕여래께서는 지금도 이 세상에서 가르침을 설하고 계십니다. 그 여래께 공양을 올린 뒤, 저는 모든 음성에 정통하다고 하는 다라니를 얻었으며, '바른 가르침의 백련'이라는 법문을 팔백천만 억 나유타의 칸카라 비바라 아크쇼비야[151] 배(倍)의 게송을 그 세존으로부터 직접 들었습니다. 그러나 어머님, 아버님, 부디 제가 그 세존께 갈 수 있도록 해 주십시오. 그래서 다시 공양을 올릴 수 있게 해 주십시오.'

수왕화여, 일체중생희견보살은 그때 공중으로 탈라나무[152]의 일곱 배 높이만큼 올라가, 칠보로 된 누각 위에 결가부좌해서 세존께로 다가갔다. 그리고는 세존의 두 발에 머리를 대고 경례하고 세존 주위를 오른쪽으로 일곱 번 돈 다음, 세존을 향해 합장 예배하며 이와 같은 게송으로 찬탄했다.

얼굴은 아름다우며, 의지는 굳으신
사람 중의 왕이시여
당신의 광명은 사방에 빛나고 있사옵니다.
당신께 최고의 공양을 올리기 위해
당신을 뵙기 위해
저는 여기로 왔사옵니다.

수왕화여, 일체중생희견보살은 이 게송을 읊은 뒤, 일월정명덕여래께 이와 같이 말씀드렸다.
'세존이시여, 당신께서는 아직도 이 세상에 계시군요.'
그때 일월정명덕여래께서 일체중생희견보살에게 이렇게 말씀하셨다.
'선남자여, 내가 완전한 열반에 들 때가 되었다. 선남자여, 내 생명이 다할 때가 되었다. 그러니 그대는 가서 내가 완전한 열반에 들 수 있도록 침구를 갖추어라. 그리고 그대에게 이 가르침을 위촉하겠다. 또 이 보살들과 위대한 성문들, 부처님의 깨달음, 보석으로 된 높은 전각, 보배 나무, 나를 섬기는 천자들도 그대에게 위촉하겠으며, 내가 완전한 열반에 든 뒤 나의 유골(사리)도 위촉하겠다. 선남자여, 그대는 내 사리에 성대한 공양을 올려야 하고 그 사리를 유포시키고 수천의 탑을 세워야 한다.'

수왕화여, 일월정명덕여래께서는 이렇게 말씀하신 뒤 그날 밤 가장 늦은 시간에 무여의열반(無餘依涅槃)[153]에 드셨다.

수왕화여, 그때 일체중생희견보살은 우라가 사라 전단을 장작으로 쌓아서 여래의 몸에 불을 지폈다. 여래의 몸이 다 타서 재가 되자 그는 사리를 수습하고는 울부짖으며 슬픔에 빠졌다.

수왕화여, 그 뒤 일체중생희견보살은 8만4천 개의 칠보로 된 항아리를 만들게 해서, 그 속에 여래의 사리를 모셨다. 그리고는 위로는 범천의 세계에 이르기까지 우산이 죽 늘어선, 실과 방울로 장식된 8만4천의 칠보로 된 탑을 세웠다. 그 탑을 세운 뒤 그는 이렇게 생각했다.

'나는 일월정명덕여래의 사리공양을 했다. 그러니 이제부터는 더 훌륭하게 여래의 사리에 공양을 해야겠다.'

수왕화여, 그때 일체중생희견보살은 모든 보살들과 위대한 성문들, 천신들, 용, 야차, 건달바, 아수라, 가루다, 긴나라, 마후라가, 인간과 인간 이외의 것들에게 말했다.

'선남자들이여, 모두 세존의 사리에 공양을 올리겠다는 결의

를 하시오.'

　수왕화여, 일체중생희견보살은 그때 8만4천의 여래의 사리를 모신 탑 앞에서, 백 가지 복덕에 찬 자신의 팔을 태웠다. 7만2천 년 동안 태우면서, 여래의 사리를 모신 탑에 공양했다. 공양을 하면서 그는 모임의 수백 수천만 억 나유타의 헤아릴 수 없는 성문들을 교화했다. 그로써 보살들과 위대한 성문들은 모두 현일체색신(現一切色身)삼매를 얻었다.

　그때 보살들과 위대한 성문들은 일체중생희견보살이 불구가 된 것을 보고, 눈물을 흘리며 울부짖으며, 슬픔에 젖어 서로 이렇게 말했다. '우리들의 스승이며 교화자인 일체중생희견보살이 팔을 잃어 이젠 불구가 되어버렸다.'

　그때 일체중생희견보살이 보살들과 성문들과 천자들에게 말했다.

　'선남자들이여, 내가 불구가 된 것을 보고 울부짖거나 슬퍼해서는 안 된다. 나는 시방의 무량한 세계에 계시는 여러 부처님들의 증명 아래 그 앞에서 이런 진실의 서언(誓言)을 했다. 내가 여래를 공양하기 위해 내 팔을 희사한다면, 진실과 진실로 된 말로 해서 내 몸은 금색이 될 것이다. 마찬가지로 진실과 진실된 말로 인해 내 팔은 원래대로 될 것이다. 이 대지도 6종으로 진동할 것이며 하늘에 있는 천자들도 많은 꽃비를 내릴 것이다'고.

　수왕화여, 일체중생희견보살이 이 서언을 하자마자 삼천대천세계는 6종으로 진동하고 머리 위 공중에서는 많은 꽃비가 내렸으며 일체중생희견보살의 팔은 원래대로 되었다. 그것은 일체중생희견보살이 지혜의 힘과 복덕의 힘을 가지고 있었기 때문이다.

수왕화여, 그때 그곳의 일체중생희견보살은 다른 사람이라고 생각해서는 안 된다. 왜냐하면 이 약왕보살이 바로 그 일체중생희견보살이기 때문이다. 약왕보살은 이렇게 수백천만 억 나유타의 어려운 일을 했으며 나아가서는 자신의 몸을 희사했던 것이다.

수왕화여, 보살의 탈것을 타고 나온 선남자, 선여인들이 위없는 바른 깨달음을 구해 여래의 탑에서 손가락이나 발가락 하나 혹은 발이나 팔을 태운다고 하자. 그런 선남자, 선여인들에게는 보다 많은 복덕이 있을 것이다. 이에 비하면 왕국이나 사랑스런 처자를 희사하는 일, 숲·바다·산·샘·연못·강·우물을 포함한 삼천대천세계를 희사하더라도 거기에 미치지 못한다. 수왕화여, 또 보살의 탈것을 타고 나온 선남자, 선여인들이 이 삼천대천세계를 칠보로 채워 모든 부처님과 보살, 성문, 독각에게 보시한다고 하자. 그렇지만 그 복덕은 이 '바른 가르침의 백련'이라는 법문 중 사구(四句)로 된 게송의 한 구절을 수지하는 것만 못할 것이다.

수왕화여, 예를 들면 대해가 모든 샘, 강, 연못 중 으뜸인 것처럼, 이 '바른 가르침의 백련'이라는 법문은 여래께서 설하신 모든 경전 중 으뜸이다.

수왕화여, 예를 들면 산의 왕인 수미산(須彌山)이 모든 흑산(黑山), 차크라바다 산〔小鐵圍山〕, 대차크라바다 산〔大鐵圍山〕 중 으뜸인 것처럼, 이 '바른 가르침의 백련'이라는 법문은 여래께서 설하신 모든 경전의 왕이며 으뜸이다.

수왕화여, 예를 들면 빛나는 달이 모든 별들 중 최고인 것처럼, 이 '바른 가르침의 백련'이라는 법문은 수백천만 억 나유타의 달빛보다도 더 훌륭해, 여래께서 설하신 모든 경전 중 최고이다.

수왕화여, 예를 들면 태양이 모든 어둠을 부수는 것처럼, 이 '바른 가르침의 백련'이라는 법문은 선하지 못한 모든 암흑을 부순다.

수왕화여, 예를 들면 삼십삼천의 신들 중, 제석천이 신들의 왕인 것처럼 이 바른 가르침의 백련이라는 법문은 여래께서 설하신 모든 경전의 왕이다.

수왕화여, 예를 들면 사바세계의 주인인 범천이 그에 속하는 모든 천신들의 왕이며, 그의 세계에서 부친의 역할을 하는 것처럼, 이 '바른 가르침의 백련'이라는 법문은, 배울 것이 있거나 더 배울 것이 없는 모든 중생들과 성문들, 독각들, 보살의 탈것을 타고 나온 이들의 부친 역할을 한다.

수왕화여, 예를 들면 수다원, 사다함, 아나함, 아라한, 독각이 모든 어리석은 이나 범부들을 넘어서 있는 것처럼, 이 '바른 가르침의 백련'이라는 법문은, 여래께서 설하신 모든 경전을 넘어서 숭고하며, 그 중 으뜸임을 알아야 한다. 실로 이 경전의 왕을 수지하는 중생들도 으뜸임을 알아야 한다.

수왕화여, 예를 들면 보살이 모든 성문이나 독각들의 최고자라고 불리는 것처럼, 이 '바른 가르침의 백련'이라는 법문은 여래께서 설하신 모든 경전 중 최고라고 불린다.

약왕보살본사품

수왕화여, 예를 들면 여래께서 모든 성문, 독각, 보살들의 법왕이신 것처럼, 이 '바른 가르침의 백련'이라는 법문은 보살의 탈것을 타고 나온 이들에게 있어 여래와 같은 것이다.

또 수왕화여, 이 '바른 가르침의 백련'이라는 법문은 모든 중생들을 온갖 공포로부터 구하며, 온갖 괴로움으로부터 해방시킨다. 목마른 이에게는 연못처럼, 추위에 떠는 이에게는 불처럼, 벌거숭이에게는 옷처럼, 상인들에게는 무역상의 우두머리처럼, 아이에게는 어머니처럼, 강을 건너려는 이에게는 배처럼, 환자에게는 의사처럼, 어둠에 묻힌 이에게는 등불처럼, 재산을 구하는 이에게는 보석처럼, 모든 성주들에게는 전륜왕처럼, 하천에게는 바다처럼, 모든 어둠을 밝히는 횃불처럼, 수왕화여, 이 '바른 가르침의 백련'이라는 법문은 모든 괴로움에서 해방되게 하며, 모든 병을 낫게 하며, 모든 윤회의 공포나 속박의 좁고 가파른 길로부터 벗어나게 한다.

그리고 수왕화여, 이 '바른 가르침의 백련'이라는 법문을 듣는 이, 옮겨 적는 이, 옮겨 적게 하는 이, 그들의 복덕은 부처님의 지혜로도 헤아릴 수가 없다. 선남자, 선여인이 이 법문을 듣거나 수지하거나 독송하거나 듣거나 옮겨 적거나 가르치거나 책으로 만들어서 공경하고 공양하며, 또는 꽃, 훈향, 향수, 화만, 도향, 옷, 우산, 기, 깃발, 음악, 입을 것, 합장, 또는 동물성 기름의 등, 향유의 등, 참파카 기름의 등, 수마나 기름의 등, 파타라 기름의 등, 바루시카 기름의 등, 나바 말리카[154] 기름의 등으로 공양한다고 하자. 그는 부처님의 지혜로도 헤아릴 수 없는 복덕을 쌓을 것이다.

수왕화여, 보살의 탈것을 타고 나온 선남자, 선여인들이 이 '약왕보살의 과거인연'의 장(章)을 수지 독송하고 듣는다면, 많은 복덕을 쌓을 것이다. 또 만일 여성이 이 법문을 듣고 파악해서 수지한다면, 그 삶은 여성의 몸으로서 최후가 되어 다시는 여자의 몸을 받지 않는 삶이 될 것이다. 또 5백 년 뒤에 어떤 여성이 약왕보살에 대한 이 장을 듣고 그 가르침대로 수행한다면, 그녀는 죽은 뒤 안락(安樂)세계에 태어날 것이다. 그 세계에서는 아미타여래께서 보살들에게 둘러싸여 계실 것이며 그녀는 연꽃 속의 사자좌에 앉은 채 태어날 것이다. 그녀에게는 탐욕이나 증오, 어리석음, 교만함이나 아까워하는 마음, 성냄, 적의가 없을 것이다. 또 거기에 태어나자마자 다섯 가지 신통력을 얻을 것이며, 무생법인(無生法忍)을 얻을 것이다. 수왕화여, 무생법인을 얻은 보살은 청정한 눈을 가질 것이며, 그 눈으로 72 갠지스 강의 모래알 수와도 같은 여래들을 볼 것이다. 그 세존들은 그녀에게 찬사를 보낼 것이다.

　'장하구나 선남자여, 그대가 바른 가르침의 백련이라는 법문을 듣고 석가여래 밑에서 강설하고 독송하며 수습하며 마음을 집중해서 남을 위해 설법하는 것은 장한 일이다. 그 복덕은 불로 태울 수도 물을 흘려버릴 수도 없으며, 천 분의 부처님들도 다 말할 수가 없다. 그대는 악마를 물리쳤으며, 생사라는 적군과 싸워 이겼고, 가시나무와 같은 적을 쳐부수었다. 그대는 수백 수천의 부처님들의 가호를 받고 있으므로, 천신들과 범천과 악마를 포함한 세간에서, 그리고 사문이나 바라문을 포함한 생명 있는 것들 중에서 그대와 필적할 만한 이는 없다. 여래를 제

외하고는 성문이든 독각이든 보살이든 복덕이나 지혜에서 또는 삼매에서 그대를 능가할 이는 없다.'

수왕화여, 그 보살은 이렇게 해서 지혜의 힘을 얻게 된다.

수왕화여, 어떤 이가 이 '약왕보살의 과거인연'의 장을 설하는 것을 듣고 찬사를 보낸다고 하자. 그러면 그의 입에서는 연꽃의 향기가 날 것이며, 그의 손발에서는 전단의 향기가 날 것이다. 이 법문에 찬사를 보내는 이에게는 방금 이야기한 대로 이 세상의 공덕과 이익이 생길 것이다. 그러니 수왕화여, 후세 5백 년 뒤에 이 염부제에서 이 장이 소실되지 않고 널리 퍼지도록, 그리고 마왕이나 마왕의 부하들, 천신들, 용, 야차, 건달바, 쿰반다들에게 틈을 주지 않도록, 이 '일체중생희견보살, 즉 약왕보살의 과거인연'의 장을 그대에게 위촉한다. 수왕화여, 그러니 나는 이 염부제에서 이 법문이 오래 수지되도록 신통력을 넣겠다. 그 신통력에 의해 이 법문은 병에 걸려 괴로워하는 중생들에게 약이 될 것이다. 또 이 법문을 듣는다면, 병이나 늙음, 뜻하지 않은 죽음이 닥치는 일이 없을 것이다. 수왕화여, 만일 보살의 탈것을 타고 나온 어떤 이가, 이 경전을 수지하는 비구를 본다고 하자. 그러면 그는 그 비구에게 전단 가루나 연꽃을 뿌려야 할 것이다. 그리고는 이렇게 생각해야 할 것이다.

'이 선남자는 깨달음의 자리에 올라 풀을 베어 깔개를 만들 것이다. 그리고는 악마와 야차를 정복하고, 가르침의 법나팔을 불 것이며 가르침의 북을 울릴 것이다. 이분은 생사의 바다를 건널 것이다.'

수왕화여, 이처럼 보살의 탈것을 타고 나온 선남자, 선여인은 이 경전을 수지하는 비구를 보고, 이런 생각을 해야 할 것이다. 이렇게 해서 내가 설한 것과 같은 공덕이나 이익이 그에게 생기는 것이다."

그런데 세존께서 '약왕보살의 과거인연'의 장을 설하고 계시는 동안, 8만4천의 보살들이 모두 음성에 정통하게 되는 다라니를 얻었다. 또 다보여래께서 찬사를 보내셨다.

"훌륭하구나 수왕화여, 그대가 이렇게 생각도 미치지 않는 미덕과 공덕을 갖추신 여래께 질문을 하는 것은 훌륭한 일이다."

제24장 묘음보살품(妙音菩薩品)

그때 석가세존께서는 위대한 사람 모습의 하나인 미간 백호에서 빛을 발하셨다. 그 빛은 동방에 있는 18 갠지스 강의 모래알 수와도 같은 수백천만 억 나유타의 불국토를 밝게 비추었다. 그 불국토를 지나면 정광장엄(淨光莊嚴)세계가 있는데, 거기에는 정화수왕지(淨華宿王智)라고 하는 바른 깨달음을 얻어 존경받는 여래께서 광대한 보살들에 둘러싸여 존경받으며 가르침을 설하고 계셨다.

석가여래의 미간 백호에서 나온 빛은 이 정광장엄세계를 아주 밝게 비추었다. 그 정광장엄세계에는 묘음(妙音)이라고 하는 보살이 살고 있었다. 그는 이미 선근을 심었으며, 일찍이 많은 여래들의 빛나는 광명을 본 적이 있었으며, 많은 삼매를 얻고 있었다.

말하자면 묘당상(妙幢相)삼매, 법화(法華)삼매, 정덕(淨德)삼매, 수왕희(宿王戲)삼매, 무연(無緣)삼매, 지인(智印)삼매, 월등(月燈)삼매, 해일체중생어언(解一切衆生語言)삼매, 집일체공덕(集

一切功德)삼매, 맑은 마음을 지닌 여인이라는 삼매, 신통유희(神通遊戱)삼매, 혜거(慧炬)삼매, 장엄왕(莊嚴王)삼매, 정광명(淨光明)삼매, 정장(淨藏)삼매, 물의 편만이라는 삼매, 일선(日旋)삼매였다. 묘음보살은 이렇게 갠지스 강의 모래알 수와도 같은 수백천 만 억 나유타의 삼매를 얻고 있었다.

그 빛이 자신의 몸을 비추자, 묘음보살은 자리에서 일어나 한쪽 어깨를 벗고 오른 무릎을 땅에 대고 세존을 향해 합장하고, 정화수왕지여래께 이와 같이 말씀드렸다.

"세존이시여, 저는 석가여래를 뵙고 경례하고 섬기기 위해, 그리고 문수사리보살과 약왕보살, 용시보살, 수왕화보살, 상행보살, 장엄왕보살, 약상보살을 만나기 위해 사바세계로 가겠사옵니다."

그때 정화수왕지여래께서는 묘음보살에게 이와 같이 말씀하셨다.

"선남자여, 사바세계로 가서 그 세계가 형편없는 곳이라고 생각해서는 안 된다. 그 세계는 평탄하지 못하여 높고 낮음이 있으며, 흙으로 되어 있고, 칼라 산[黑山]으로 둘러싸여 있으며, 분뇨 덩어리로 가득 차 있다. 또 석가여래와 그 보살들은 키가 작다. 선남자여, 그대의 키는 420만 요자나이고, 내 키는 680만 요자나이다. 또 그대는 청정하고 아름다우며 단정할 뿐만 아니라, 최고로 훌륭한 색을 띠었으며, 수백 수천의 복덕이 있다. 그렇다고 해도 선남자여, 사바세계로 가서 여래나 보살들이나 그 국토에 대해 형편없다고 생각해서는 안 된다."

이 말을 들은 묘음보살은 정화수왕지여래께 이렇게 말씀드렸다.

묘음보살품

"세존이시여, 말씀대로 하겠사옵니다. 세존이시여, 저는 여래의 가호와 여래의 힘을 빌려, 또 여래의 자유로운 활동과 여래의 장엄과 여래의 훌륭한 지혜에 의해 저 사바세계로 가는 것이옵니다."

그때 묘음보살은 그 불국토를 떠나지도 않고 그 자리에서 일어나지도 않은 채 그대로 삼매에 들었다. 삼매에 들자마자 이 사바세계의 그리드라쿠타 산(기사굴산)에 있는 여래의 법좌 앞에 840만 억 나유타의 연꽃이 출현했다. 그것들은 줄기는 금이고 잎은 은이었으며, 파드마나 킹슈카의 받침[155]을 하고 있었다.

그때 문수사리보살은 연꽃의 장엄이 나타난 것을 보고, 석가여래께 이렇게 말씀드렸다.

"세존이시여, 줄기는 금이며 잎은 은이고 받침은 파드마나 킹슈카의 모습을 한 이 840만 억 나유타의 연꽃이 나타난 것은 무슨 징조이옵니까?"

이렇게 여쭙자 세존께서는 문수사리보살에게 이렇게 말씀하셨다.

"문수사리여, 이것은 정화수왕지여래의 불국토인 동방의 정광장엄세계로부터 묘음보살이 840만 억 나유타의 보살들에 둘러싸여 존경받으며, 나를 경례하고 섬기기 위해, 또 '바른 가르침의 백련'이라는 법문을 듣기 위해 이 사바세계로 오기 때문이다."

문수사리보살은 다시 세존께 이렇게 말씀드렸다.

"세존이시여, 그 선남자는 선근을 거듭 쌓았기 때문에 이처럼 훌륭한 능력을 얻은 것이옵니까? 도대체 그는 어떤 선근을 쌓았으며, 어떤 삼매에서 수행한 것이옵니까? 세존이시여, 저희들은 그 삼매에 대해 듣고 싶으며, 또 그 삼매에서 수행해 보고 싶사옵니다. 또 저희들은 그 보살이 어떤 색이고 어떤 형태이며, 어떤 특징을 지니고 어떤 모습이며 어떤 행동을 하고 있는지 그 보살을 보고 싶사옵니다. 그러니 세존이시여, 그 보살이 당장이라도 이 사바세계로 올 수 있도록 말씀해 주시옵소서."

석가여래께서는 곧 완전한 열반에 드신 다보여래께 이렇게 말씀하셨다.

"묘음보살이 이 사바세계로 올 수 있도록, 세존께서 말씀해 주십시오."

그러자 다보여래께서는 묘음보살에게 이런 말씀으로 신호를 보내셨다.

"선남자여, 이 사바세계로 오너라. 문수사리보살이 그대를 만나고 싶어한다."

그때 묘음보살은 정화수왕지여래의 두 발에 머리를 대고 예배하고, 오른쪽으로 세 번 돈 뒤, 840만 억 나유타의 보살들에 둘러싸여 존경받으며, 여러 국토를 진동시키고, 연꽃의 비를 뿌리고, 수백 수천 억 악기를 연주시키며, 정광장엄세계로부터 이 사바세계에 왔다. 묘음보살은 푸른 연꽃 같은 눈과 수백 수천 억의 달과 비길 만한 얼굴을 하고 있었으며, 몸은 금색에다 수백 수천 복덕의 상서로운 상으로 장식된 육체를 가졌는데, 영광으로 타오르며 위엄의 빛으로 빛나 있었다. 또 사지는 여러 가지 뛰어난 상으로 장식되었으며, 몸은 나라야나[156)]처럼 견고했다. 칠보로 된 누각에 올라, 공중의 탈라나무의 일곱 배나 되

묘음보살품

는 높은 곳에서 보살들에 둘러싸여 존경받으면서 왔다.

그는 이 사바세계의 산중의 왕인 기사굴산(耆闍崛山)에 가까워지자, 누각에서 내려와 수백 수천금의 값있는 진주 목걸이를 손에 들고, 세존이 계시는 곳으로 다가갔다. 그리고는 세존의 두 발에 머리를 대고 예배하고 오른쪽으로 일곱 번 돈 다음 진주 목걸이를 세존께 드렸다. 그리고는 세존께 이렇게 말씀드렸다.

"정화수왕지여래께서는 석가세존께서 무병무재하시며 생활이나 몸은 어떠신지 또 평안히 지내시는지 안부를 물으셨사옵니다. 그리고 이런 말씀을 하셨사옵니다.

'석가세존이시여, 만사가 순조로우며 몸의 상태는 좋으시며 지내시기에 불편하시지는 않으신지요? 당신의 중생들은 마음씨 고우며, 쉽게 교화해서 바로 잡을 수 있는지요? 그들의 몸은 청정한지요? 그리고 애착이나 증오나 미혹에 움직이지는 않는지요? 세존이시여, 중생들이 너무 질투심이 많거나 반항적이거나 부모를 존경하지 않거나 사문이나 바라문을 존경하지 않거나 잘못된 견해를 믿거나 마음을 다스리지 못하거나 감관이 다스려지지 않았는지요? 또 악마라는 적을 무찌르고 있는지요? 세존이시여, 다보여래께서는 완전한 열반에 드셨지만 가르침을 듣기 위해 사바세계에 오셔서 칠보로 된 탑 중앙에 앉아 계시는지요?'라고 말입니다.

또 정화수왕지여래께서는 다보여래에 대해 묻고 계시옵니다.

'세존이시여, 다보여래께서는 평안히 잘 지내고 계신지요? 이 사바세계에 오래 머물고 계시는지요?'라고 말입니다.

세존이시여, 저희들도 다보여래의 유체(遺體)를 모두 보고 싶사옵니다. 그러하오니 다보여래의 유체 모두를 저희들에게 보여 주시옵소서."

석가여래께서는 완전한 열반에 드신 다보여래께 이렇게 말씀하셨다.

"세존이시여, 이 묘음보살대사는 완전한 열반에 드신 다보여래를 뵙고 싶어합니다."

다보여래께서는 묘음보살에게 이렇게 말씀하셨다.

"훌륭하구나, 선남자여. 그대가 나와 석가여래를 만나려고 이곳에 온 것은 훌륭한 일이다. 또 '바른 가르침의 백련'이라는 법문을 듣기 위해 그리고 문수사리보살을 만나기 위해 이곳에 온 것은 훌륭한 일이다."

그러자 화덕(華德)보살이 세존께 이렇게 여쭈었다.

"세존이시여, 묘음보살은 이전에 어떤 선근을 심었사옵니까? 또 어느 여래 밑에서 그런 선근을 심었사옵니까?"

석가여래께서 화덕보살에게 말씀하셨다.

"선남자여, 옛날 그러니까 헤아릴 수 없이 광대하고 무량한 겁의 과거세에 운뢰왕(雲雷王)이라고 하는 바른 깨달음을 얻어 존경받는 여래께서 세간에 출현하셨다. 그것은 현일체세간(現一切世間)이라는 세계이며, 희견(喜見)이라는 겁 때였다. 그 여래께서는 지혜와 덕행을 갖추신 선서시며, 세간을 잘 아는 위없는 분이며, 사람들을 잘 이끄시는 분이며 천신들과 인간의 스승이며 세존이셨다.

선남자여, 묘음보살은 이 운뢰왕여래께 수백 수천의 악기를

묘음보살품

연주하며 120만 년 동안 공양을 올렸으며, 8만4천 개의 칠보로 된 그릇을 헌상했다. 그 여래의 설법을 듣고 묘음보살은 이런 영광에 도달한 것이다.

선남자여, 운뢰왕여래께 공양을 올리고 8만4천의 그릇을 헌상한 그때 그곳의 묘음보살을 다른 사람이라고 생각해서는 안 된다. 왜냐하면 여기에 있는 묘음보살이야말로 그때에 운뢰왕여래에게 공양을 올린 묘음보살이기 때문이다. 이처럼 묘음보살은 많은 부처님을 섬기고 수백 수천의 부처님 밑에서 선근을 심어, 부처님이 될 준비를 했다. 또 묘음보살은 이미 갠지스 강의 모래알 수와 같은 부처님을 뵈었다. 화덕이여, 그대는 묘음보살을 보고 있는가?"

화덕보살이 대답했다.

"세존이시여, 보고 있사옵니다."

세존께서 말씀하셨다.

"그런데 화덕이여, 묘음보살은 여러 가지 모습으로 '바른 가르침의 백련'이라는 법문을 설했다. 말하자면 어떤 때는 범천의 모습으로, 어떤 때는 루드라[157]의 모습으로, 또 어떤 때는 제석(帝釋)의 모습으로, 때로는 자재천(自在天), 천대장군(天大將軍), 비사문천왕(毘沙門天王), 전륜왕, 성주, 무역상의 우두머리, 가장, 마을사람, 바라문의 모습으로 '바른 가르침의 백련'이라는 법문을 설했다. 또 때로는 비구나 비구니, 신남이나 신녀, 무역상의 우두머리의 아내, 가장의 아내, 마을 사람의 아내, 남자, 여자의 모습으로 묘음보살은 이 '바른 가르침의 백련'이라는 법문을 중생들에게 설했다.

선남자여, 묘음보살은 이렇게 많은 모습으로 중생들에게 '바른 가르침의 백련'이라는 법문을 설했다. 또 어떤 이에게는 야차의 모습으로, 어떤 이에게는 아수라, 가루다, 긴나라, 마후라가의 모습으로 이 법문을 설했다. 그뿐 아니라 지옥, 축생도, 야마의 세계나 불행한 세계에 태어난 중생들에게도 이 법문을 설해 그들을 구제했다. 나아가서는 후궁 속에 있는 중생들을 위해 여성의 모습으로 나타나 이 법문을 설했다.

이렇게 해서 이 사바세계에 있는 모든 중생들에게 그는 가르침을 설하였으므로, 그는 사바세계에 태어난 중생들의 구제자이다. 묘음보살은 이 사바세계에서 그렇게 많은 모습으로 '바른 가르침의 백련'이라는 법문을 중생들에게 설하지만, 선한 이의 신통력이나 지혜를 손상시키는 일은 없다.

선남자여, 묘음보살은 이렇게 많은 지혜의 빛에 의해 이 사바세계에 알려져 있다. 또 갠지스 강의 모래알 수와 같은 다른 세계에서도, 보살이 교화해야 할 중생들에게는 보살의 모습으로 가르침을 설한다. 마찬가지로 성문이 교화해야 할 중생들에게는 성문의 모습으로, 독각이 교화해야 할 중생들에게는 독각의 모습으로, 여래가 교화해야 할 중생들에게는 여래의 모습으로 가르침을 설하며, 여래의 사리로 교화해야 할 중생들에게는 여래의 사리를 보인다. 완전한 열반으로 교화해야 할 중생들에게는 완전한 열반에 든 자신을 보인다. 화덕이여, 이렇게 해서 묘음보살은 지혜의 힘을 얻은 것이다."

화덕보살이 세존께 여쭈었다.

"세존이시여, 묘음보살은 선근을 심은 이이옵니다. 세존이시여, 묘음보살은 삼매에 들어 이렇게 많은 중생들을 교화했는데, 그 삼매는 어떤 것이옵니까?"

이런 질문을 받자 석가여래께서는 화덕보살에게 이렇게 말씀하셨다.

"선남자여, 그것은 현일체색신이라는 삼매이다. 묘음보살은 그 삼매에 들어 헤아릴 수 없이 많은 중생들을 이롭게 했다."

그런데 이 '묘음보살'의 장이 설해지고 있는 동안, 묘음보살과 함께 이 사바세계에 온 840만 억 나유타의 보살들이 모두 현일체색신삼매를 얻었으며, 이 사바세계에 있는 헤아릴 수 없는 수많은 보살들도 현일체색신삼매를 얻었다.

묘음보살은 석가여래와 다보여래의 사리를 모신 탑에 성대한 공양을 올린 뒤, 다시 칠보로 된 누각에 올라 모든 국토를 진동시키고, 연꽃의 비를 내리게 하고, 수백 수천만 억 나유타의 악기를 연주시키고, 840만 억 나유타의 보살들에 둘러싸여 존경받으며 자신의 불국토로 돌아갔다. 묘음보살은 자신의 불국토에 도착하여 정화수왕지여래께 이렇게 말씀드렸다.

"세존이시여, 저는 사바세계에 있는 중생들을 이롭게 하였사옵니다. 그리고 다보여래의 사리를 모신 탑에 예배하였으며, 석가여래도 뵙고 예배하였사옵니다. 또 문수사리보살과 힘차게 정진노력하는 약왕보살과 용시보살도 만났사옵니다. 그리고 840만 억 나유타의 보살들은 현일체색신삼매를 얻었사옵니다."

이 '묘음보살'의 장이 설해지고 있는 동안, 4만2천의 보살들이 무생법인을 얻었으며, '바른 가르침의 백련'이라는 삼매를 얻었다.

제25장 관세음보살보문품
(觀世音菩薩普門品)

그때 무진의(無盡意)보살이 자리에서 일어나, 한쪽 어깨를 벗고, 오른 무릎을 땅에 대고, 세존을 향해 합장하며 말씀드렸다.
"세존이시여, 무슨 이유로 관세음보살은 관세음이라고 불리웁니까?"
이 질문을 받고, 세존께서는 무진의보살에게 이렇게 말씀하셨다.
"선남자여, 이 세상에서 수백천만 억 중생들이 저마다 괴로움에 싸여 있는데, 만일 그들이 관세음보살의 이름을 듣는다면, 그들은 모두 괴로움에서 해방될 것이다. 또 선남자여, 관세음보살의 이름을 마음 속에 지니는 중생들은 비록 큰 불덩이 속에 떨어지더라도 관세음보살의 위광(威光)의 힘으로 구출될 것이다.
선남자여, 만일 중생들이 강물에 떠내려가고 있을 때도 관세음보살의 이름을 부르면, 그 강은 얕은 여울이 될 것이다. 또 수백천만 억 나유타의 중생들이 배를 타고 금, 금괴, 보석, 진주, 금강석, 유리, 나패, 수정, 산호, 마노, 호박, 붉은 진주 등을 찾아 바다로 나간다고 하자. 그들이 탄 배가 폭풍으로 나찰이 사는 섬으로 올라갔다 하더라도, 그들 중 한 사람이라도 관세음보살의 이름을 부르는 이가 있다면 그들은 모두 그 섬으로부터 구출될 것이다. 선남자여, 이런 까닭에 '자재롭게 관찰한다'는 뜻의 관세음보살이라고 불리는 것이다.

선남자여, 만일 어떤 이가 처형되려고 할 때, 관세음보살의 이름을 부른다면, 사형집행인들의 칼은 부러질 것이며, 삼천대천세계가 야차나 나찰로 가득하다 하더라도 어떤 이가 관세음보살의 이름을 부른다면, 모든 사악한 무리들은 그를 볼 수가 없을 것이다. 또 선남자여, 죄가 있든 없든 어떤 이가 나무칼을 씌우고 쇠고랑, 사슬 등에 묶여 있더라도, 관세음보살의 이름을 부른다면 저절로 풀릴 것이다. 선남자여, 관세음보살의 위력은 이와 같다.

선남자여, 이 삼천대천세계에 칼을 든 폭도나 도적으로 가득 차 있는데, 한 상인의 우두머리가 무리를 이끌고 값비싼 보석을 많이 지니고 지나간다고 하자. 그들이 도중에 칼을 든 도적들을 만나, 어찌할 줄을 모르고 있을 때, 우두머리가 '두려워하지 말고 모두 일제히 안전을 지켜주시는 관세음보살의 이름을 불러라. 그리하면 도적들로부터 구출될 것이다'라고 말한다고 하자. 이 말을 듣고 상인들이 일제히 '안전을 지켜주시는 관세음보살께 경례하옵나이다. 경례하옵나이다'라고 관세음보살의 이름을 부른다면 그 상인들은 바로 위험에서 벗어날 것이다.

선남자여, 관세음보살의 위력은 이와 같다.

　선남자여, 탐욕에 빠진 중생들이 관세음보살에게 경례하면 탐욕 없는 이가 되며, 증오에 빠진 중생들이 관세음보살에게 경례하면 증오 없는 이가 되며, 무지에 헤매는 중생들이 관세음보살에게 경례하면 무지하지 않은 이가 된다. 선남자여, 관세음보살은 이렇게 위대한 신통을 지닌 분이다.

　또 선남자여, 사내아이를 원하는 여인이 관세음보살에게 경례하면 사내아이가 생길 것이다. 더욱이 그 사내아이는 용모 단정하고 품위가 있으며, 귀엽고 남자의 특징을 갖추고 많은 이들의 사랑을 받고 사람들의 마음을 사로잡으며 선근을 심을 것이다. 딸을 원하는 여인에게는 용모가 단정한 딸을 얻게 될 것이다. 선남자여, 관세음보살의 위력은 이와 같다.

　또 선남자여, 관세음보살에게 경례하고 그 이름을 마음에 지니는 이들에게는 좋은 결과가 생길 것이다. 선남자여, 어떤 이가 관세음보살에게 경례하고 그 이름을 마음에 지닌다고 하자. 또 어떤 이는 62 갠지스 강의 모래알 수와 같은 세존께 경례하고, 그 이름을 마음에 지닌다고 하자. 또 어떤 이는 지금 계시는 많은 세존께 법의, 탁발의 음식물, 침대, 좌구, 의약품 등 생활필수품을 공양한다고 하자. 선남자여, 그대는 어떻게 생각하는가? 그 선남자, 선여인은 얼마나 많은 복덕을 쌓겠는가?"

　무진의보살이 대답하였다.

　"세존이시여, 참으로 많을 것이옵니다. 그 선남자, 선여인은 많은 복덕을 쌓을 것이옵니다."

　세존께서는 말씀하셨다.

"선남자여, 그렇게 많은 세존들을 공경해서 쌓은 복덕과 한 번이라도 관세음보살을 공경하고 이름을 마음에 지녀 쌓은 복덕은 같을 것이며, 그 어느 것이 더 나은 것이 아니다. 또 62 갠지스 강의 모래알 수와도 같은 세존들을 공경하고 이름을 마음에 지니는 일과 관세음보살을 공경하고 이름을 마음에 지니는 일, 이 두 경우의 복덕은 수백천만 억 나유타 겁이 걸려도 쉽게 헤아릴 수가 없다. 선남자여, 관세음보살의 이름을 마음에 지니는 데서 얻어지는 복덕은 이렇듯 이루 헤아릴 수가 없는 것이다."

무진의보살은 다시 세존께 여쭈었다.

"세존이시여, 관세음보살은 이 사바세계를 어떻게 편력했으며, 또 어떻게 중생들에게 가르침을 설했사옵니까? 관세음보살의 절묘한 방편은 어떠한 것이옵니까?"

세존께서 무진의보살에게 말씀하셨다.

"선남자여, 관세음보살이 부처님의 모습으로 중생들에게 가르침을 설하는 세계도 있으며, 보살의 모습으로 가르침을 설하는 세계도 있다. 어떤 중생들에게는 독각의 모습으로 가르침을 설하며, 어떤 중생들에게는 성문의 모습으로, 어떤 중생들에게는 범천의 모습으로, 어떤 중생들에게는 제석천의 모습으로, 또 어떤 중생들에게는 건달바의 모습으로 관세음보살은 가르침을 설한다. 야차의 모습으로 교화해야 할 중생들에게는 야차의 모습으로, 자재천(自在天)의 모습으로 교화해야 할 중생들에게는 자재천의 모습으로, 대자재천의 모습으로 교화해야 할 중생들에게는 대자재천의 모습으로, 전륜왕의 모습으로 교화해야 할 중생들에게는 전륜왕의 모습으로, 악귀의 모습으로 교화해야 할 중생들에게는 악귀의 모습으로, 비사문(毘沙門)의 모습으로 교화해야 할 중생들에게는 비사문의 모습으로, 장군의 모습으로 교화해야 할 중생들에게는 장군의 모습으로, 바라문의 모습으로 교화해야 할 중생들에게는 바라문의 모습으로, 집금강신(執金剛神)의 모습으로 교화해야 할 중생들에게는 집금강신의 모습으로 가르침을 설한다. 선남자여, 관세음보살은 이처럼 사고를 초월한 공덕을 갖추고 있다. 그러므로 선남자여, 그대들은 마땅히 관세음보살에게 공양을 올려라. 선남자여, 관세음보살은 공포를 느끼고 있는 중생들에게 안전을 가져다 준다. 그러므로 사바세계에서 관세음보살은 안전을 가져다 주는 보살, 즉 시무외자(施無畏者)라고 불린다."

그때 무진의보살은 세존께 이렇게 말씀드렸다.

"세존이시여, 저는 관세음보살에게 선물과 공양을 하겠사옵니다."

세존께서 말씀하셨다.

"선남자여, 지금 그대가 선물하고픈 것을 선물하도록 하여라."

그러자 무진의보살은 자신의 목에서 수백 수천 금의 가치가 있는 진주 목걸이를 떼어내서 관세음보살에게 공양하면서 "벗이여, 이 물건을 받아주십시오"라고 말했다.

그러나 관세음보살은 받으려고 하지 않았으므로 무진의보살은 이렇게 말했다.

"선남자여, 그대는 이 진주 목걸이를 우리들에 대한 자비로서 받아주십시오."

그러자 관세음보살은 무진의보살에게 자비를 보이면서 또 사중과 천신들, 용, 야차, 건달바, 아수라, 가루다, 긴나라, 마후라가, 인간과 인간 이외의 것들에게 자비를 보이면서 그 진주목걸이를 받았다.

그리고는 그 목걸이를 둘로 나누어 하나는 석가세존께 또 하나는 다보여래를 모신 보석으로 된 탑에 바쳤다.

"선남자여, 관세음보살은 이런 신변(神變)에 의해 이 사바세계를 편력한다."

그때 세존께서는 이런 게송을 설하셨다.

무진의보살이 나에게
'눈부시게 아름다운 기(旗)를 가지신 이[妙相具], 세존이시여
무슨 이유로 이 승리자들의 아들은
관세음이라고 불리옵니까?'라고
그 이름의 의미를 물었다.

그래서 눈부시게 아름다운 기(旗)를 가진[具足妙相尊] 나는 서원의 바다인 관세음보살에 대해 무진의보살에게 이렇게 말했다.

관세음의 수행에 대해 들어보라.
관세음이 어떻게 사고를 초월한
수백 겁 동안 수천만 억의 부처님 아래서
서원을 청정하게 했는지 내가 설하겠다.

관세음의 이름을 듣고
그를 마음 속으로 생각한다면
생명 있는 것들은
현세에 좋은 결과를 얻을 것이다.
그는 모든 생존에서
괴로움과 근심을 없애는 이이다.

어떤 사악한 이가 착한 이를 살해하려고
불구덩이 속으로 떨어뜨렸다 하더라도
관세음을 생각하면 물을 부은 것처럼 불이 꺼진다.

어떤 이가 용, 마카라,[158] 아수라,
귀령(鬼靈)이 사는 바다에 들어갔다 하더라도
관세음을 생각하면 바닷속으로 가라앉지 않는다.

사악한 이가 어떤 이를 살해하려고
험한 산꼭대기로부터 떨어뜨렸다 하더라도
관세음을 생각하면 태양처럼 공중에 정지한다.

또 살해하려고 금강석으로 된 산을
그 사람의 머리에 던졌다 하더라도
관세음을 생각하면 털끝만큼도 상처 입지 않는다.

살의를 품고 칼을 든 적들에 둘러싸였더라도

관세음을 생각하면 적들은
즉시 불쌍한 마음을 갖게 된다.

어떤 이가 처형장에서 관세음을 생각하면
사형집행인의 칼은 산산조각이 난다.
나무나 쇠로 된 수갑, 족쇄, 사슬로 묶여 있더라도
관세음보살을 생각하면 사슬은 즉시 풀린다.

주문, 주법(呪法), 독초, 귀령, 베타다〔愧物〕 등
사람의 몸을 파괴하는 것도
관세음을 생각하면
그것을 사용한 이에게 되돌아간다.

사람들의 정력을 빼앗는
야차, 용, 아수라, 귀령, 나찰 등에
에워싸여 있더라도 관세음을 생각하면
털끝만큼도 상처 입지 않는다.

날카로운 이빨이나 손톱을 지닌
아주 무서운 맹수에게 에워싸이더라도
관세음을 생각하면 그것들은 즉시
사방팔방으로 물러간다.

타오르는 불꽃과 같은 빛을 내며

노려보기만 해도 목숨이 위태로운
무서운 뱀에게 에워싸이더라도
관세음을 생각하면 그것들의 독이 즉시 없어진다.

천둥소리를 내는 먹구름이 나타나
번개와 함께 비를 뿌리더라도
관세음을 생각하면 즉시 먹구름이 사라진다.

수백 가지 괴로움에 시달리고 고민하는
중생들을 보고 지혜의 힘이 청정한 관세음은
환히 관찰해서 신들을 포함한 세간의 구제자가 된다.

관세음은 신통력을 완전히 갖추었고
광대한 지혜와 절묘한 방편을 다 익혔으므로
시방의 모든 세계, 모든 국토에 남김없이 나타난다.

또 가르침을 들을 수 없는 불우한 처지나
나쁜 처지에 대해 두려움을 품거나
지옥, 축생도(畜生道), 야마의 지배 아래 있거나
삶과 늙음과 병으로 고통받고 있는
생명 있는 것들의 그런 괴로움은 마침내는 소멸한다.

그때 무진의보살은 기쁨과 만족을 느끼며 이러한 게송을 읊었다.

맑고 자비롭고 지혜로운 눈을 지닌 이여
불쌍하게 보는 청정한 눈을 지니고
아름다운 얼굴과 눈을 지닌 매력이 넘치는 이여

청정무구하며 더러움 없는 빛
햇빛처럼 어두움이 없는 지혜의 빛
바람에 흔들리지 않는 불꽃같은 빛을 갖춘 이여
당신은 스스로 빛나며 세계를 비춘다.

자애로 된 계율이라는 천둥소리를 내며
바른 덕과 자비의 마음을 지닌 큰 구름이여
당신은 가르침의 감로의 비를 내려
생명 있는 것의 번뇌의 불을 끈다.

싸움, 논쟁, 전투를 할 때나
전쟁에 대해 심한 공포에 빠져 있을 때에도
관세음을 생각하면 사악한 적의 무리는 물러간다.

천둥소리와 같은 음성, 큰북과 같은 소리
대해와 같은 소리를 갖추었으며
범천처럼 아름다운 음성과
음성 세계의 완전성을 얻고 있는
관세음을 생각해야 한다.

그대들은 항상 생각하여라.
청정한 분인 관세음을 생각할 것이며
절대 관세음보살을 의심해서는 안 된다.

죽음이나 괴로움, 재난을 만났을 때
그는 보호자가 될 것이며 피난처가 될 것이며
최후의 의지처가 될 것이다.

모든 공덕의 완성에 달했으며
모든 중생을 자비로운 눈으로 보며
공덕의 대해인 관세음을 예배해야 할 것이다.

이 세간사람들에게 자애가 깊은 관세음은
미래세에 부처님이 될 것이다.
모든 괴로움과 공포, 근심도 없애 주는
관세음에게 나는 경례한다.

세자재왕(世自在王)을 지도자로 하는 법장비구는
세간의 공양을 받고 수백 겁 동안 수행해서
더러움을 벗어난 위없는 깨달음을 얻어
무량광여래가 되었는데

관세음보살은 그 무량광여래를
좌우에서 부채질하면서 모셨고

일체는 환상과 같다는 삼매에 의해
모든 국토로 가서 승리자께 공양을 올렸다.

서쪽 세계에 행복의 원천이며
더러움 없는 극락세계가 있는데
거기에는 중생을 잘 이끄시는
무량광이라는 지도자께서 지금 계신다.

거기서는 여성이 태어나는 일도 없으며
양성(兩性)이 합하는 관습도 없다.
그곳의 승리자의 자식들은 무구하며
자연히 생긴 화생(化生)으로 연화대 위에 앉아 있다.

지도자이신 무량광여래께서도 더러움 없는
아름다운 연화대 속에 있는 사자좌에 앉아
샬라왕[159]처럼 빛나고 계신다.

관세음도 이 세계의 지도자였으며
삼계에서 그와 같은 이는 없다.
그를 찬탄해서
'나도 복덕을 쌓아 빨리 당신과 같은
인간의 최고자가 되겠습니다'라고 한다.

그때 지지(持地)보살이 자리에서 일어나 한쪽 어깨를 벗고 오른 무릎을 땅에 대고, 세존을 향해 합장하고 경례하면서 이렇게 말씀드렸다.
　"세존이시여, 이 법문 중 '관세음보살의 장'을 듣는 중생들은 선근을 충분히 쌓지 못한 중생은 아닐 것이옵니다."
　이 '모든 방향으로 문이 열린[普門]' 장을 세존께서 설하자 그 자리에서 8만4천의 생명 있는 것들이 위없는 지고한 바른 깨달음을 향해 발심했다.

제26장 다라니품(陀羅尼品)

그때 약왕보살이 자리에서 일어나 한쪽 어깨를 벗고 오른 무릎을 땅에 대고 세존을 향해 합장하며 다음과 같이 말씀드렸다.

"세존이시여, 선남자, 선여인이 '바른 가르침의 백련'이라는 법문을 마음에 간직하거나 경전을 수지한다면 어느 정도의 복덕이 생기겠사옵니까?"

이 질문에 세존께서는 다음과 같이 말씀하셨다.

"약왕이여, 어떤 선남자, 선여인이 갠지스 강의 모래알 수와 같은 수백천만 억 여래들을 공경·공양한다고 하자. 약왕이여, 그대는 어찌 생각하는가? 선남자, 선여인이 그로 인해 어느 정도의 복덕을 쌓겠는가?"

약왕보살이 대답했다.

"세존이시여, 많을 것이옵니다."

세존께서 말씀하셨다.

"약왕이여, 그대에게 알려주겠다. 어떤 선남자, 선여인이 '바른 가르침의 백련'이라는 법문 중 사구(四句)로 된 게송을 단 하나라도 수지 독송해서 이해하며 수행하여 완성한다고 하자. 약왕이여, 그러면 그들은 더 많은 복덕을 쌓을 것이다."

그때 약왕보살이 세존께 이와 같이 말씀드렸다.

"세존이시여, 저희들은 이 '바른 가르침의 백련'이라는 법문을 마음에 간직하거나 책으로 만드는 선남자, 선여인들에게 그들을 수호하는 다라니의 주문[呪句]을 주겠나이다.

아니예, 마니예, 마네, 마마네, 칫테, 차리테, 사메, 사미타, 비샨테, 무크테, 무크타타메, 사메, 아비샤메, 사마사메, 자예, 크샤예, 아크샤예, 아크시네, 샨테, 사미테, 다라니, 아로카 바세, 프라티아베크샤니, 니디르, 아비안타라 니비슈테, 아비안타라 파리슛디, 무트크레, 무트크레, 아라데, 파라데, 스칸크시, 아사마 사메, 붓다 비로키테, 다르마 파리크시테, 상가 니르고샤니, 니르고니, 바야바야 비쇼다니, 만트레, 만트라, 크샤야테, 루테, 루타 캬우샤리예, 아크샤예, 아크샤야 바나타예, 밧크레, 바로다, 아마니야나타예, 스바하

세존이시여, 이 주문의 각 구절은 62의 갠지스 강의 모래알 수와 같은 부처님들께서 말씀하신 것이옵니다. 그러므로 이 경전의 설법자나 수지자와 싸우는 이는 부처님들을 거역하는 것이 되옵니다."

세존께서는 약왕보살에게 찬사를 보내셨다.

"장하구나, 약왕이여. 그대는 중생들에게 이로움을 주었다.

중생들에게 자애를 보이고 다라니를 설해 그들을 보호했다."
그때 용시(勇施)보살이 세존께 말씀드렸다.
"세존이시여, 저도 설법자들에게 이익이 되도록 다라니를 주겠사옵니다. 그러면 야차든 나찰이든 푸타나든 크리티야든 쿰반다[160]든 아귀든 그 누구도 설법자들의 허점을 잡을 수 없을 것이옵니다.

주바레, 마하 주바레, 웃케, 툿케, 뭇케, 아데, 아다바티, 누리티에, 누리티야바티, 잇티니, 빗티니, 칫티니, 누리티야니, 누리티야바티, 스바하

세존이시여, 이 다라니는 갠지스 강의 모래알 수와도 같은 여래들께서 설하시고 기뻐하신 것이옵니다. 그러므로 이 경전의 설법자들과 싸우는 이는 부처님들을 거역하는 것이 되옵니다."
그때 비사문천왕[161]이 세존께 이와 같이 말씀드렸다.
"세존이시여, 저도 설법자들의 행복과 안락을 위해 그리고 자비를 베풀기 위해 그들을 수호하는 다라니를 설하겠사옵니다.

앗테, 탓테, 낫테, 바낫테, 아나데, 나디, 크나디, 스바하

세존이시여, 저는 이 다라니로 백 요자나 동안 설법자를 수호하겠나이다. 이 다라니에 의해 이 경전의 수지자, 선남자, 선

여인들은 수호받을 것이며 더 행복하게 될 것이옵니다."

그때 증장천왕[162]이 그 자리에 있었는데 수백천만 억의 쿰반다들에게 둘러싸여 시중을 받고 있었다. 그는 자리에서 일어나 한쪽 어깨를 벗고 세존을 향해 합장하며 이와 같이 말씀드렸다.

"세존이시여, 저도 많은 이들의 행복을 위하여 이 경전의 설법자와 수지자를 수호하는 다라니를 설하겠사옵니다.

아가네, 가네, 가우리, 간다리, 찬다리, 마탕기, 풋카시, 상크레, 불사리, 시시, 스바하

세존이시여, 이 다라니는 42억 부처님들께서 설하신 것이옵니다. 그러므로 이 설법자들과 싸우는 이는 그 부처님들을 거역하는 것이 될 것입니다."

그때 란바[163]라고 불리는 나찰녀(羅刹女)와 비란바, 쿠타 단티, 프슈파 단티, 마쿠타 단티, 케시니, 아차라, 마라 다리, 쿤티, 살바 사트보조하리라고 불리는 나찰녀들과 아들, 시종들을 거느린 귀자모(鬼子母)라고 불리는 나찰녀가 있었는데, 모두 세존께로 다가가서 일제히 이와 같이 말씀드렸다.

"세존이시여, 저희들도 이 경전을 수지하는 설법자들을 수호하고 더 행복하게 하기 위하여 주문을 설하겠사옵니다.

이티 메, 이티 메, 이티 메, 이티 메, 이티 메, 니메, 니메, 니메, 니메, 니메, 루헤, 루헤, 루헤, 루헤, 루헤, 스투헤, 스투헤,

다라니품

스투헤, 스투헤, 스투헤, 스바하

어느 누구도 내 머리 위에 올라가더라도 설법자들을 거역해서는 안 된다. 야차든 아귀든 악귀든 푸타나든 크리티야든 베타다[164]든 쿰반다든 스타브다든 오마라카든 오스타라카든 아파스마라카[165]든 야차의 크리티야든 인간 이외의 것의 크리티야든 인간의 크리티야든 매일 혹은 이틀, 사흘, 나흘에 한 번씩인 열병이든 계속되는 열병이든 언제 발작할지 모르는 열병이든, 마지막으로는 꿈을 꾸고 있는 이에게 나타나는 여자의 모습이든 남자의 모습이든 소년의 모습이든 소녀의 모습이든 설법자들을 괴롭혀서는 안 된다."

그때 나찰녀들은 일제히 세존께 이와 같은 게송을 읊었다.

이 주문을 듣고도 설법자와 싸우는 이는
머리가 아르자카의 씨앗처럼
일곱 조각으로 갈라질 것이다.

설법자와 싸우는 이는
부모를 죽인 자가 가는 길을 걷게 될 것이다.

설법자와 싸우는 이는
참기름을 짜는 이들, 깨를 짓이기는 이들이
가는 길을 걷게 될 것이다.

설법자와 싸우는 이는
무게나 부피를 속이는 이들이
가는 길을 걷게 될 것이다.

이렇게 말한 뒤, 쿤티를 비롯한 나찰녀들은 세존께 다음과 같이 말씀드렸다.

"세존이시여, 저희들도 설법자들을 수호하겠사옵니다. 더 행복하게 하고 벌을 받지 않게 하며 독을 없애겠사옵니다."

이 말을 듣고 세존께서는 나찰녀들에게 이와 같이 말씀하셨다.

"좋은 일이다. 나찰녀들이여, 이 법문의 이름만이라도 수지하는 설법자들을 그대들이 수호하는 것은 좋은 일이다. 그러니 이 법문을 완전히 수지하거나 책으로 해서 공경하고, 또 꽃, 훈향, 향수, 화만, 도향, 분향, 옷, 우산, 기, 깃발, 승리의 깃발로 공경하며, 식물성 기름의 등(燈)이든 동물성 기름의 등이든 향유의 등이든 참파카 기름의 등이든 바르시카 기름의 등이든 연꽃 기름의 등이든 수마나 기름[166)의 등이든 이런 수백 수천의 다양한 공양물로써 공경하는 설법자들에 대해서는 더 말할 필요도 없을 것이다."

이 '다라니'의 장이 설해지는 동안, 6만8천의 생명 있는 것들이 사물은 본래 생하는 것이 아님을 아는 지혜[無生法忍]를 얻었다.

다라니품

제27장 묘장엄왕본사품
(妙莊嚴王本事品)

　세존께서는 모든 보살들에게 말씀하셨다.
　"선남자들이여, 헤아릴 수 없는 과거 무량 겁에 운뢰음수왕화지(雲雷音宿王華智)라고 하는 바른 깨달음을 얻어 존경받는 여래께서 세간에 출현하셨다. 그 부처님이 출현한 세계는 광명장엄(光明莊嚴)세계였으며, 희견(喜見)이라는 겁이었는데, 그 여래께서는 지혜와 덕행을 갖추신 선서였으며, 세간을 잘 아시는 위없는 분이었고, 사람들을 잘 이끄시는 분이었으며, 천신들과 인간의 스승인 세존이셨다.
　또, 선남자들이여, 묘장엄(妙莊嚴)이라는 왕이 있어, 운뢰음수왕화지여래의 가르침을 받들고 있었다. 이 묘장엄왕의 왕비는 정덕(淨德)이라고 했으며, 두 왕자가 있었는데 이름은 각각 정장(淨藏)과 정안(淨眼)이었다. 이 두 왕자는 신통과 지혜를 갖추었고, 복덕과 지식이 풍부했으며 보살의 수행에 힘쓰고 있었다. 말하자면 보시, 지계, 인내, 정진, 선정, 지혜, 방편의 바라밀과 자비희사를 비롯한 깨달음을 얻는 데 필요한 37법[三十七助道品][167]에 이르기까지 수행에 힘썼으며, 그 모두에 통달했었다. 또 무구(無垢)삼매, 일성숙(日星宿)삼매, 정광(淨光)삼매, 정조명(淨照明)삼매, 장장엄(長莊嚴)삼매, 대위덕장(大威德藏)삼매에도 통달해 있었다.

그때 여래께서는 그 시대의 중생들과 묘장엄왕을 불쌍히 여기시어 이 '바른 가르침의 백련'이라는 법문을 설하고 계셨다.

그래서 정장과 정안 두 왕자는 어머니에게로 가서, 두 손 모아 합장하며 이렇게 말했다.

'어머니, 바른 깨달음을 얻어 존경받는 운뢰음수왕화지여래를 뵙고 예배드리러 그분께로 가십시다. 그 여래께서는 신들을 포함한 세간사람들 앞에서 '바른 가르침의 백련'이라는 법문을 상세히 설하고 계십니다. 자, 그 법문을 들으러 가십시다.'

선남자들이여, 정덕왕비는 이 말을 듣고 두 왕자에게 이렇게 말했다.

'아들들이여, 아버지이신 묘장엄왕께서는 바라문들에게 호의를 가지고 계신다. 그러니 그 여래를 뵈러 가는 것은 허락할 수가 없구나.'

그러자 정장과 정안은 두 손 모아 합장하며 어머니께 이렇게 말했다.

'저희들은 비록 삿된 가르침[邪敎]을 믿는 집안에 태어났지만 법의 왕이신 부처님의 자식입니다.'

그러자 정덕왕비는 두 아들에게 이렇게 말했다.

'잘 알았다. 그러면 너희들을 염려하는 아버님이신 묘장엄왕

앞에서 어떤 기적을 보여라. 그러면 분명히 너희들의 말을 믿으실 것이며 우리들이 그 여래를 뵈러 가는 것을 허락하실 것이다.'

그래서 정장과 정안은 칠다라수(七多羅樹) 높이의 공중으로 높이 올라가 묘장엄왕을 생각하며 부처님께서 허락하신 기적을 보였다. 말하자면 허공에서 잠자거나 걸어다니거나 먼지를 뿌리거나, 하반신으로는 물을 뿌리고 상반신으로는 불덩이를 태우거나, 혹은 그 반대의 모습을 보였다. 또 허공에서 커졌다가는 작아지고, 작아졌다가는 커졌으며, 허공에서 모습을 감추었는가 하면 지상에 나타나고, 지상에 나타났는가 하면 다시 허공에 나타났다. 이렇게 두 왕자는 자신들의 신통력으로 기적을 보여 아버지인 묘장엄왕을 교화했다.

선남자들이여, 묘장엄왕은 두 아들이 행하는 기적을 보고 만족하고 기뻐하면서 두 손 모아 합장하며 이렇게 물었다.

'선남자들이여, 너희들의 스승은 누구시냐? 도대체 너희들은 누구의 제자냐?'

두 왕자가 묘장엄왕에게 이렇게 말했다.

'대왕이시여, 운뢰음수왕화지여래께서 지금 보석으로 된 보리수 아래의 법좌에서 천신들을 비롯한 세간사람들 앞에서 '바른 가르침의 백련'이라는 법문을 상세히 설하고 계시는데 그 세존이 저희들의 스승이옵니다. 대왕이시여, 저희들은 그분의 제자이옵니다.'

그때 묘장엄왕은 두 왕자에게 이렇게 말했다.

'너희들의 스승이신 그 분을 뵈러 가자. 우리들도 그 세존께

로 가자.'

그러자 두 왕자는 하늘에서 내려와 어머니에게 다가가 두 손 모아 합장하며 이렇게 말했다.

'어머님이시여, 저희들은 아버님을 위없이 바른 깨달음을 향해 교화했사옵니다. 이제 교화가 끝났으니 빨리 세존에게 나아가서 출가하도록 허락하여 주시옵소서.'

선남자들이여, 정장과 정안은 어머니에게 두 게송을 읊었다.

어머님이시여, 저희들이 출가해서 수행하는
생활을 시작하는 것을 허락해 주시옵소서.
저희들은 출가하겠사옵니다.
여래는 참으로 뵙기 어려운 분이기 때문이옵니다.
승리자는 우담바라꽃처럼
아니 그보다 더 만나기 어렵사옵니다.
가는 것을 허락해 주십시오.
저희들은 출가하겠사옵니다.
그분을 뵙는 행운은 좀처럼 얻기 힘드옵니다.

정덕왕비가 말했다.

아들들이여, 허락할 테니 가거라.
우리들도 출가할 것이다.
여래는 뵙기 힘든 분이니까.

선남자들이여, 그때 두 아들은 게송을 읊은 뒤, 양친에게 이렇게 말했다.

　'아버님, 어머님이시여, 모두 함께 가십시다. 운뢰음수왕화지여래를 뵙고 경례하고 가르침을 들으러 그 여래께로 가십시다. 왜냐하면 여래의 출현은 우담바라꽃처럼 드물며, 대해를 표류하는 나무 구멍에 가끔 떠오르는 거북의 머리가 쏙 들어가는 경우처럼 드문 일이기 때문이옵니다. 아버님, 어머님이시여, 세존들께서 출현하시는 것은 드문 일이옵니다. 그러니 우리들이 그 가르침 아래 태어나 만났다는 것은 최고의 복덕을 얻은 결과이옵니다. 아버님, 어머님이시여, 저희들의 출가를 허락해 주시옵소서. 왜냐하면 여래를 뵙기는 어려운 일인데, 지금 법왕을 뵐 수 있는 때를 만나는 것은 매우 어려운 일이기 때문이옵니다.'

　선남자들이여, 그때 묘장엄왕의 후궁으로 8만4천 명의 비(妃)들이 있었는데 그들은 '바른 가르침의 백련'이라는 법문을 수지할 수가 있게 되었다. 또 정안은 법화삼매로 수행했으며, 정장은 '어떻게 하면 모든 중생들이 온갖 악을 제거할 수 있을까?' 하고 생각해서, 수백천만 억 나유타 겁 동안 이제악취(離諸惡趣)삼매를 수행했다. 두 왕자의 어머니인 정덕왕비는 모든 부처님께서 설하신 가르침과 그 가르침의 깊은 뜻을 알았다.

　선남자들이여, 그때 두 왕자에 의해 여래의 가르침으로 들어와 발심하고 성숙된 묘장엄왕은 그들의 권속을 이끌고 갔으며, 정덕왕비도 권속을 이끌고 갔고, 두 왕자도 후궁과 시종들 그리고 4만2천의 생명 있는 것들을 데리고 운뢰음수왕화지여래께로 갔다. 그 모두가 여래께로 다가가서 두 발에 머리를 대고 예배하고, 세존의 주위를 오른쪽으로 세 번 돈 뒤 한쪽에 섰다.

선남자들이여, 바른 깨달음을 얻어 존경받는 운뢰음수왕화지여래께서는 묘장엄왕이 시종을 거느리고 온 것을 아시고, 법화(法話)로써 가르치시고 격려하셨다. 묘장엄왕은 세존의 말씀을 듣고 만족하고 기뻐한 나머지 동생에게 왕위를 넘겨주고 자신은 왕비, 아들, 일족, 시종, 두 왕자와 4만2천의 생명 있는 것들과 함께 출가했다. 그리고는 시종들과 함께 이 '바른 가르침의 백련'이라는 법문을 사색하고 수습하며 완전히 이해하기 위해 8만4천 년 동안 애쓰면서 지냈다.

선남자들이여, 그 8만4천 년이 지나 묘장엄왕은 일체정공덕장엄(一切淨功德莊嚴)삼매를 얻었다. 이 삼매를 얻자마자 그는 탈라나무의 일곱 배의 높이까지 공중으로 올라갔다. 묘장엄왕은 공중에 정지한 채로 운뢰음수왕화지여래께 이렇게 말씀드렸다.

'세존이시여, 저의 두 아들은 저의 스승이옵니다. 신통력으로 기적을 보여서 저의 크고 잘못된 생각을 깨우쳐주었으며, 여래의 가르침에 안주시켰으며 깨달음을 향해 성숙하게 했고, 깨달음으로 들어가게 했으며 여래를 뵙도록 해 주었사옵니다. 세존이시여, 그들은 저의 좋은 벗이었는데 저에게 과거의 선근을 생각나게 하기 위해 아들의 모습으로 저희 집에 태어난 것이옵니다.'

이렇게 말씀드렸을 때, 운뢰음수왕화지여래께서는 묘장엄왕에게 이렇게 말씀하셨다.

'대왕이여, 그대의 말 그대로요. 선근을 심은 선남자, 선여인이라면 윤회하는 생존의 어떤 곳에 태어나더라도 그들을 위없는 바른 깨달음으로 이끌고 부처님을 도와드리는 좋은 친구를 만나기는 어려운 일이 아니오. 대왕이여, 여래를 만날 수 있도록 격려하는 이가 바로 좋은 친구로 여겨지는 것은 광대한 도리인 것이오. 대왕이여, 이 두 젊은이를 보고 있소?'

묘장엄왕이 대답했다.

'세존이시여, 보고 있사옵니다.'

세존께서 말씀하셨다.

'대왕이여, 이 두 선남자는 65의 갠지스 강의 모래알 수와 같은 여래들 밑에서 공양을 올릴 것이며, 중생들을 자비로이 여겨 잘못된 견해를 믿는 중생들이 바른 견해를 향해 정진노력할 수 있도록, 이 '바른 가르침의 백련'이라는 법문을 수지할 것이오.'

선남자들이여, 묘장엄왕은 하늘에서 내려와 두 손 모아 합장하며 운뢰음수왕화지여래께 이렇게 말씀드렸다.

'세존이시여, 부디 가르쳐 주시옵소서. 여래께서는 어떤 지혜를 가지고 계시옵니까? 머리에는 육계(肉髻)[168]가 빛나고 눈은 맑으며 미간의 한가운데에는 달이나 나패와 같은 번쩍거리는 백호가 빛나며 입 속은 평평하고 치아는 골고루 갖추어져 빛나고, 빔바[169]의 열매처럼 붉은 입술에 아름다운 눈을 가지고 계시옵니다.'

선남자들이여, 묘장엄왕은 이렇게 맑은 공덕과 수백천만 억 나유타의 다른 공덕을 말하며, 운뢰음수왕화지여래를 찬탄한

묘법연화경

뒤 이와 같이 말씀드렸다.

'세존이시여, 드문 일이옵니다. 이 여래의 가르침이 이렇게까지 큰 의미를 지녔으며, 여래께서 보여 주신 가르침에 의한 인도가 생각도 미치지 않는 공덕을 갖추었고, 여래의 계율이 이렇게까지 잘 만들어졌다는 것은 참으로 드문 일이옵니다. 세존이시여, 저희들은 오늘부터 두 번 다시 마음대로 행동하지는 않을 것이며, 두 번 다시 삿된 가르침에 맹종하지 않을 것이며, 두 번 다시 화내지 않을 것이며, 두 번 다시 나쁜 마음을 먹지 않을 것이옵니다. 세존이시여, 저는 그런 나쁜 성질을 가진 채 세존께 가려고는 생각지 않사옵니다.'

그는 운뢰음수왕화지여래의 두 발에 머리를 대고 예배한 뒤 하늘로 올라가 머물렀다. 그리고 나서 묘장엄왕과 정덕왕비는 수백 수천 금의 가치가 있는 진주 목걸이를 세존의 머리 위 높이 하늘로 던졌다. 그러자마자 그 진주 목걸이는 세존의 머리 위에서 사각형에 네 개의 기둥이 있고 각 부분이 조화를 이룬 화려한 누각이 되었다. 그 누각 속에 수백 수천의 아름다운 천이 겹쳐진 대좌가 나타나고 그 대좌 위에 결가부좌를 한 여래의 모습이 보였다. 그때 묘장엄왕에게 이런 생각이 떠올랐다.

'이렇게 마음이 깊고 아름다우며 더없이 훌륭하고 청정한 색을 갖추신 여래의 모습이 누각 속에 보이는 것은 이 부처님의 지혜가 위대한 위력을 갖추었으며 생각도 미치지 않는 공덕을 갖추셨기 때문이다.'

그때 운뢰음수왕화지여래께서는 사중을 향해 말씀하셨다.

'비구들이여, 그대들은 묘장엄왕이 공중에 머물면서 사자후

를 하고 있는 것을 보고 있는가?'

'세존이시여, 보고 있사옵니다.'

세존께서는 다시 말씀하셨다.

'비구들이여, 이 묘장엄왕은 내 가르침 밑에서 비구가 된 뒤 대광(大光)이라는 세계에서 사라수왕(娑羅樹王)이라고 불리는 바른 깨달음을 얻어 존경받는 여래가 되어 이 세상에 나타날 것이다. 그는 지혜와 덕행을 갖춘 선서이며, 세간을 잘 아는 위 없는 이이며, 사람들을 잘 이끄시는 분이며 천신들과 인간의 스승이며, 세존이시며, 그 겁의 이름은 대고왕(大高王)이다. 또 비구들이여, 사라수왕여래에게는 헤아릴 수 없는 보살들과 성문들이 있을 것이며, 대광세계는 손바닥처럼 평평하며 유리로 되어 있을 것이다. 이처럼 여래는 사고를 초월한 공덕을 가진 분일 것이다.'

선남자들이여, 그때 그곳의 묘장엄왕이라고 불리던 이를 내가 모르는 이라고 생각해서는 안 된다. 왜냐하면 지금 여기 있는 화덕(華德)보살이 바로 그때 그 묘장엄왕이었기 때문이다. 또 선남자들이여, 그때 그곳의 정덕왕비라고 불리던 이를 내가 모르는 이라고 생각해서는 안 된다. 왜냐하면 광조장엄상(光照莊嚴相)보살이 바로 그 정덕왕비였기 때문이다. 그는 묘장엄왕과 중생들을 자비로이 여겨 묘장엄왕의 왕비가 된 것이다.

또 선남자들이여, 그때 그곳의 두 왕자를 내가 모르는 이라고 생각해서는 안 된다. 왜냐하면 약왕(藥王)과 약상(藥上)보살이 바로 묘장엄왕의 두 아들이었기 때문이다. 선남자들이여, 이처럼 약왕과 약상보살은 사고를 초월한 공덕을 갖추었으며 수백천만 억 나유타의 많은 부처님들 밑에서 선근을 심어왔으며 사고를 초월한 복덕을 갖추고 있다. 이 두 보살의 이름을 마음에 간직하는 이들은 모두 신들을 비롯한 세간사람들로부터 경례를 받을 것이다."

　'묘장엄왕'의 장이 설해지는 동안 8만4천 명의 생명 있는 것들이 모든 것에 대한 더러움을 씻어버리고 무구하고 청정한 법안을 얻었다.

제28장 보현보살권발품
(普賢菩薩勸發品)

그때 보현(普賢)보살은 동방세계에서 헤아릴 수 없는 보살들과 함께 사람들에 에워싸여 존경을 받고 있었다. 말하자면 그는 온갖 국토를 진동시키고 연꽃의 비를 내리며 수백만 억의 악기를 연주시키면서 보살의 위대한 위력, 위대한 신변(神變), 위대한 신통력, 위대한 존엄, 위대한 삼매의 힘을 보이고, 위대한 위광이 타오르게 하면서, 보살의 위대한 탈것을 타고 위대한 기적을 보이면서 많은 천신들, 용, 야차, 건달바, 아수라, 가루다, 긴나라, 마후라가, 인간과 인간 이외의 것들에 둘러싸여 존경받고 있었다. 이처럼 사고를 초월한 신통력에 의한 기적을 보이면서 보현보살은 이 사바세계에 도착했다.

그는 산의 왕인 기사굴산(耆闍崛山)으로 가서 세존이 계시는 곳에 가까이 가자, 세존의 두 발에 머리를 대고 예배한 뒤 세존의 주위를 오른쪽으로 일곱 번 돈 다음 세존께 이렇게 말씀드렸다.

"세존이시여, 저는 보위덕상왕(寶威德上王)여래의 불국토로부터 왔사옵니다. 이 사바세계에서 '바른 가르침의 백련'이라는 법문을 설한다는 말을 듣고 그 법문을 듣기 위해 석가여래께로 왔사옵니다. 세존이시여, 수백 수천의 이 모든 보살들도 그 법문을 듣기 위해 왔사오니, 세존께서는 부디 이 보살들을 위해 '바른 가르침의 백련'이라는 법문을 상세하게 설해 주시옵소서."

이 말을 듣고 세존께서는 보현보살에게 이렇게 말씀하셨다.

"선남자여, 이 보살들은 간단히 설명하면 금방 진리를 이해할 수 있는 이들인데, '바른 가르침의 백련'이라는 법문은 순수한 진실이니 더할 나위가 없을 것이다."

그 보살들이 세존께 말씀드렸다.

"세존이시여, 말씀하신 대로이옵니다."

그 자리에 모인 비구, 비구니, 신남, 신녀들을 '바른 가르침의 백련'이라는 법문에 안주시키기 위해 세존께서는 보현보살에게 이렇게 말씀하셨다.

"선남자여, 네 가지의 특성을 갖춘 선여인은 이 '바른 가르침의 백련'이라는 법문을 손에 넣을 것이다. 네 가지란 세존의 가호를 받게 되는 것, 선근을 심은 이가 되는 것, 바른 방향으로 결정된 사람들 속에 들어가는 것, 모든 중생들을 수호하기 위해 위없는 바른 깨달음을 향해 발심하는 것, 이 네 가지이다. 선남자여, 네 가지 특성을 갖춘 여성은 '바른 가르침의 백련'이라는 법문을 손에 넣을 것이다."

그때 보현보살은 세존께 이렇게 말씀드렸다.

"세존이시여, 저는 후세에 5백 년 동안 이 경전을 수지하는 비구들을 수호하고 행복하게 해주며 벌을 받지 않게 하고 독이 퍼지지 않도록 하겠사옵니다. 어떤 이도 그 설법자들의 허점을 노려 덤벼들지 않도록 하고 마왕과 마왕의 아들, 마계에 속하는 천자들, 마왕의 딸, 마왕의 권속들이 허점을 노려 덤벼들지 않도록 할 뿐만 아니라, 두 번 다시 마왕의 무리로부터 괴롭힘을 당하지 않도록 언제나 그 설법자를 수호하겠사옵니다. 또 천자들, 야차, 아귀, 푸타나, 크리티야, 베타다가 설법자의 허점을 노려 덤벼들지 않도록 언제나 끊임없이 설법자를 수호하겠사옵니다. 그리고 설법자가 이 법문에 대해 사색의 수행에 전념해서 경행(經行) 장소로 갈 때, 저는 상아가 여섯 개인 왕후 같은 흰 코끼리를 타고 보살들에 둘러싸여 이 법문을 지키기 위해 설법자에게로 다가가겠사옵니다. 설법자가 이 법문에 대한 사색의 수행에 전념하고 있을 때, 이 법문 중 한 구절이나 한 자라도 빠졌다면, 저는 상아가 여섯 개인 왕후 같은 흰 코끼리를 타고 설법자 앞에 나타나 이 법문을 빠짐없이 복창하겠사옵니다. 그러면 그 설법자는 제 모습을 보고 이 법문을 빠짐없이 들었기 때문에, 만족해서 기뻐하며 이 법문에 더욱 정진노력할 것이옵니다. 저를 보자마자 삼매를 얻을 것이며, 선(旋)이라는 다라니, 백천만억선(百千萬億旋)이라는 다라니, 법음방편(法音方便)이라는 다라니를 얻을 것이옵니다.

또 세존이시여, 후세 5백 년 동안, 비구, 비구니, 신남, 신녀의 누구라도 이 경전을 수지 독송해서 옮겨 적고 이 법문을 위해 21일 동안 경행 장소에서 노력한다면 저는 모든 중생들이 보고 기뻐하는 저의 몸을 나타내겠사옵니다. 상아가 여섯 개인 흰 코끼리를 타고 보살들에 둘러싸여 꼭 21일째에 그 설법자들의 경행 장소에 가서 그들을 가르치고 인도해서 기쁘게 하겠사옵니다. 그리고 그들에게 다라니를 주고, 누구로부터도 폭력을 당하지 않게 하고, 인간과 인간 이외의 것에게 허점이 잡히지 않게 하며, 부인들이 그들의 마음을 어지럽히지 않도록 그들을 수호하고 행복하게 해 주며, 벌을 받지 않도록 하고, 독이 퍼지지 않도록 하겠사옵니다. 세존이시여, 저는 그 설법자들에게 이런 다라니의 주문을 주겠사옵니다. 세존이시여, 그 다라니의 주문은 이와 같사옵니다.

아단데, 단다 파티, 단다 아발타니, 단다 크샤레, 단다 수다리, 수다리, 수다라 파티, 붓다 파슈야네, 살바 다라니, 아발타니, 산발타니, 상가 파리크시테, 상가 닐가타니, 다르마 파리크시테, 살바 삿트바 루타 카우샬야 아누가테, 싱하 비크리디테, 아누발테, 발타니, 발타리, 스바하

세존이시여, 이 다라니의 주문이 그 보살의 귀에 들리는 것은 보현보살인 저의 가호력 때문이옵니다.

또 세존이시여, 이 '바른 가르침의 백련'이라는 법문이 사바세계에서 퍼져 어떤 보살들의 손에 있다면, 그 설법자들은 보현보살의 위력과 위광에 의해 이 법문이 우리들 손에 있음을 알아야 할 것이옵니다. 세존이시여, 그 중생들은 보현행[170]을 닦은 이가 될 것이며, 많은 부처님들 아래에서 선근을 심은 이

가 될 것이며, 여래께서 머리를 쓰다듬어 주실 것이옵니다. 세존이시여, 이 경전을 옮겨 적어 수지하는 이는 저에게 기쁨을 안겨줄 것이며, 옮겨 적는 이도 그 의미를 깨달은 이도 모두 죽어서 삼십삼천의 신들의 일원으로 태어날 것이옵니다. 태어나자마자 8만4천의 천녀들이 다가올 것이며, 천자가 된 그들은 보석으로 된 관을 쓰고 천녀들 속에서 지낼 것이옵니다.

  선남자들이여, 이 법문을 옮겨 적기만 해도 이런 복덕이 있을 정도이니, 이 법문을 가르치고 독송하고 사색하며 심혈을 기울이는 이의 경우는 말할 것도 없을 것입니다. 그러니 선남자들이여, 이 '바른 가르침의 백련'이라는 법문은 전심을 기울여 주의 깊게 옮겨 적어야 할 것입니다. 마음을 흩뜨리지 않고 옮겨 적는 이에게는 천 분이나 되는 부처님들께서 손을 뻗치실 것이며, 임종 때에는 천 분의 부처님들께서 그의 눈앞에 나타나실 것입니다. 그는 악도에서 괴로움을 겪지 않고, 도솔천에 태어날 것입니다. 거기서는 32상(相)을 갖춘 미륵보살이 보살들에 둘러싸여 수백천만 억의 천녀들의 존경을 받으며, 가르침을 설하고 있을 것입니다. 그러니 선남자나 선여인은 누구나 이 '바른 가르침의 백련'이라는 법문을 경건한 태도로 옮겨 적고 가르치며 독송하고 마음을 기울여야 할 것입니다. 이 법문을 옮겨 적고 가르치고 독송하고 수습하며 마음을 기울이면 헤아릴 수 없는 공덕이 있을 것입니다.

  세존이시여, 이런 까닭에 선남자, 선여인도 현명한 이는 이 '바른 가르침의 백련'이라는 법문을 수지해야 할 것이옵니다. 그러면 그들은 많은 공덕을 쌓을 것이옵니다. 세존이시여, 저의 가호력으로 이 법문이 사바세계에서 유포되도록 해 주시옵소서. 저는 먼저 이 법문을 수호하겠사옵니다."

석가여래께서는 보현보살을 칭찬하셨다.

"훌륭하구나, 보현이여, 그대가 세상을 자비로이 여겨 그렇게 많은 이들의 행복과 안락을 위해, 수행하고 사고를 초월한 덕성을 갖추며, 그대가 깊은 서원과 발심으로 이 설법자들을 수호하겠다는 것은 참으로 훌륭한 일이다. 누구든 보현보살의 이름을 소중히 지니는 이들은 석가여래를 뵙는 것이 되며, 석가세존으로부터 친히 '바른 가르침의 백련'이라는 법문을 들은 것이 되며, 석가여래를 공양하는 것이 되며, 석가여래께서 설하실 때 칭찬을 받은 것이 되며, 이 법문을 듣고 기뻐한 것이 되며, 석가여래께서 머리를 쓰다듬으신 것이 되며, 석가여래께서 그들에 의해 법의를 입힌 것이 됨을 알아야 할 것이다.

보현이여, 선남자, 선여인들은 여래의 가르침을 완전히 이해했으며, 순세외도(順世外道)를 좋아하지 않고, 시서(詩書)에 몰두하는 이를 좋게 생각하지 않고, 연예인, 격투하는 이, 권투하는 이, 술 장사, 양고기 장사, 새고기 장사, 돼지고기 장사, 매춘숙의 주인들을 좋게 생각하지 않을 것이다. 또 이런 경전을 듣거나 옮겨 적거나 수지하거나 독송하는 외에는 다른 즐거움이 없을 것이다. 이런 이들은 본성적으로 덕성을 갖추고 있음을 알아야 할 것이다. 이런 이들은 각자 독특한 근원적인 뜻을 가지고 있으며, 각자 복덕의 힘을 얻고, 중생들이 보고 기뻐하는 사람들일 것이다. 또 이 경전을 수지하는 비구들은 탐욕, 증오, 무지, 질투, 인색함, 모욕, 교만심, 잘못된 자책으로 고통받는

보현보살권발품

일이 없을 것이다.

보현이여, 그 설법자들은 자신이 얻은 것에 만족〔少欲知足〕할 것이다. 보현이여, 후세 5백 년 동안 '바른 가르침의 백련'이라는 법문을 수지하는 비구들을 보면 사람들은 이런 생각을 해야 할 것이다.

'이 선남자들은 보리좌에 나아가 악마의 사악한 무리들을 물리치고 법륜을 굴릴 것이다. 이분은 가르침의 큰북을 두드리고 가르침의 법나패를 울리고 가르침의 비를 뿌리며 가르침의 사자좌에 오를 것이다.'

후세 5백 년 동안 이 법문을 수지하는 비구들은 욕심이 없을 것이다. 법의나 탁발에 욕심부리지도 않고, 마음이 곧으며 세 가지의 해탈[171)]을 얻은 분일 것이다. 그들에게는 당장 생기는 현세의 과보와 점차 생기는 내세의 과보가 있을 것이다. 이 경전을 수지하는 설법자인 비구들을 미혹하는 이들은 내세에는 장님으로 태어날 것이며, 이 경전을 수지하는 비구들을 비난한 사람들의 몸에는 금생에 나병이 생길 것이다. 또 이 경전을 옮겨 적는 이들을 놀리고 업신여기는 이들은 이가 부러지고 빠지며, 입술은 엉망이고, 코는 비뚤어지고〔平鼻〕, 손발과 눈은 거꾸로 될 것이며, 몸에서는 악취가 나고, 종기나 부스럼, 습진이 온몸에 퍼질 것이다. 이 경전을 옮겨 적는 이, 독송하는 이, 수지하는 이, 해설하는 이에게 진심에서건 그렇지 않건간에 말을 함부로 하는 이들은 아주 무거운 죄업을 짓는 것임을 알아야 한다. 보현이여, 그러니 사람들은 여래께 경의를 표하는 것과 마찬가지로 이 법문을 수지하는 비구들을 보면 멀리서 일어나

경의를 표해야 할 것이다."

이 '보현보살'의 장이 설해졌을 때, 갠지스 강의 모래알 수와 같은 보살들이 백천만 억 선이라는 다라니를 얻었다.

무릇 사물은 원인이 있어 생기지만
그 원인을 여래는 설하셨다.
그리고 그 소멸까지도……
위대한 사문은 이렇게 말씀하셨다.

불이 활활 타오르는 저 불구덩이라도
칼의 산[劍山]을 밟게 되더라도
구도자는 이 경전이 있는 곳으로 가야 한다.

이 '바른 가르침의 백련'의 법보(法寶)를
옮겨 적으면 그 복덕으로 세상사람들은
이 가르침의 보물을 담는 그릇이 될 것이다.

'바른 가르침의 백련'은 최상의 법문이고 가장 훌륭한 경전이며 광대하며 보살을 위한 가르침이며 모든 부처님들께서 지지하시는 것이며, 모든 부처님들의 가장 깊은 가르침이며, 모든 부처님께서 비장(秘藏)하시는 것이며, 모든 부처님께서 설하신 것이며, 모든 부 처님의 비밀의 도리이며, 모든 부처님의 보리좌이며, 모든 부처님의 가르침의 바퀴가 도는 것[轉法輪]이며, 모든 부처님의 완전무결한 유신(遺身)이며, 모든 절묘한 방편이며, 일승(一乘)을 설하는 가르침이며, 최고의 진실을 실현하는 가르침이다. 이 '바른 가르침의 백련〔妙法蓮華經〕'이 끝났다.

묘법연화경 역주(譯註)

1) 여래(如來)는 '그대로 오신 이' 혹은 '그대로 가신 이〔如去〕'라는 의미로 부처님에 대한 존칭이다. 특히 석존은 "앞으로 나를 여래로 부르라"고 제자들에게 가르쳤다.
2) 독각(獨覺)은 '스스로 깨달은 이'라는 의미로, 스승으로부터 가르침을 받지 않고 자기 혼자서 깨달은 사람을 가리킨다. 연기의 이법(인연법)을 관찰해서 깨달음을 얻었으므로 '연각(緣覺)'이라고도 불리며, 또 음사해서 '벽지불(辟支佛)'이라고도 한다. 석존도 '스승 없이 홀로 깨달은 분'이지만, 여기서는 성문, 연각과 함께 소승불교의 성자로 일컬어진다.
3) 성문(聲聞)은 '가르침을 듣는 이'라는 의미이며, 본래는 불제자를 의미하는데, 후세 대승불교에서는 이것을 앞의 독각(연각)과 함께 소승의 수행자로 부른다.
4) 보살(菩薩)은 보디삿트바(bodhisattva)의 음사인 '보리살타(菩提薩埵)'의 약칭으로 '깨달음을 얻어야 하는 중생' '깨달음을 구하는 중생' 등 구도자를 의미하고 있으나 지금은 보편적으로 부처님 다음가는 지위의 깨달은 분을 지칭한다. 그런데 후세 대승불교에서는 보살이라는 개념이 대승불교의 중심 사상이 되어, 소승불교를 대표하는 성문이나 독각과 대립되는 개념으로 쓰였다. 대승불교에서는 무수한 보살이 있으며, 동시에 관세음보살이나 문수보살처럼 부처님의 덕망을 그리면서, 중생에게 가장 친밀한 구도자로서의 보살도 상정한다. 종종 '대사(大士, 위대한 사람)'이라는 존칭을 붙여서 '보살대사'라고 한다.
5) '바른 가르침의 백련'은 이 경의 산스크리트어 원명인 Saddharmapuṇḍarīka의 번역, 즉 묘법연화경을 가리킨다.
6) 왕사성(王舍城, Rājagṛha)은 석존 재세시의 마가다국의 수도. 기사굴산(영취산, Gṛdhrakūṭa)은 석존의 설법지로서 이 산꼭대기에서 석존은 대중들에게 많은

경전을 설했으며 지금도 정사(精舍)의 터가 남아 있다.
7) 아라한(阿羅漢)은 공양(존경)을 받을 만한 사람〔應供〕이라는 뜻이며, 줄여서 '나한'이라고도 한다. 소승불교에서는 최고의 깨달음에 이른 성자를 가리킨다.
8) 여섯 가지 바라밀〔六波羅蜜〕: 대승불교의 수행자, 즉 보살이 실천하는 여섯 가지 수행덕목. 바라밀은 범어 Pāramitā의 음역으로서 '저 언덕으로 건너 간다〔到彼岸〕'라고 번역한다. 육바라밀은 다음과 같다.

① 보시(布施)바라밀 : 공(空)의 이법(理法)을 체득하여 일체 중생에게 헌신하는 수행. ② 지계(持戒)바라밀 : 불교윤리의 실천. ③ 인욕(忍辱)바라밀 : 참고 용서하는 마음의 수행. ④ 정진(精進)바라밀 : 굳은 신심과 끊임없는 노력. ⑤ 선정(禪定)바라밀 : 선(禪)으로의 길. ⑥ 반야(般若)바라밀 : 지혜의 완성.

9) '아직 배울 것이 있는〔有學〕'은 아직 미혹을 완전히 끊지 못하고 학습의 필요가 있는 것으로, 아라한의 경지에 도달하지 못한 것. '더 배울 것이 없는〔無學〕'은 번뇌를 다 끊어 더 이상 배워야 할 것이 없는 것으로, 아라한의 경지에 도달해 있는 사람을 가리킨다.
10) '일생보처(一生補處)'란 보살의 최고의 경지로, 다음 생에는 반드시 부처님이 된다는 뜻.
11) '다라니(陀羅尼)'는 '총지(總持)' '능지(能持)' 등으로 번역된다. 법의 정수를 이해하고 기억하는 능력을 말하지만 보편적으로 법의 정수를 담고 있는 요문(要文)이나 신비스런 능력을 가지고 있는 주문을 가리키기도 한다.
12) 법륜(法輪) : '가르침을 설하는 것'을 차 바퀴를 회전시키는 것에 비유해서 '법륜을 굴린다〔轉法輪〕'고 한다.
13) '코티(koṭi)'와 '나유타(nayuta)'는 모두 숫자의 단위로, 1코티는 천만, 1나유타는 백만에 해당한다고 한다. 니유타(niyuta)라고도 한다.
14) '제석천(帝釋天)'은 신들의 왕으로서 '석제환인(釋提桓因)'이라고도 한다. 인도에서는 샤크라 또는 인드라 신이라고 한다. 부처님을 호위하는 신으로 자주 등장한다.
15) 긴나라(緊那羅, kiṃnara)는 아름다운 음성을 가진 천상의 악신(樂神)이다.
16) 건달바(乾闥婆, gandharva)는 인도신화에서는 인드라 신을 섬기는 악신, 불교에서는 긴나라와 함께 제석천을 섬기는 악신으로 술과 고기를 먹지 않고 단지 향을 좋아한다고 한다.
17) 아수라(阿修羅, asura)는 본래는 선신(善神)이었는데, 후세에 악신이 되어, 쉴 새 없이 싸우는 귀령(鬼靈)으로서 육도중생의 하나이다. 여기서는 불교의 수

호신으로 등장한다.
18) 가루다(迦樓羅, garuḍa)는 '금시조(金翅鳥)' '묘시조(妙翅鳥)'라고도 한다. 인도 신화에서 가장 큰 새로 뱀 또는 용을 잡아먹는다고 한다.
19) 사부대중(四部大衆)이란 불교교단의 구성원인 비구, 비구니, 우바새(남자 신도), 우바이(여자 신도)를 말한다. 앞의 둘은 출가자이며 뒤의 둘은 재가자이다.
20) 삼매(三昧, samādhi)는 마음을 평정하게 하고, 주의를 한 곳에 집중해서 정신을 통일하는 것으로, 선정의 한 종류. 부처님께서는 큰 가르침을 설하실 때, 항상 먼저 삼매에 들어가셨다.
21) 만다라바(曼陀羅華, māndārava)와 만주샤카(曼殊沙華, mañjūṣaka)는 모두 천계의 꽃으로 향기도 좋고 아름다운 꽃이라고 한다.
22) 여섯 가지로 땅이 진동하는 것은 대신변(大神變)의 일종으로 위대한 설법 등에 앞서 보이는 상서로운 조짐의 하나.
23) 마후라가(摩睺羅迦, mahoraga)는 커다란 이무기를 말한다. 사신(蛇神)으로 이것도 팔부중의 하나이다.
24) 전륜왕은 전륜성왕이라고도 불리며, 고대 인도에서는 천하를 다스리는 이상적인 제왕으로 알려져 있으나 실존했던 인물은 아니다. 전륜왕에도 계층이 있었던 듯, '군대를 통솔하는 전륜왕'은 낮은 지위로, 무력을 사용하여 평정한다. 그러나 최고위의 전륜왕은 보륜(寶輪)에 의해 '사주(四洲)를 지배한다'고 한다. 이 밖에 한 주(洲)만을 지배하는 전륜왕도 있다.
25) 신들이 사는 천(天) 중에서 가장 높은 곳에 있는 색계의 색구경천(色究竟天)을 유정천(有頂天)이라고 부른다.
26) 윤회전생의 세계는 신(天), 인간, 아수라, 축생, 아귀, 지옥의 여섯 가지 생존 영역으로 이루어지는데, 이것을 '육취(六趣)' '육도(六道)'라고 한다. 아수라를 빼고 '오취' '오도'라고 하는 경우도 있다.
27) 선서(善逝)는 '잘 간 자' '행복한 사람'의 뜻으로 부처님에 대한 존칭.
28) '부처님의 탈것'은 부처님이 되는 것을 목표로 하는 길, 모든 중생을 깨닫게 하는 가르침을 말한다. 이것을 탈것에 비유해서 '불승(佛乘)'이라고 한다.
29) '다섯 가지 신통력'은 천안통(뛰어난 시력), 천이통(뛰어난 청력), 타심통(타인의 마음을 안다), 숙명통(과거세의 일을 안다), 신족통(마음대로 공중을 날거나 변신하거나 대상을 변화시킨다)을 말한다.
30) 경행(經行)이란 수행의 피로나 졸음을 쫓기 위해 일정한 장소를 조용히 왕래하는 일.

31) 정사(精舍, vihāra)는 수행자를 위한 일시적인 움막이나 독방, 암자 등을 말한다. 후세에는 조직적인 승원, 즉 사찰을 말하기도 한다.
32) 칠보(일곱 가지 보물)는 여러 가지로 셀 수 있는데, 뒤에서 금, 은, 유리, 수정, 빨간 진주, 마노, 호박을 들고 있다.
33) 요자나(由旬, yojana)는 거리의 단위. 9마일, 16리, 30리 등 여러 설이 있으며, 소 달구지로 가는 하루의 여정 정도라고도 전해진다.
34) 수기(授記)는 부처님께서 제자들에게 장래 성불할 것이라고 예언하는 것.
35) 겁(劫)은 인간이 셀 수 없는 무한한 시간을 말한다. 또 그 긴 기간을 하나의 시대로 부르는 경우도 있다. 예를 들면 화광여래가 출현한 시대를 '대보장엄겁'이라고 부른다.
36) 네 가지 성스러운 진리〔四諦, 四聖諦, 四諦法〕는 석존의 근본적인 가르침으로, 세계는 고(苦)라는 진리를 비롯해서, 그 고의 원인(集)과 그 고의 멸(滅)과, 고를 멸로 이끄는 길(道)의 네 가지 진리를 말한다.
37) 12연기(十二緣起)는 '의해서 일어나는' 것을 의미하며, 사물이 모두 다른 것에 의존해서 상대적으로 존재한다는 것은 석존의 근본적인 가르침으로서, 즉 무명에서 비롯해 행, 식, 명색, 육처, 촉, 수, 애, 취, 유, 생(태어남)을 거쳐 노사(늙고 죽음)에 이르는 과정을 설명하고 있다.
38) 육바라밀(六波羅蜜) : 보시(布施)·지계(持戒)·인욕(忍辱)·정진(精進)·선정(禪定)·지혜(智慧). 보살의 수행덕목.
39) 겁(劫)에도 대겁과 중겁(혹은 소겁)이 있다. 80중겁이 '1대겁'이 되는데 중겁도 대단히 긴 시간의 단위로, 인간의 수명이 10세의 시대부터 점차 길어져서 8만 세의 시대가 되고, 다시 점차 단명이 되어 10세의 시대가 되는, 전반기를 '일중겁'이라고 한다. 간단히 말해서 '겁'이라는 것은 인간이 두뇌로 세거나 상상할 수 없는 무한히 긴 시간을 말한다.
40) '사문(沙門, śramaṇa)'은 출가 수행자를 말하며, '바라문(婆羅門, brāhmaṇa)'은 인도의 전통적인 사성(四姓) 계급제도 중 가장 높은 계급인 사제계급을 말한다.
41) 열반(涅槃)은 죽음, 입멸을 의미하며, 또는 깨달음을 의미하기도 한다. 번뇌가 다시 일어날 가능성이 있는 것을 '유여의열반(有餘依涅槃)'이라고 하며, 번뇌가 다시 일어날 가능성이 전혀 없는 것을 '무여의열반(無餘依涅槃)'이라고 한다.
42) '사리불(舍利弗, Śāriputra)'은 바라문 출신으로 본래는 바라문교를 신봉하고

있었는데, 100인의 제자와 함께 석존에게 귀의했다. 석존의 십대제자의 한 사람으로 '지혜제일(智慧第一)'이라고 한다.

43) '네 가지 두려움 없는 자신(自信)'은 '사무외' '사무소외'라고 한역한다. 부처님만이 가질 수 있는 네 가지의 흔들림 없는 자신으로서 ① 자신이 바른 깨달음을 얻고 있다는 자신, ② 더러움을 남김없이 다 끊었다는 자신, ③ 제자들에게 도(道)의 장애가 되는 번뇌를 잘못 없이 설한다는 자신, ④ 고계(苦界)로부터 벗어나는 길을 있는 그대로 설한다는 자신.

44) '열여덟 가지 부처님의 특유한 성질(十八不共法)'이란 여래는 ① 신체가 흔들리는 일이 없다, ② 큰소리를 내는 일이 없다, ③ 잊어버리는 일이 없다, ④ 마음이 통일되지 않는 일이 없다, ⑤ 차별의식이 없다 등 열여덟 가지.

45) '다섯 가지 기능〔五根〕'과 '다섯 가지 능력〔五力〕'은 ① 믿음〔信〕, ② 노력〔勤〕, ③ 기억〔念〕, ④ 선정〔定〕, ⑤ 지혜〔慧〕를 말한다. 이들 다섯 가지는 번뇌를 누르고 깨달음으로 향하게 하는 뛰어난 기능이 있으므로 '다섯 가지 기능'이라고 하며, 악을 파괴하는 힘이 있으므로 '다섯 가지 능력'이라고 한다.

46) '일곱 가지 깨달음을 돕는 부분'은 한역으로는 '칠보리분(七菩提分)' '칠각지(七覺支)'라고 한다. ① 명료하게 기억하는 것〔念〕, ② 지혜로 가르침의 진위를 골라내는 것〔擇法〕, ③ 바른 가르침에 정진노력하는 것〔精進〕, ④ 바른 가르침을 행하고 기뻐하는 것〔喜〕, ⑤ 심신을 경쾌하고 평정하게 하는 것〔輕安〕, ⑥ 삼매의 상태에서 마음이 흐트러지지 않는 것〔定〕, ⑦ 마음이 집착에서 해탈되고 평등하여 한쪽에 치우치지 않는 것〔捨〕.

47) 선정(禪定, dhyāna), 삼매, 등지(等至, samāpatti)는 서로 유사한 개념으로 마음을 한곳에 집중해서 흐트러뜨리지 않는 것, 즉 마음을 평등하고 평정하게 유지하는 것이다.

48) '탈것'이란 부처님의 가르침을 말한다. 부처님의 가르침에는 여러 가지가 있다. 모두가 중생을 깨달음의 길로 인도하기 위한 것이므로, 그런 점에서 이것을 탈것에 비유해서 '승(乘)'이라고 부른다. '세 가지의 탈 것〔三乘〕'은 성문, 독각(연각), 보살의 세 가지 탈것이다. 성문은 특히 사제(四諦)를 관찰하고, 독각은 특히 12연기(十二緣起), 인연을 관찰하여 깨닫는다고 한다. 대승불교에서는 성문과 독각을 소승으로 간주하며 보살은 대승으로 간주한다. 보살은 특히 육바라밀의 수행에 중점을 두고 있으므로 불승(佛乘)이라고 할 수가 있다. 이와 같이 삼승의 구별을 세워 성문, 독각을 넘어서 보살, 즉 불

승을 최고의 것으로 하는 것이 대승사상이다. 거기에는 삼승의 구별을 세움으로써 마침내 대승으로 사람들을 인도한다는 부처님께서 고심하신 '절묘한 방편'이 있다. 그러나 여기서는 다시 한걸음 더 나아가 삼승이 모두 이윽고는 일승으로 돌아간다는 것을 분명히 하고 있다. 즉 진실한 의미에서는 삼승의 구별이 있는 것이 아니라, '단 하나의 탈 것〔一佛乘〕'이 있을 뿐이라는 것을 강조하며, 이것이 중심 사상이 되고 있는 경전이 바로 묘법연화경이다.

49) 교진여(憍陳如, Ājñāta-kauṇḍinya)는 석존이 출가했을 때, 몰래 석존과 함께 고행했고, 후에는 녹야원에서 석존으로부터 최초의 설법을 들은 다섯 비구 중의 한 사람으로, 석존의 최초의 제자로서 유명하다.

50) '우담바라(優曇婆羅, udumbara)'는 무화과의 일종으로 삼천 년에 한 번 꽃이 핀다고 한다. 또 전륜왕이나 부처님께서 출현하실 때 핀다고도 하며, 만나기 어려운 것, 극히 드문 것을 비유한다.

51) '단 하나의 탈 것〔一乘〕'은 '부처님의 탈 것〔佛乘〕'을 가리킨다. 이것을 일불승(一佛乘)이라고도 한다. 모든 중생이 부처님이 될 수 있게 하는 유일의 진실한 가르침. 일승만이 진실이며, 제2, 제3의 승(삼승의 구별)은 진실이 아니라 방편이라는 것.

52) 일체지자(一切智者) : 부처님이 되는 것을 목표로 함.

53) '32상(三十二相)'은 부처님이나 전륜성왕 등 위대한 인물에게만 갖추어진다는 뛰어난 신체상의 특징.

54) '62가지 잘못된 견해〔六十二見〕'는 불교사상 이외의 잘못된 모든 견해 또는 사상. 석존 당시 자아와 세계에 관해 62가지 견해가 주장되고 있었다고 한다.

55) '법의 영원함'과 '법의 불변(不變)함'도 진여라든가 법성과 같은 말.

56) 바라나시(Vārāṇasī)는 인도 갠지스 강 중류에 있는 가장 오래된 도시의 하나. 영국이 인도를 통치한 이후 '베나레스'로 불리고 있으며, 붓다가야의 보리수 아래에서 깨달음을 얻은 석존은 바라나시의 교외에 있는 녹야원에서 처음으로 교진여 등 다섯 명의 비구에게 가르침을 설했다.

57) 80종호(八十種好)는 부처님 신체에 갖추어진 80가지 특유한 특징. 32상과 함께 깨달은 이가 갖추고 있는 상호(相好)라고 한다.

58) '바른 가르침〔正法〕'과 '바른 가르침과 유사한 가르침〔像法〕'은 정법에서 상법으로 가면서 가르침도 점차 쇠퇴해 간다고 한다.

59) 녹야원(鹿野苑) : 부처님께서 최초로 설법하신 곳(초전법륜).
60) 소, 양, 사슴의 세 가지 수레를 삼승(三乘)에 비유하고 있다.
61) 삼계(三界) : 윤회의 세계를 말한다. 욕계(欲界)는 욕망이 강한 세계. 색계(色界)는 청정하며 미묘한 물질로 이루어진 세계. 무색계(無色界)는 순수한 정신세계.
62) 야마는 아귀세계의 왕으로, 사령(死靈)을 지배하며, 사자(死者)를 재판하는 '염마(閻魔)'를 말한다. 뒤에 지옥의 왕으로 여겨지게 되었다. 염라대왕.
63) '비타스티(vitasti)'는 길이의 단위. 손바닥을 폈을 때, 엄지손가락과 새끼손가락 끝 사이의 길이 혹은 손목과 손가락 끝 사이의 거리. '하스타(hasta)'도 길이의 단위로, 팔꿈치로부터 가운뎃손가락 끝까지의 거리. 둘 다 아주 짧은 거리를 말한다.
64) '여섯 가지 신통'은 다섯 가지 신통에 누진통(漏盡通)을 더한 것. 다섯 가지 신통은 불교 이외의 선인에게도 있으며 또 범부도 얻을 수 있는데, 여섯 가지 신통은 불교의 성자에게만 있다고 한다. '세 가지 영지(英知)'는 삼명(三明)을 가리킨다.
65) '여덟 가지 불행한 세계'는 한역으로는 '팔무가(八無暇)' '팔난(八難)'이라고 한다. 부처님을 뵙고 가르침을 들어 수행할 수가 없는 불행한 삶을 말하는데, ① 지옥, ② 축생, ③ 아귀의 셋은 고통이 너무 많아 법문을 들을 기회가 없고, ④ 장수천(長壽天), ⑤ 변지(邊地)의 양자는 반대로 즐거움이 너무 많아 가르침을 들을 기회가 없으며, ⑥ 감관에 결함이 있고, ⑦ 사견이 있으며, ⑧ 부처님께서 계시지 않는 시대에 태어나기 때문에 부처님의 설법을 들을 기회가 없는 것이다.
66) 삼독번뇌(三毒煩惱) : 많은 번뇌 가운데 특히 ① 탐욕, ② 성냄, ③ 어리석음의 세 가지 나쁜 번뇌. 중생을 해롭게 하는 악의 근원으로서 특히 '삼독'이라고 한다.
67) 수부티(Subhūti) : 한역으로는 수보리(須菩提)라고 하며 석존의 십대제자 중의 한 사람. 대가전연도 십대제자 중의 한 사람이다.
68) 대가섭(大迦葉, Mahā-kāśyapa)은 석존의 제자 가운데 최고의 수제자로 십대제자의 한 사람이다. 소욕지족(少欲知足)의 청빈한 생활로 일관해서, '두타제일(頭陀第一)'이라고 불리며, 석존의 신뢰도 두터웠다. 석존이 열반에 드신 뒤, 교단을 통솔해서 경전이나 율전의 편집을 주재했다고 전해진다. 대목건련(大目犍連, Mahā-maudgalyāyana)은 '목련(目連)'이라고도 한다. 사리불의 친구

로 같은 이교도 제자들을 지도하고 있었는데, 사리불과 함께 각각 5백 명의 제자를 데리고 석존에게 귀의했다. 십대제자 중의 한 사람.
69) '한쪽 어깨를 벗고'는 한역의 '편단우견(偏袒右肩)' 즉 옷을 입은 채로 왼쪽 어깨를 덮으나 오른쪽 어깨와 오른손은 노출하는 것. 다음의 '오른쪽 무릎을 지면에 댄다'와 함께 부처님을 대하는 제자들의 예법이다.
70) 장로(長老)는 '상좌(上座)'라고도 한다. 비구로서 연장자, 또는 학덕이 높은 원로 비구.
71) 두타행(頭陀行)은 번뇌를 끊은 청정한 수행, 또는 수행자의 덕목으로서 열두 가지를 든다. ① 숲 속에 산다, ② 탁발로 얻은 음식만으로 생활한다, ③ 탁발하는 데 상대의 빈부를 가리지 않는다, ④ 1일 1식밖에 하지 않는다, ⑤ 과식하지 않는다, ⑥ 정오가 지나면 음식을 먹지 않는다, ⑦ 쓰레기통에서 얻은 누더기를 몸에 걸친다, ⑧ 세 가지 법의만을 갖는다, ⑨ 묘지에 산다, ⑩ 나무 밑동에서 명상한다, ⑪ 옥외에서 산다, ⑫ 언제나 앉은 채로 옆으로 누워 자지 않는다.
72) 수미산(須彌山)은 산스크리트로는 수메루(Sumeru) 산이라고 하며 신화와 상상의 산으로 세계의 중앙에 우뚝 솟아 있으며, 높이가 8만 요자나인데 해와 달 그리고 모든 별들이 이 둘레를 돌며, 그 정상에는 범천들의 궁전이 있다고 한다.
73) 칼라빈카(迦陵頻伽, kalaviṅka)는 부처님의 아름다운 음성에 비유되는 새 이름으로, 인도의 나이팅게일을 말하는데, 극락에 사는 미성의 새라고도 한다.
74) 법라(法螺) : 부처님의 설법이 당당하고 번성한 모습을 소라〔螺〕를 부는 것에 비유해서 '법라'라 한다.
75) '세 가지 경지와 열두 가지 형태〔三轉十二行〕'는 사성제의 수행의 진전과정에 대한 설명. 최초에 '이것은 고(苦), 이것은 집(集), 이것은 멸(滅), 이것은 도(道)'라고 네 가지 진리를 보이는 과정이 있으며, 이어서 '고는 알아야 하며, 집은 끊어야 하며, 멸은 직접 증명해야 하며, 도는 수행해야 한다'라고 네 가지 진리에 대한 실천을 권하는 과정이 있으며, 최후에 '고는 다 알았으며, 집은 다 끊었으며, 멸은 직접 증명했으며, 도는 수행했다'는 실천의 결과로서 깨달음의 과정이 있다. 사제의 각각에 삼전(三轉)이 있으므로 합해서 '십이행상(十二行相)'이라고 한다.
76) 사미(沙彌, śrāmaṇera)는 구족계를 받아 정식으로 비구가 되기 이전의 단계로, 7세부터 20세까지, 즉 소년의 몸으로 출가한 사람을 말한다. 구족계는 만 20

세가 지나야 받을 수 있으며, 구족계를 받지 않으면 20세가 지나도 그대로 '사미'라고 한다. 그러나 우리나라에서 근래에는 구체적으로 구분하고 있지 않다.

77) 부루나(富樓那, Pūrṇa-maitrāyaṇī-putra) : 석존의 십대제자의 한 사람으로, '설법제일'이라고 불린다.

78) 현겁 역시 상상할 수 없는 무한히 긴 시간.

79) 아난(阿難, Ānanda)은 석존의 사촌이며, 십대제자의 한 사람. 오랫동안 시종으로서 부처님을 섬겼으므로 가르침을 듣는 기회가 많았다. 다문제일(多聞第一)로서 경전 편집 때에는 주역이 되었다.

80) 라후라(羅睺羅, Rāhula)는 석존의 친아들이며 동시에 십대제자의 한 사람이다. '밀행제일(密行第一)'이라고 불렸으며 20세 이전, 즉 어려서 출가해서 최초의 사미가 되었다. 이후부터 불교교단에서도 20세 이전에 출가 입산할 수 있게 되었다.

81) '천신들' 이하 '마후라가'까지는 천룡팔부중(天龍八部衆)으로 불리는 불교의 수호신이다.

82) '비구, 비구니, 신남(청신사), 신녀(청신녀)'를 '사중(四衆)'이라고 부른다. 불교교단의 구성원의 한 분류.

83) '성문' '독각' '보살'의 '삼승'에 대해서는 주 48) 참조.

84) 이 경전에서 말하는 설법자는 묘법연화경을 수지 독송하고 설명하고 옮겨 적는 사람(그 점에서 일반적으로는 受持・讀・誦・解說・書寫의 五種法師 등으로 분류된다)을 말하며, 그들은 중생제도를 위해 부처님께서 보낸 사자(使者)이므로, 사람들은 부처님을 대하는 것처럼 그들을 존경해야 할 것이라고 설하고 있다. 이 '설법자'의 원어인 dharmabhāṇaka는 대승경전에서 처음으로 쓰인 말로, 대승불교를 외치고 지도한 이들이 스스로 지은 명칭이라고 생각되고 있다. 사람들도 자신들의 지도자를 이렇게 불렀을 것이다. 이 지도자들은 주로 재가자로서, 출가하였다 하더라도 당시 불교의 주류였던 소승교단으로부터는 정식 비구로 인정받지 못하고 무시당하고 멸시당했을 것으로 생각된다. 여기서 극단적으로 설법자의 존중이 강조되는 배경에는, 이와 같은 사정이 있었다고 생각된다.

85) '내심의 법의 비밀' 또 '여태껏 드러난 적이 없는 법의 입장'은 깊은 의미를 담아서 설하신 말씀을 가리킨다.

86) 요자나는 거리를 나타내는 단위. 주 33) 참조.

87) 타말라(tamāla)나무의 꽃은 흰 꽃이며, 껍질은 거무스름하다. 그 잎은 향으로 쓰인다. 한역으로는 多摩羅跋香, 藿葉香, 芬香 등이 그것이다.
88) 사대왕천은 욕계 육천 중의 첫번째 세계.
89) 삼십삼천은 욕계 육천 중의 두번째로 사대왕천보다도 더 위에 있다.
90) 만다라바는 천계의 꽃이름. 주 21) 참조.
91) '사문'은 구도자, '바라문'은 사제계급의 사람. 주 40) 참조.
92) '여래의 완전한 신체'란 사리탑을 말할 수도 있지만 여기서는 열반하지 않은 살아 계신 육신의 부처님을 말한다고 생각된다.
93) 사바세계는 우리들이 사는 이 세계를 말함.
94) '(미간에 있는) 백호'는 부처님의 신체에 갖추어진 특징의 하나.
95) 이하 산의 이름이 열거되는데, 그 중 첫번째의 '칼라(kāla) 산'은 흑산(黑山)이라고 한역되며,《무량수경》등에도 보인다. 단순히 '검은 산'인지 실제 있는 산인지 모르나 북쪽에 있다고도 한다. '무칠린다(mucilinda, 目眞隣陀, 目隣) 산'도 두세 경전에 보이며, 용왕 무칠린다가 사는 산이라고 한다. '차크라바다(cakravāḍa) 산'은 鐵圍山, 鐵輪圍山, 輪圍山 등으로 한역되는 산맥으로, 세계의 중심에 우뚝 선 수미산의 주위에 있는 구산팔해(九山八海) 가운데 가장 외측을 둘러싼 철(鐵)의 산. '수미산'에 대해서는 주 72) 참조.
96) '야마의 세계'는 삼악도(三惡道)의 하나로 지옥, 축생도를 비롯한 아귀의 세계로서 염마(閻魔)를 말한다.
97) '육종의 경계'는 윤회전생하는 중생의 여러 경우. 주 26) 참조.
98) 기사굴산(耆闍崛山)은 이《묘법연화경》이 설해진 장소로서 영취산이라고도 한다.
99) '최고의 존재계'는 우주에서 가장 높은 곳에 있는 유정천(有頂天).
100) 부처님이 설하신 여러 가르침을 일괄해서 팔만사천법장〔法門〕, 또는 '팔만법장〔法門〕'이라고 한다. '팔만사천'이나 '팔만'은 단지 수가 많다는 정도의 의미일 것이다.
101) 주 29) 참조.
102) 아라한은 소승불교도가 이상으로 하는 성자. 주 9) 참조.
103) 데바닷타(提婆達多, Devadatta)는 석존의 종형으로 어렸을 때부터 언제나 석존과 라이벌 관계에 있었으며, 다른 경전에서는 오직 반역자, 석존의 선에 대한 악역으로 묘사되고 있다. 그러나 실제로는 엄격한 금욕주의자인 수행승으로, 석존이 깨달은 뒤 그 제자가 되었는데, 이윽고 석존을 대신하려 했

으나 뜻을 이루지 못하고 5백 명의 제자와 함께 가야산에서 엄격한 오계를 제정해서 일파를 열었다고 한다. 법현(法顯, 5세기)이나 현장(玄奘, 7세기)의 인도 여행기에서 데바닷타 교도라고 하는 이가 있던 것을 증언하고 있다.

104) '위대한 자애〔慈〕', '위대한 슬픔〔悲〕', '위대한 기쁨〔喜〕', '위대한 평등〔捨〕'은 사무량심(四無量心)이라고 하는 헤아릴 수 없는 이타의 마음.

105) 32상과 80종호는 모두 위대한 인물, 즉 부처님에게나 갖추어져 있는 외형적인 모습으로 어떤 결점도 없는 모습을 가리킨다.

106) '십력'이란 부처님만이 갖춘 열 가지 힘.

107) '네 가지 두려움 없는 자신'은 세존이 깨달은 내용과 설법의 바름에 관한 흔들림 없는 자신으로서 이것도 부처님만이 갖는 힘이다. 주 43) 참조.

108) '사람들을 포용하는 네 가지 사항'은 사람들의 마음을 사로잡아 깨달음으로 향하게 하는 네 가지의 행위. 보통은 보살의 행위가 된다. 사무애(四無碍), 사무소애(四無所碍).

109) 중겁(中劫)은 아주 긴 시간의 단위. 20중겁은 그런 단위의 20배. 주 39) 참조.

110) 주 2) 참조.

111) 주 11) 참조.

112) 주 9) 참조.

113) 교담미(마하프라자파티 가우타미)는 석존의 양모이기도 하다.

114) 야쇼다라는 태자 시절의 석존의 비(妃). 그는 석존의 외아들인 라후라의 생모이다.

115) '사법(四法)'은 신안락행(身安樂行), 구안락행(口安樂行), 의안락행(意安樂行), 서원안락행(誓願安樂行)의 네 가지 안락행. 신안락행은 선한 행위와 두 가지 바른 교제범위를 지키는 데 있는데, 그 중 선행과 두번째의 교제범위는 신행(身行)이라기보다 오히려 사물의 바른 인식을 설하고 있다.

116) 아지바카(ājīvaka) 교도는 사명외도(邪命外道)라고 불리는 일종의 운명론자로, 석존의 시대에 활약했다고 전해지는 6인의 사상가, 즉 육사외도(六師外道)의 한 사람이다. 막칼리 고살라의 계통을 잇는다고 한다. 니르그란타(nirgrantha) 교도도 마찬가지로 육사외도의 한 사람인 니간타 나타풋타를 개조로 하는 자이나 교도.

117) 로카야타(lokāyata) 교도는 일반적으로 순세파(順世派)나 순세외도(順世外道)라고 부른다. 윤회, 업, 해탈을 부정했다.

역 주

118) 찬달라(caṇḍāla)는 고대 인도에서 가장 멸시받던 계급으로, 카스트에도 들지 못했다.
119) 마우슈티카(mauṣṭika) 역시 찬달라와 같이 멸시받던 계급으로 유랑민으로 생각되는데, 티베트 역처럼 '요술사, 야바위꾼, 사기꾼, 악한'인지도 모른다. 구마라집 역의 '兇戲, 凶險戲者'도 그런 의미일 것이다. 혹은 다음에 나오는 광대인 '捧術者'나 '格闘者'의 일종으로도 생각될 수 있다. 이 광대들은 거의가 카스트에 속하지 않던 이들이었던 것 같다.
120) 주 30) 참조.
121) '후 오백 년'은 불멸 후 천 년을 가리킨다. 부처님이 열반한 지 천 년이 되면 서서히 말세에 들어가게 된다.
122) '바른 가르침이 소멸하고 있을 때'에 대해서는 주 58) 참조.
123) '오온이라는 마'란 중생의 몸과 마음을 구성하는 오온 (色, 受, 想, 行, 識의 다섯 가지 집합)이 중생을 괴롭히고 있는 데서 '마(魔)'라고 간주한 표현. '번뇌라는 마'도 마찬가지로 번뇌를 마로 간주한 것. 사마(死魔), 천마(天魔)와 함께 사마(四魔)라고 불린다.
124) 삼독은 '애착〔貪〕' '증오〔瞋〕' '미혹〔癡〕'으로서 번뇌 중에서도 근본적인 것으로, '삼독번뇌'라고 불린다. 주 66) 참조.
125) 상행, 무변행, 정행, 안립행의 네 보살대사는 '본화(本化)의 사대보살'이라고 불린다.
126) 두타행은 의식주에 대한 욕망을 끊은 청정한 수행. 주 71) 참조.
127) 가야(伽倻, Gayā)는 비하르 주에 있는 도시로, 그 근처에 있는 붓다가야는 석존 성도지.
128) 카필라바스투(Kapilavastu)는 현재의 네팔 타라이 지방의 치로라코트에 해당한다. 석존의 종족인 석가족의 중심지였다.
129) '수천 코티 나유타나 회전하는 다라니'란 다라니의 위력이 차 바퀴에 비유된 것일 것이다.
130) 사대주(四大洲)는 수미산을 중심으로 동서남북에 각각 동등신주(東藤身洲), 서우화주(西牛貨洲), 남섬부주(南贍部洲, 염부주), 북구로주(北俱盧洲)의 4대륙이 있다고 함.
131) '아티무크타가(atimuktaka)'꽃은 '흰 점에서 진주와 견줄 만한'이라는 의미로, 향기를 뿜는 흰 꽃을 단 만초(蔓草)라고 한다. '참파카(campaka)'는 노란색 꽃을 피우는 향나무.

묘법연화경

132) 아상캐야(asaṁkhyeya)는 '헤아릴 수 없는' 아주 큰 수의 단위.
133) 이하 소승불교의 수행도에서 도달된 성자의 경지〔四果〕가 열거되어 있다. ① '수다원(須陀洹, srotaāpanna)'이란 미혹을 끊어 성도의 흐름에 들어간 성자를 말하고 ② 사다함(斯陀含, sakṛdāgamin)이란 더욱더 수행을 해서 미혹은 끊었지만 한 번 더 인간계에 태어나서 열반에 든 성자를 말하고 ③ 아나함(阿那含, anāgamin)이란 수행을 한 결과 더 이상 인간계로 돌아오는 일이 없는 성자를 말하고 ④ 아라한이란 모든 미혹을 완전히 끊고 열반에 들어 다시 윤회전생하지 않는 성자를 말한다.
134) 아비대지옥은 8대지옥 중에서도 최악의 지옥.
135) 천안(天眼)은 다섯 가지 신통력의 하나. 다섯 가지 신통력에 대해서는 주 29) 참조.
136) 천이(天耳)도 다섯 가지 신통력의 하나.
137) '밧라키'는 모두 악기 이름.
138) 칼라빈카에 대해서는 주 73) 참조.
139) 광음천(光音天)은 색계에 속하는 천(天)의 이름. 색계의 천(天)은 사선천(四禪天)으로 대별되는데, 색구경천은 그 중 제4선천의 최고천. 광음천은 제2천선에 속하는 삼천(三天) 중 최고천.
140) '자티카(闍提華)' '맛리카(末利華)'는 모두 자스민의 일종. '참파카'는 노란색 꽃을 피우는 향나무. '파타라(波羅羅)'는 나팔 모양의 담적색 꽃.
141) 타가라(多伽羅, tagara)는 협죽도와 향나무의 일종.
142) '파리자타가(波利質多羅)'와 '코비다라(拘鞞陀羅)'도 모두 천계의 꽃 이름.
143) 주 21) 참조.
144) 수다르마 신전은 삼십삼천의 남서쪽 모퉁이에 있다고 하는 신들의 집회장이다.
145) 이슈바라는 인도에서는 세계 창조신의 이름이나, 불교에서는 욕계(欲界)의 타화자재천(他化自在天)의 천주(天主)가 된다.
146) '백 가지 복덕의 상서로운 상〔百福莊嚴相〕'은 부처님이 갖춘 32상은 그 하나하나가 부처님이 과거에 행한 백 가지 복덕의 결과로서 얻어졌다 하여 이렇게 부르는 것이다.
147) '연기의 과정'이란, 십이지연기의 순관과 역관을 가리킨다. 주 37) 참조.
148) '칼라 아누사린(kālānusārin)'과 '우라가 사라(uragasāra)'는 전단(栴檀)의 종류일 것이다.

역 주

149) 카르샤(karṣa)는 무게의 단위. 약 18그램에 상당한다.
150) '투루슈카(turuṣka)'는 여러 향초를 섞은 것. '쿤두루카(kunduruka)'는 송진과 비슷한 수지의 유향(乳香). 모두 태워서 향을 낸다고 한다.
151) '칸카라(kaṅkara)' '비바라(vivara)' '아크쇼비야(akṣobhya)'는 아주 큰 수의 단위이다.
152) 탈라(tāla)나무는 야자나무로, 높이는 25미터에 이른다. 불전에서는 자주 높이의 단위로 쓰인다.
153) 주 41) 참조.
154) '나바 말리카(navamālikā)'는 자스민의 일종으로, 작고 흰 꽃을 피우는 담쟁이덩굴 모양의 식물이라고 한다.
155) '파드마나 킹슈카의 받침(padma-kiṃśuka-garbha)'은 보석의 일종으로 여겨지고 있다.
156) 나라야나(Nārāṇa)는 힌두교의 비슈누 신의 이명. 불전에서는 힘세고 튼튼한 신으로 나타난다.
157) 루드라(Rudra)는 《베다》에 나타나는 신들의 하나로, 무서운 폭풍우의 신으로 여겨지고 있다.
158) 마카라(魚, makara)는 바다의 괴물로 악어나 상어와 혼동되는 일도 있다.
159) 샬라왕(Śālarāja)은 비슈누 교도가 신성시하는 샬라 마을의 왕이라는 의미로 비슈누 신을 가리키는 것이 아닐까 한다. 비슈누 신은 태양이 빛나는 것을 신격화한 것이라고 생각된다.
160) 푸타나(富單那, pūtana), 크리티야(吉蔗, kṛtya), 쿰반다는 모두 악령의 일종.
161) 비사문천왕(毘沙門天王)은 4천왕의 하나인 다문천(多聞天)으로 북방의 수호신.
162) 증장천왕(增長天王)도 역시 4천왕의 하나로, 남쪽의 수호신. 구마라집은 여기에 지국천왕(持國天王)을 둔다.
163) 이하가 '10나찰녀(十羅刹女)'로서 한역에서는 다음과 같이 부른다. ① 남바(藍婆), ② 비남바(毘藍婆), ③ 곡치(曲齒), ④ 화치(華齒), ⑤ 흑치(黑齒), ⑥ 다발(多髮), ⑦ 무염족(無厭足), ⑧ 지영락(持瓔珞), ⑨ 고제(皐帝), ⑩ 탈일체중생정기(奪一切衆生精氣).
164) 베타다(毘陀羅, vetāḍa)는 기시귀(起尸鬼)라고도 하며, 시체에 살며 시체를 일으키는 악령이라고 한다.
165) '스타브다(stabdha)' '오마라카(omāraka)' '오스타라카(ostāraka)'는 모두 악령의 일종인데 자세히는 알 수 없다. '아파스마라카(apasmāraka)'는 간질을 일으키

는 악령으로 여겨지고 있다.
166) '바르시카(vārṣikā)'와 '수마나(sumanā)'는 모두 자스민의 일종.
167) '삼십칠법〔三十七助道品〕'은 사념처(四念處), 사정근(四正勤), 사여의족(四如意足), 오근(五根), 오력(五力), 칠각지(七覺支), 팔정도(八正道)를 합친 37항목을 말하며 이는 깨달음을 얻기 위한 필요한 구성이다.
168) 육계는 육(肉)의 상투. 이하 32상 중 몇 가지가 열거되고 있다.
169) 빔바(bimba)는 진홍으로 빛나는 수세미 같은 과실이 열리는 식물. 여기서는 그 과실을 비유한 것.
170) 보현행(普賢行)은 헤아릴 수 없지만, 다음의 십대원이 알려져 있다. ① 여러 부처님들을 경례하고, ② 여러 부처님들을 찬탄하고, ③ 널리 여러 부처님들을 공양하고, ④ 업장을 참회하고, ⑤ 공덕을 기뻐하고, ⑥ 여러 부처님들께 법륜을 굴려주실 것을 간청하고, ⑦ 여러 부처님들께 열반하시지 않고 이 세상에 계실 것을 간청하고, ⑧ 언제나 부처님을 따라 배우고, ⑨ 언제나 대비의 마음으로 중생을 만나고, ⑩ 이런 행위들에 의해 얻은 복덕을 중생을 위해 회향한다.
171) '세 가지 해탈'은 공(空), 무상(無相), 무원(無願)의 삼해탈문을 말한다.

역 주

묘법연화경 해설
- 방편과 비유의 극치 -

방편과 비유의 극치

묘법연화경(妙法蓮華經)은 줄여서 법화경(法華經)이라고도 한다. 어쩌면 우리에겐 묘법연화경이라는 이름보다는 그냥 법화경이라는 이름이 더 많이 알려져 있을 것이다.

묘법연화경은 대승불전 중에서도 백미(白眉)로 손꼽힌다. 내용도 대승불교의 사상을 포괄적으로 담고 있을 뿐만 아니라 경전으로서 문학적인 가치도 높다.

또 구성이나 내용에서도 소승을 포함한 삼승(三乘 : 성문의 길, 독각의 길, 보살의 길)의 가르침을 먼저 설해 보인 후 결국엔 일승(一乘)의 가르침이 가장 뛰어남을 설하고 있다.

그것도 아주 절묘하고도 적절한 비유와 방편을 들어가며 묘법연화경의 일불승사상(一佛乘思想)을 설하고 있어 많은 사람들은 감탄한다. 묘법연화경이 우리에게 익숙한 이유가 바로 이러한 점이라고 보아도 무리는 아닐 것이다.

불교의 많은 경전은 각기 그 특색을 갖고 있다. 특색을 갖고 있다는 것은, 바꾸어 말하면 어느 한 부분(예컨대 금강경은 공사상을 설한 경전이라고 하듯이)을 설명하고 있다고 말할 수 있다.

묘법연화경은 특히 '절묘한 방편과 비유의 극치'라는 특색을 갖고 있으면서도 포괄적인 사상을 담고 있어서 우리 불자들에겐 어느 경전보다도 신앙의 경전, 독송의 경전, 찬불(讚佛)문학의 경전으로서 뛰어나다고 할 수 있다.

묘법연화경의 사상과 성립

'삼승'이란 성문의 길[聲聞乘], 독각의 길[獨覺乘], 보살의 길[菩薩乘]을 말하는데, 일반적으로 앞의 둘은 소승이고, 보살의 길이야말로 대승의 길이다.

소승의 수행자들은 사제(四諦)나 연기(緣起)의 이치를 관찰해서, 투철한 이지(理知)를 갖고 있지만 그들은 자애 어린 이타행을 도외시한다.

반면 대승 혹은 보살승에서는 육바라밀의 행이 주가 되며, 반야의 지혜를 바탕으로 하여 자기를 버리고 남을 위해 봉사[利他行]하는 것을 최고의 선으로 여긴다.

그런데 묘법연화경에서는 그렇게 생각하는 것도 부족하다고 하여 삼승을 넘어선 '일승' 혹은 '불승(佛乘)'을 설한다. 경전에서는 진실된 의미로는 '일승뿐이며, 이승도 삼승도 존재하지 않는다'(제2장), 즉 '삼승의 설법은 실은 일승을 지향한 것으로, 일승만이 진실이며 삼승은 모두 방편적인 가르침'이라고 설한다.

그럼에도 불구하고 어째서 중생들에게 바로 일승(一乘, 一佛

乘)을 설하지 않고 소승을 포함한 삼승의 가르침을 먼저 설하고 있는 것일까?

그것은 바로 '응병여약(應病與藥 : 병에 따라 약을 주는 것)'과 '대기설법(對機說法 : 근기에 따라 설법)'으로서 믿음에도 천차만별이 있으며 그들이 알아듣고 소화할 수 있는 정도의 적합한 가르침을 주는 것이다. 진실은 하나지만 그것을 설하는 데는 무수한 방법과 방편이 있다. 삼승의 가르침 역시 그러한 구별에 불과한 것이다.

그러나 그것이 설령 방편이라 하더라도 단순히 방편에 그치는 것이 아니라 그 밑바탕에는 부처님의 절대적인 가르침이 흐르고 있다. 먼저 삼승을 설하고 있는 이유 역시 궁극적으로 일승으로 귀일해야 함을 설하기 위한 것이다.

결국 부처님의 설법은 그 전부가 방편의 설법이다.

묘법연화경의 여러 비유 중에서도 특히 '불난 집의 비유'(제3장) '가난한 사람의 비유'(제4장) '약초의 비유'(제5장) '성(城)의 비유'(제7장)는 이 경전을 대표하는 장면으로 유명하다.

그 중 '불난 집의 비유'의 줄거리를 여기에 옮긴다.

'불난 집의 비유'에서는 우리가 살고 있는 이 현실세계를 마치 불타고 있는 집과 같이 본다.

그런데 어리석은 중생들은 불타고 있는 것도 모르는 채 노는 데에만 빠져 있다. 부처님께서는 어리석은 중생들을 그 위험으로부터 구하고자 "지금 밖에는 양이 끄는 수레(성문승), 사슴이 끄는 수레(독각승), 소가 끄는 수레(보살승)가 있으며 그 외에도 많은 것들이 있으니 속히 나와서 너희들 마음대로 가지라"고

하여 중생들을 '불타는 집'으로부터 나오도록 한다. 그런 뒤 세 가지 수레보다도 훨씬 더 크고 좋은 수레 - 그들이 깜짝 놀랄 만치 화려한 수레(일불승)를 준다.

이 비유는 그야말로 중생을 구제하기 위한 매우 적절한 비유이며 방편이다. 그 밖에도 '가난한 사람의 비유'는 여러 가지 방편으로 가난한 아들에게 '이 많은 재산이 모두 너의 것'이라고 일러준다.

만일 방편을 쓰지 않고 가난한 아들에게 아버지가 갑자기 "이 재산이 모두 너의 것이다"라고 한다면 그 아들은 믿지도 않을 뿐더러 놀라고 두려움마저 느낄 것이다.

앞의 두 비유는 묘법연화경을 사상적, 교리적으로 대표하고 있는 비유로서 일승을 설하고자 하는 절묘한 장면임과 동시에 뛰어난 찬불문학의 극치인 것이다.

한편 묘법연화경에는 어느 경전보다도 신심(信心)을 일으키게 하는 감동적인 장면도 많고 또 모든 것을 하나로 통합하여 화합하고자 하는 사상도 엿볼 수 있다.

뿐만 아니라 많은 보살, 많은 부처님이 존재하고 있음이 전편에 깔려 있어 대승불교가 성립하고 상당히 발전한 뒤에 이루어진 경전이라는 것을 간접적으로 말해 주고 있다.

이렇듯 완숙한 대승경전인 묘법연화경은 대승불교가 성립하여 만개했던 기원전 1세기부터 기원후 1세기에 걸쳐서 서북 인도에서 성립된 것으로 생각된다. 그리고 현재 우리가 독송해 왔던 구마라집이 역출한 묘법연화경은 전 28장으로 되어 있으나 산스크리트본(梵本)은 27장으로 되어 있다.

어쨌든 묘법연화경은 전체가 한꺼번에 이루어졌다기보다는 여러 차례에 걸쳐서 현재와 같은 형태의 묘법연화경으로 다듬어졌을 것으로 본다.

이 법화경의 저본은 범어본으로 1700년도에 네팔에서 발견된 것이며, 이 범어본이 세계에서 최초로 발견된 법화경 완본으로 학자들은 이 책을 이름하여 네팔본이라 부르고 있다.

그리고 네팔본과 세 가지 한역본의 내용을 비교해 보면 각각 다르다는 사실을 발견할 수 있는데 그것은 여러 종류의 범어본이 전해 오고 있었다는 사실을 반증하는 것이다.

네팔본 이외에도 돈황이나 인도의 길기트지방, 중앙아시아의 각지에서 발견된 여러 가지 범어본이 있는데 완전한 원본이 전해 오는 것이 없고 거의 토막이거나 일부가 빠진 것들이다. 단지 네팔에서 발견된 네팔본만이 완전한 것이다.

이상에서 언급한 여러 가지 상황을 감안하여 보건대 법화경이 성립되어 내려오는 가운데 여기저기 사경을 하는 과정에서 혹은 각지의 말로 번역되는 과정에서 일부가 빠지기도 하고 덧붙여져서 전승된 것이 아닌가 생각할 수 있다.

우리나라에는 구마라집이 역출한 한역 묘법연화경이 전래된 지 오래고 조선조 세조 때에는 언해판으로도 간행되었다. 그리고 한글로 번역된 묘법연화경도 여러 종 있다.

역자소개: 현　해 (玄 海)

동국대학교 불교학과 졸업. 1973년 동 대학원 석사. 일본 고마자와대학 박사과정 수료. 일본 와세다대학에서 동양철학과 천태학 연구. 저서로는 《법화경요품강의》 등이 있고, 논문으로는 〈법화종요연구〉 등이 있음.

불
교
경
전
❸

묘법연화경

2002년 4월 10일 1판 1쇄 발행
2012년 10월 17일 1판 4쇄 발행

역　자 ― 현　　해
발행인 ― 윤 재 승
ⓒ발행처 ― 민 족 사

등록 제1-149호. 1980. 5. 9.
서울 종로구 수송동 58 두산위브파빌리온 1131호
전화 (02) 732-2403~4, 팩스 (02) 739-7565

E-mail / minjoksa@chol.com
홈페이지 / www.minjoksa.org

값 15,000원

ISBN 978-89-7009-186-0 04220

• 경전은 부처님의 말씀입니다.
　• 경전을 소중히 합시다.